Morfologia e Estrutura
no Conto Folclórico

Coleção Debates
Dirigida por J. Guinsburg

Equipe de realização: Tradução: Lúcia Helena Ferraz, Francisca Teixeira e Sérgio Medeiros; Revisão de texto: Sérgio Medeiros; Revisão de provas: Geraldo Gerson de Souza; Assessoria editorial: Plinio Martins Filho; Produção: Ricardo W. Neves, Sérgio Coelho e Adriana Garcia.

alan dundes
MORFOLOGIA E ESTRUTURA NO CONTO FOLCLÓRICO

EDITORA PERSPECTIVA

Título original em inglês:
The Morphology of North. American Indian folktales and other essays

Copyright © by Alan Dundes

Direitos reservados em língua portuguesa
EDITORA PERSPECTIVA S.A.
Avenida Brigadeiro Luís Antônio, 3025
01401-000 — São Paulo — SP — Brasil
Telefone: (011) 885-8388
Fax: (011) 885-6878
1996

SUMÁRIO

PREFÁCIO À EDIÇÃO BRASILEIRA 9

1. A MORFOLOGIA DOS CONTOS INDÍGENAS
   NORTE-AMERICANOS 17
   Prefácio 18
   1.1. Introdução 19
   1.2. O problema da estrutura e da morfologia . . 24
   1.3. O estudo estrutural dos contos tradicionais . 49
   1.4. Morfologia dos contos indígenas norte-americanos: padrões motivêmicos 97
   1.5. A estrutura de contos mais complexos e mais extensos 130
   1.6. A importância da análise estrutural 147
   1.7. Conclusões 167

2. A ESTRUTURA BINÁRIA DA "REPETIÇÃO
   MALSUCEDIDA" NOS CONTOS POPULARES
   DA LITUÂNIA 173

3. DAS UNIDADES ÉTICAS ÀS UNIDADES ÊMICAS NO ESTUDO ESTRUTURAL DOS CONTOS TRADICIONAIS 189

4. A ESTRUTURA DA SUPERSTIÇÃO 211

5. PARA UMA DEFINIÇÃO ESTRUTURAL DA ADIVINHAÇÃO 225

6. SOBRE A MORFOLOGIA DO JOGO: UM ESTUDO DA ESTRUTURA DO FOLCLORE NÃO-VERBAL 239

7. A EQUIVALÊNCIA SIMBÓLICA DE ALOMOTIVOS EM "O PASTOR DE COELHOS" 255

8. O PRIMEIRO-DE-ABRIL: PARA UMA TEORIA DOS TROTES RITUAIS 269

9. O DILÚVIO ENQUANTO MITO MASCULINO DA CRIAÇÃO 287

ANEXOS 307

Os Ensaios de Alan Dundes – *Lúcia Santaella* . . . 309
Todas as Faces da Onça – *Sérgio Medeiros* 319

PREFÁCIO À EDIÇÃO BRASILEIRA

Minha única e breve visita ao Brasil aconteceu em setembro de 1966. Eu participava, em Mar de Plata (Argentina), do XXXVII Congresso Internacional de Americanistas, do qual fazia parte um memorável encontro entre folcloristas da América Latina e do Estados Unidos, organizado pelo folclorista brasileiro Paulo de Carvalho-Neto e por meu compatriota Richard M. Dorson. Após o Congresso, ambos me persuadiram a acompanhá-los ao Rio de Janeiro. Fomos recebidos no aeroporto por Renato Almeida, que não estava informado da minha visita, mas me acolheu com muita cordialidade. A princípio, o grande folclorista brasileiro não se recordou da minha pessoa, mas logo caiu em si: eu era o autor do ensaio "O Estudo Estrutural dos Contos Populares" que ele havia publicado na *Revista Brasileira de Folclore* alguns anos antes, mais precisamente em 1962.

Lembro muito bem o orgulho com que o Prof. Almeida nos falou, ao casal Dorson e a mim, da Campanha de Defesa do Folclore Brasileiro. Demonstrou um prazer particular em apontar um belo *poster* na parede que proclamava oficialmente o dia 22 de agosto como o "Dia do Folclore". Fez questão de mencionar o grande trabalho de pressão que fora obrigado a fazer junto ao governo brasileiro para que se escolhesse especialmente essa data como dia oficial do folclore. Foi a minha vez, então, de ficar embasbacado. Por um momento eu havia esquecido que fora esse o dia, em 1846, em que o *Athenaeum* publicara a famosa carta de William Thoms, onde se propunha pela primeira vez o termo "folclore".

Mais tarde encontrei Edison Carneiro, cujos trabalhos sobre folclore me haviam causado grande admiração, e que teve a gentileza de me guiar pelas ruas movimentadas e fascinantes do Rio[1]. Embora a minha estada no Brasil tenha sido breve, serei sempre grato aos folcloristas Almeida e Carneiro pelo calor com que me acolheram.

A história da folclorística, o estudo do folclore (assim como a lingüística é o estudo da linguagem), escreve um rico capítulo no Brasil. Ao contrário da maioria dos estudiosos dos países latino-americanos, que erroneamente limitam o conceito de folclore à tradição do homem do campo (excluindo, desse modo, a contribuição dos indígenas e das populações urbanas), os folcloristas brasileiros sempre definiram seu objeto de estudo de uma maneira bastante semelhante à dos norte-americanos[2]. É bastante longa a lista dos estudos de introdução ao folclore já publicados no Brasil[3]. Existem até mesmo livros especiais sobre folclore em

---

1. Edison Carneiro, *Pesquisa de Folclore,* Rio de Janeiro, Comissão Nacional de Folclore, 1955; e *Dinâmica do Folclore,* Rio de Janeiro, Civilização Brasileira, 1965.
2. Cf. Paulo Carvalho-Neto, *Concepto de Folklore,* Montevideo, Editorial Liv. Monteiro Lobato, 1955; e *History of Iberoamerican Folklore,* Oosterhout, Anthropological Publications, 1969; e especialmente Américo Paredes, "Concepts about Folklore in Latin America and the United States", *Journal of the Folklore Institute* 6:20-38, 1969.
3. Joaquim Ribeiro, *Introdução ao Estudo do Folk-Lore Brasileiro,* Rio de Janeiro, Editorial Alba, s/d.; Luís da Câmara Cascudo, *Literatura Oral,* Rio de Janeiro, J. Olympio, 1952; Rossini Tavares de Lima, *ABC de Folclore,* São Paulo, Conservatório Dramático e Musical, 1952; Renato

diferentes regiões ou cidades brasileiras[4]. Os folcloristas do Brasil têm-se mostrado prolíficos e têm-se distinguido por um permanente interesse pelas questões teóricas[5] e rivalizam com os argentinos em quantidade de trabalhos cujos títulos trazem a palavra "teoria"[6].

Entre os muitos folcloristas brasileiros renomados os meus favoritos pessoais são Cascudo, o grande comparatista[7], Ramos e Carvalho-Neto. Arthur Ramos, em seu excelente levantamento das teorias do folclore, *Estudos de Folk-Lore*, publicado postumamente em 1958, fez questão de incluir a abordagem psicanalítica. Isso contrastava notavelmente com a maioria dos folcloristas europeus que, naquela época e, nesse particular, até os dias de hoje, agem como se Freud nunca houvesse existido. O esforço pioneiro de Ramos encorajou Carvalho-Neto, que publicou, em 1956, umas das primeiras aplicações da teoria psicanalítica ao folclore em livro: *Folklore y Psicoanalysis*[8]. De vez que a minha própria

---

Almeida, *Inteligência do Folclore*, Rio de Janeiro, Livros de Portugal, 1957; Edison Carneiro, *Dinâmica do Folclore*, Rio de Janeiro, Civilização Brasileira, 1965; Rossini Tavares de Lima & Julieta de Andrade, *Escola de Folclore*, São Paulo, Escola de Folclore, 1983; Carlos Rodrigues Brandão, *O que é Folclore*, 5.ed. São Paulo, Brasiliense, 1985; e Florestan Fernandes, *O Folclore em Questão*, 2.ed. São Paulo, Hucitec, 1989.

4. Cf. Hélio Damante, *Folclore Brasileiro: São Paulo*, Rio de Janeiro, Funarte, 1980. Para uma bibliografia completa da folclorística brasileira, cf. Bráulio de Nascimento, *Bibliografia do Folclore Brasileiro*, Rio de Janeiro, Divisão de Publicações e Divulgação, 1971.

5. Cf. Paulo Carvalho-Neto, *Estudios de Folklore*, Quito, Editorial Universitaria, 1968, 2 vols.; e *Diccionario de Teoría Folklórica*, San Carlos, Guatemala, Editorial Universitaria, 1977.

6. Cf. Manuel R. Dannemann et al., *Teorías del Folklore en América Latina*, Caracas, CONAC, 1975; Martha Blache & Juan A. Magariños de Morentín, *Síntesis crítica de la teoría del folklore em Hispanoamérica*, 1980.

7. Cf. Luís da Câmara Cascudo, *Geografia dos Mitos Brasileiros*, Rio de Janeiro, J. Olympio, 1947.

8. Arthur Ramos, *Estudos de Folk-Lore: Definição e Limites, Teorias de Interpretação*, Rio de Janeiro, Livraria-Editora da Casa do Estudante do Brasil, 1958. Paulo de Carvalho-Neto, *Folklore y Psicoanalysis*, Buenos Aires, Ed. Psique, 1956. No tocante aos tributos a Ramos, cf. Anísio Teixeira et al., *Arthur Ramos*, Rio de Janeiro, Ministério da Educação e Saúde, 1952.

linha na folclorística é inegavelmente psicanalítica, sempre apreciei esses trabalhos de Ramos e de Carvalho-Neto.

Na minha carreira de folclorista profissional, fui logo de início desencorajado por todos os meus professores — inclusive o Prof. Dorson — sobre a possibilidade de aplicar a teoria psicanalítica aos dados do folclore. Foi essa a razão por que, inicialmente, me voltei para o "estruturalismo", que, embora fosse novo no meado do século XX, pelo menos não era tão ameaçador para a geração mais velha de folcloristas quanto a teoria freudiana. Assim, muitos dos meus primeiros trabalhos de folclore têm uma orientação estruturalista. Nesta coletânea foi incluída uma amostra generosa desses escritos. Nos anos seguintes, retornei ao meu interesse, há muito acalentado, pelo estudo psicanalítico do folclore. Muitos desses trabalhos posteriores também foram incluídos nesta edição. Pelo que entendo, o estruturalismo é realmente uma forma rigorosa de etnografia descritiva. Permite-nos ver com mais clareza os padrões formais básicos dos diferentes gêneros folclóricos. Contudo, na análise final, delineamentos puramente estruturais podem revelar-se estéreis. Mais descrevem que interpretam.

Meu credo acadêmico na folclorística sugere que existem duas etapas no estudo do folclore, seja na literatura, seja na cultura. A primeira etapa é a *identificação*. Precisamos saber o que estamos examinando. O estruturalismo é, sem dúvida, uma grande ajuda na tarefa necessária de identificar os gêneros de folclore. A segunda etapa é a *interpretação*. Implica a descoberta do sentido ou, melhor, dos sentidos do folclore. A maioria dos folcloristas do mundo limitam-se a recolher e classificar folclore, recusando-se a tecer considerações sobre o(s) sentido(s). A menos (ou até) que eles tentem inferir o(s) sentido(s) dos dados com que trabalham, a nossa disciplina continuará sendo de segunda categoria. Temos apenas de lembrar o grande número de coleções de contos, canções, costumes etc. em livro consistentes *apenas de dados*, sem a menor tentativa de interpretá-los. Equivaleria mais ou menos à inexistência de uma crítica literária no Brasil a despeito de sua produção literária.

Estou convencido de que grande parte do conteúdo do folclore, em especial o conteúdo aparentemente irracional e ilógico de muito material folclórico, só pode ser compreendida em termos do inconsciente. Os informantes nem sempre são capazes de explicar aos coletadores o sentido de um dado conto popular ou de um costume, pela simples razão de que não sabem *conscientemente* o que ele significa. Acredito que a teoria psicanalítica, modificada pelo relativismo cultural e pela teoria feminista, pode revelar-se de grande utilidade na decifração do conteúdo inconsciente do folclore. A teoria junguiana me parece destituída de valor, na medida em que se baseia misticamente numa noção pouco consistente de universais, expressos em pretensos arquétipos "pan-humanos". Como folclorista, posso afirmar que não conheço nenhum desses universais no folclore! Não existe um único mito, um único conto popular, uma única lenda que seja conhecido por *todos* os povos da terra. Os mitos, contos e lendas individuais possuem uma distribuição geográfica circunscrita. Isto significa que todas as teorias baseadas em unidade psíquica — ao menos quando aplicadas ao folclore — são comprovadamente falsas. Se a teoria freudiana (ao contrário da junguiana) pode ser excluída dessa afirmação, é porque ela admite justamente os princípios do relativismo cultural. Se dizemos que no folclore ocorrem transferência, condensação, projeção, simbolismo etc., isto NÃO significa dizer que as *mesmas* projeções, símbolos etc. ocorrem universalmente. Pode muito bem haver uma correlação entre condicionamento infantil (desmame, a prática da higiene etc.) numa dada cultura e os sistemas projetivos do adulto (inclusive o folclore) nessa mesma cultura, mas, na mesma medida em que o condicionamento infantil varia de uma cultura para outra, também os sistemas projetivos do adulto deverão variar. Em contrapartida, os arquétipos junguianos são considerados imutáveis e invariáveis.

Espero sinceramente que esta edição brasileira de alguns ensaios de minha autoria estimule a pesquisa de folclore no Brasil, tanto na linha estrutural quanto na psicanalítica. Se tenho uma crítica a fazer à folclorística brasileira (que, como disse acima, tenho em alta conta), é que percebo que lhe falta uma certa familiaridade com as tendências que têm surgido fora da América Latina e dos Estados Unidos. Acontece que as contribuições mais significativas na folclorística têm provindo tradicionalmente da Finlândia, da Escandinávia, da Alemanha e da Europa Oriental. Não estou certo de que a nova geração de estudiosos do folclore no Brasil esteja informada das principais inovações teóricas ocorridas na folclorística contemporânea. Será que conhecem, por exemplo, as "leis épicas" do folclorista dinamarquês Olrik, apresentadas pela primeira vez em 1908?[9] Conhecem o importante conceito de ecótipo de Von Sydow?[10] Estão cientes do impacto da teoria feminista sobre a folclorística, por exemplo, com referência à distinção entre versões femininas e masculinas dos contos tradicionais?[11] Estão interessados no folclore como fonte de estudo de uma visão de mundo?[12] Ou como fonte de estudo do caráter nacional?[13] Estão familiarizados com a chamada teoria do desempenho?[14] Ou com a teoria das fórmulas orais?[15] Estudam o "folklorismus" ou a revisão comercial do autêntico folclore?[16]

9. Axel Olrik, *Principles for Oral Narrative Research,* Bloomington, Indiana University Press, 1992.
10. C. W. von Sydow, *Selected Papers on Folklore,* Köbenhavn, Rosenkilde e Bagger, 1948.
11. James M. Taggart, *Enchanted Maidens: Gender Relations in Spanish Folktales of Courtship and Marriage,* Princeton, Princeton University Press, 1990.
12. Alan Dundes & Alessandro Falassi, *La Terra in Piazza: An Interpretation of the Palio of Siena,* Berkeley, University of California Press, 1975.
13. Alan Dundes, *Life is Like a Chicken Coop Ladder: A Study of German National Character Through Folklore,* Detroit, Wayne State University Press, 1989.
14. Dan Ben-Amos & Kenneth S. Goldstein (eds.), *Folklore: Performance and Communication,* La Haye, Mouton, 1975.
15. John Miles Foley, *Oral-Formulaic Theory and Research: An Introduction and Annotated Bibliography,* New York, Garland, 1985.
16. Regina Bendix, "Folklorism: The Challenge of a Concept", *International Folklore Review* 6:5-15, 1988.

A minha impressão é que a participação dos estudiosos brasileiros na comunidade internacional de folcloristas não tem sido muito ativa. Se alguém me pedisse para recomendar fontes capazes de informar sobre a situação da folclorística internacional no final do século XX, eu citaria *Trends in Nordic Tradition Research* de Honko & Laaksonen; *Einführung in die Volkskunde: Europäische Ethnologie* de Weber-Kellermann & Bimmer; e a magistral *Interpretation of Fairy Tales* de Bengt Holbek[17].

Finalmente, quero agradecer à Editora Perspectiva, em especial a Fanny Kon, pelos anos de esforços devotados à tentativa de tornar viável ao leitor brasileiro esta coletânea de meus ensaios.

ALAN DUNDES
Berkeley, Califórnia

---

17. Lauri Honko & Pekka Laaksonen (eds.), *Trends in Nordic Tradition Research,* Helsinki, Finnish Literature Society, 1983 (Studia Fennica 27); Ingeborg Weber-Kellermann & Andreas C. Bimmer, *Einführung in die Volkskunde: Europäische Ethnologie,* 2.Auflage, Stuttgart, Metzler, 1985; Bengt Holbek, *Interpretation of Fairy Tales: Danish Folklore in a European Perspective,* Helsinki, Academia Scientiarum Fennica, 1987, (FF Communications N° 239). Para um balanço histórico da folclorística nos Estados Unidos, cf. Rosemary Lévy Zumwalt, *American Folklore Scholarship: A Dialogue of Dissent,* Bloomington, Indiana University Press, 1988; no que diz respeito a outros ensaios de minha autoria, cf. Alan Dundes, *Interpreting Folklore,* Bloomington, Indiana University Press, 1980, e *Folklore Matters,* Knoxville, University of Tennessee Press, 1989; para a abordagem psicanalítica, veja-se Alan Dundes, *Parsing Through Customs: Essays by a Freudian Folklorist,* Madison, University of Wisconsin Press, 1987.

1. A MORFOLOGIA DOS CONTOS INDÍGENAS NORTE-AMERICANOS

A Carolyn P. C. Dundes, minha esposa, é dedicado afetuosamente este estudo.

...A elaboração de uma teoria é semelhante à análise que precede o corte de um grande diamante em pedras menores, mais usáveis. A divisão em si, segundo me disseram, é um processo relativamente breve e simples. É feita com uma faca tipo cunha, bastante afiada, e um martelo. No entanto, se se quiser cortar o diamante ao longo de suas linhas naturais, deve-se estudar a sua textura demorada e atentamente, antes de proceder à divisão. Se as linhas naturais da textura forem analisadas corretamente, os diamantes que resultarem podem valer muito mais do que o todo maior e bruto.

THOMAS CLARCK POLLACK,
The Nature of Literature (Princeton, 1942), p. xxii.

Prefácio

O presente estudo tem origem numa pesquisa conduzida sob os auspícios do Programa de Folclore da Indiana University. Este Programa, fundado pelo eminente folclorista Stith Thompson, foi ampliado nos últimos anos para incluir uma ampla associação interdisciplinar entre ciências humanas e ciências sociais. A livre troca de idéias no que diz respeito a vários problemas de tradição oral conferiu a este Programa singular um vigor que atraiu estudantes de muitas disciplinas diferentes.

Decerto a minha formação inicial em crítica literária e o subseqüente comprometimento com a teoria lingüística é que me levaram a considerar a possibilidade de abordar de uma maneira nova os materiais folclóricos. Entretanto, a aplicação intensiva de técnicas morfológicas e analíticas ao folclore talvez não fosse tentada sem o estímulo entusiástico de grande número de dedicados folcloristas e antropólogos. Ao Dr. Richard M. Dorson, dinâmico presidente do Programa de Folclore, devo minha segura introdução no vasto campo do estudo folclórico. Da Dra. Erminie Wheeler-Voegelin recebi o estímulo intelectual específico que despertou meu interesse pelo folclore dos índios norte-americanos. Sou grato também à Dra. Wheeler-Voegelin pelas muitas sugestões valiosas que melhoraram o presente estudo. Ao Dr. David Bidney devo minha instrução básica em teoria etnológica. O extenso conhecimento dos estudos folclóricos do Dr. Warren Robert e a familiaridade do Dr. Felix Oinas com a obra da escola formalista russa de folclore se revelaram bastante úteis. Entre outras pessoas cujas idéias e sugestões foram muito valiosas, incluem-se: Dr. Archer Taylor, Dr. Thomas A. Sebeok, Dr. George Herzog, Dr. W. Edson Richmond, Dr. Butler Waugh, A. K. Ramanujan, Robert Georges e Maurice D. Schmaier.

Embora eu deva muito a diversos folcloristas do passado, gostaria de mencionar especificamente duas obras eruditas que deram embasamento teórico ao presente estudo. O livro de Vladimir Propp, *Morphology of the Folktale*, e a tese de doutorado, inédita, de Remedios Wycoco (Moore), *The Types of North-American Indian Tales*, estiveram sempre ao meu lado para consulta rápida. Sem estas duas obras, minha tarefa teria sido muito mais árdua.

Quero ainda agradecer a generosa assistência financeira que tornou possível este estudo. Sou grato à Indiana University pelas bolsas de estudo (Free Remission Scholarships e University Fellowship), entre 1960 e 1961. Sou profundamente grato também à National Science Foundation por me haver concedido uma National Foundation Cooperative Graduate Fellowship em Antropologia durante 1961-1962, que me possibilitou concluir o presente trabalho sem grandes interrupções.

1.1. Introdução

O presente trabalho é um estudo científico de uma forma primitiva de arte. A forma de arte é o conto dos índios norte-americanos; o estudo é científico na medida em que é construído e testado um modelo abstrato hipotético. O modelo estrutural dos contos indígenas norte-americanos é testado por comparação empírica de suas propriedades com as da realidade fenomenológica, ou seja, os próprios contos[1]. É sabido que o aspecto científico do estudo é mais o das ciências sociais que o das ciências naturais. Isso é inevitável pelo fato de que os materiais sob exame não se prestam a uma experimentação laboratorial. No entanto, podem ser submetidos a uma observação rigorosa e a uma análise abstrata[2]. Recentemente, Anatol Rapoport apontou que a

---

1. Cf. L. R. Wilcox, "Review of John von Neumann and Oskar Morgenstern, *Theory of Games and Economic Behavior*", *ETC.*, 4:129, 1946-47, a quem devo uma afirmação clara de que um estudo científico necessita incluir a construção e comprovação de um modelo abstrato.
2. Acerca de algumas valiosas distinções, propostas há alguns anos atrás, entre o método científico das ciências sociais e o das ciências naturais, cf. G[eorge] R. S[tetson], "Social Sciences", *American Anthropologist*, II:170, 1989. Que o estudo científico do folclore consiste muito mais de observação que de observação e experimentação foi notado por Alexander Haggerty Krappe, *The Science of Folk-Lore*, London, 1930, p. xv.

imagem popular do cientista como experimentador tendeu a minimizar a importância da metodologia descritiva e teórica da ciência[3]. No entanto, é inegável a necessidade de construir modelos teóricos. Nas palavras de Alfred North Whitehead: "Todo progresso científico depende da construção primeiramente de uma fórmula que ofereça uma descrição geral do fato observado"[4].

A tese que defendo é, em essência, que os contos indígenas norte-americanos são altamente estruturados. Na tentativa de demonstrar a validade dessa tese, seremos forçados a examinar um grande número desses contos. Contudo, é certamente impraticável analisar todas as versões de todos os contos indígenas norte-americanos já registrados. Também isto não é necessário num estudo morfológico. Um lingüista, por exemplo, pode fazer uma afirmação estrutural perfeitamente válida sobre uma língua sem conhecer todos os itens lexicais dela; um estudioso da estrutura de parentesco ou da organização social pode elaborar uma análise proficiente sem conhecer todos os indivíduos de uma dada cultura; um antropólogo físico pode determinar as características anatômicas de um grupo particular sem examinar todos os membros do grupo. Entretanto, a fim de resguardar da excessiva seletividade na escolha de um *corpus* ilustrativo de tipos de conto, fez-se um esforço no sentido de analisar os contos mais difundidos, como "Mergulhador de Terras" ("Earth-Diver"), "Prestidigitador de Olhos" ("Eye-Juggler") e "Orfeu" ("Orphaeus")*.

Nenhuma tentativa foi feita para estudar os contos de uma tribo ou área de cultura particular, pela simples razão de que os contos populares, assim como outros materiais folclóricos, raramente estão confinados a limites geo-

3. "The Aims and Tasks of Mathematical Biology", *ETC.*, 8:255, 1950-1951.
4. *Adventures in Ideas*, New York, 1933, p. 164.
* Toda vez que for citado um conto indígena norte-americano pela primeira vez no texto, é dado entre parênteses o seu título original em inglês. (N. do T.)

gráficos, históricos e culturais tão claramente definidos. Culin, o eminente estudioso dos jogos dos índios norte-americanos, observou em 1903: "Exatamente os mesmos jogos são praticados por tribos pertencentes a troncos lingüísticos não-aparentados e, de modo geral, as variações não seguem as diferenças entre as línguas"[5]. Pode-se dizer o mesmo a respeito dos contos indígenas norte-americanos[6]. Por conseguinte, neste estudo a ênfase recai sobre contos individuais, e a análise morfológica incide muito mais sobre o conto independente que sobre os ciclos de herói ou de trapaceiro (*trickster*), visto que estes últimos constituem um problema algo separado da análise morfológica.

O plano de ataque começa com um levantamento de estudos anteriores na área da estrutura e morfologia dos contos indígenas norte-americanos. Vem a seguir um esboço da abordagem estrutural do estudo dos contos populares. Depois desses itens introdutórios, serão estabelecidos modelos estruturais específicos de vários desses contos ameríndios, com exemplos. No entanto, vários deles serão apresentados agora, pela simples razão de que o leitor, conhecendo os modelos estruturais, terá pouca dificuldade para perceber a estrutura básica da maioria dos contos indígenas norte-americanos. Na verdade, a facilidade pode tender a depreciar os esforços envolvidos no estabelecimento de modelos estruturais abrangentes. O leitor é convidado a examinar estes poucos contos com grande cuidado e ver se consegue discernir neles alguns padrões estruturais. O intuito é que esta técnica um tanto nova forneça um conjunto de resultados "antes" e "depois" que forçosamente demonstrarão a natureza da tese.

5. Stewart Culin, "American Indian Games (1902)", *American Anthropologist*, 5:59, 1903. Cf. também de Culin, *Games of the North American Indians*, Washington, 1907, p. 809 (Twenty-Fourth Annual Report of the Bureau of American Ethnology).
6. Cf., por exemplo, John R. Swanton, "Some Practical Aspects of the Study of Myths", *JAF* (= *Journal of American Folklore*), 23:2, 1910, ou Stith Thompson, *The Folktale*, New York, 1951, pp. 301-302.

Texto-amostra 1

Um povo em Colúmbia não tinha olhos nem boca. Eles comiam cheirando o esturjão. O Coiote abriu os seus olhos e bocas[7].

Texto-amostra 2

Há muito tempo atrás, o mundo era coberto com água e os animais tiveram desejo de um pouco de terra seca. O rato almiscarado ofereceu-se para mergulhar e ver o que podia trazer para a superfície. Carregou um pouco de lama na cauda, mas não foi suficiente e submergiu imediatamente. Em seguida, a lontra fez uma tentativa e falhou. Então o castor tentou e conseguiu trazer à superfície terra suficiente para formar uma pequena ilha. A partir daí o mundo cresceu[8].

Texto-amostra 3

Um homem tinha um saquinho no qual estava presa a escuridão. Ele o deu ao Coiote e lhe disse: "Não abra este saco, porque, se você o abrir, tudo ficará escuro".

O Coiote o conservou por algum tempo sem abri-lo. Depois, abriu-o só um pouquinho, mas a escuridão escapou e ele teve dificuldade para enxergar. Então, ficou escuro em toda a parte[9].

Texto-amostra 4

A Raposa era um sujeito esperto. Ela encontrou a Foca e decidiu que gostaria de comê-la. Ficou imaginando um jeito de poder matar a Foca. Finalmente, simulou um grande pesar pelos mortos. Chorou e contou à Foca o quanto ficava triste quando pensava em todas as pessoas que já haviam morrido. Isto fez a inocente Foca chorar também, mas o seu pesar era sincero. A Raposa sugeriu que fossem ao topo de um precipício e continuassem lá as suas lamentações. Foram e se sentaram em volta de uma fogueira. A Raposa fez com que a Foca se sentasse o mais perto possível do precipício, enquanto ela própria se sentou no lado oposto do fogo. Ora, a Raposa foi empurrando o fogo para cada vez mais perto da Foca, com a intenção de forçá-la no final a cair no precipício. Enquanto se lamentavam, a Raposa conseguiu matar a Foca dessa maneira e devorou-a[10].

7. Leslie Spier & Edward Sapir, "Wishram Ethnography", *University of Washington Publications in Anthropology*, 3:279, 1929-30.
8. Fred Swindlehurst, "Folk-Lore of the Cree Indians", *JAF*, 18:139, 1905.
9. Morris Edward Opler, *Myths and Tales of the Chiricahua Apache Indians, MAFS*37, New York, 1942, p. 66.
10. Herman Haeberlin, "Mythology of Puget Sound", *JAF*, 37:420-421, 1924.

Texto-amostra 5

Há muito tempo atrás havia uma cabana no fundo do vale. Ao norte erguia-se uma alta montanha. Na cabana vivia uma mulher com sua filha pequena. Esta às vezes obedecia à mãe e outras vezes não obedecia. Mais tarde nasceu outra filha. A menina mais velha tomava conta da irmãzinha. Não a levava para passear como costumava fazer. Sua mãe continuou mandando que levasse sua irmã para brincar com ela no bosque. Mas, quando ela a levou, trouxe-a de volta no mesmo instante.

Uma manhã, a mãe dela estava muito ocupada e lhe pediu que levasse a irmãzinha para o oeste. Mas a menina levou a irmã para o leste. Voltaram cedo para casa e a mãe ralhou com ela. No dia seguinte, a mãe dela lhe disse que levasse a irmãzinha para o sul. Mas a menina levou a irmã para o norte. Quando voltaram, a mãe ralhou novamente com ela. No terceiro dia, a mãe dela lhe disse que levasse a irmã para as montanhas ao norte. Mas ela a levou para o sul. De novo a mãe dela ralhou com ela. No quarto dia, a mãe dela lhe disse que levasse a irmãzinha para o leste. Mas dessa vez ela a levou para o oeste.

Quando as duas estavam nas montanhas a oeste, começou a chover. E choveu e choveu o dia todo e a noite toda. Choveu tanto que os rios e os vales se encheram de água. As águas subiram e subiram. Quando a menina chegou em casa com a irmãzinha, já passava da meia-noite. E a casa estava inundada. A menina sabia que era porque ela não tinha obedecido à mãe. Começou a chorar e pediu perdão à mãe. Ela quis levar a sua irmãzinha para passear. Mas agora a água estava cobrindo tudo.

Elas abandonaram a cabana e foram para as montanhas. Ficaram lá, mas as águas continuaram subindo. A menina continuou perguntando à mãe se podia levar a irmãzinha na direção certa. Mas ela não podia ir para nenhum lugar. O topo da montanha estava cercado de água. A mãe começou a rezar ao Koupystaia. As águas atingiram o topo da montanha. Elas viram a sua cabana flutuando perto delas. A mãe agarrou a filha menor e alcançou a cabana que flutuava. A menina mais velha se afogou. E as águas carregaram a mãe e a menininha para o norte[11].

Texto-amostra 6

Eles montaram armadilhas para pegar veado. Pegaram cinco. O cachorro foi o primeiro a voltar para casa. "Meu cachorro, quantos eles pegaram?" "Você nunca me ouviu falar", respondeu o cachorro. "Eles pegaram cinco." As pessoas que ouviram morreram todas, com exceção de uma que havia rastejado para debaixo de alguma coisa a tempo de se salvar[12].

11. Aurelio M. Espinosa, "Pueblo Indian Folk Tales", *JAF*, 49:84-85, 1936.
12. Pliny Earle Goddard, "Lassik Tales", *JAF*, 19:140, 1906.

Texto-amostra 7

Duas moças estavam dormindo do lado de fora. Uma disse à outra: "Você está vendo aquela estrela bem grande lá em cima no céu? Eu gostaria de possuir aquela estrela". A outra respondeu: "Você está vendo aquela estrela pequenininha lá longe? Daqui mal se pode vê-la. Eu gostaria de possuir aquela estrela".

Naquela noite, as moças encontraram dois homens que dormiram com elas — homens que se deitaram ao lado delas. A moça que tinha desejado a estrela grande dormiu com um velho muito feio. Era tão velho que os olhos eram vermelhos e a pele debaixo deles caía flácida. A moça que desejara a estrela minúscula encontrou um rapaz bonito que dormiu com ela[13].

1.2. O Problema da Estrutura e da Morfologia

O estudo do folclore indígena norte-americano vem sofrendo do mesmo mal que atinge grande parte dos estudos folclóricos: uma dedicação acadêmica em tempo parcial. Infelizmente, o comentário que Pliny Earle Goddard fez em seu discurso de posse como presidente da American Folklore Society, em 1914, ainda permanece verdadeiro:

Para a maioria de nós, o estudo do folclore indígena norte-americano constitui atualmente matéria secundária ou um meio para atingir algum fim. O material que publicamos, em sua maior parte, representa um subproduto de nosso trabalho. Recebe atenção séria somente quando se precisa preparar uma tese específica ou quando se tem de fazer um discurso de posse[14].

As principais contribuições ao estudo do folclore indígena norte-americano foram feitas por estudiosos como Be-

---

13. Thelma Adamson, *Folk-Tales of the Coast Salish, MAFS 27*, New York, 1934, p. 95. Para textos semelhantes, cf. Leo J. Frachtenberg, *Coos Texts*, New York, 1913, pp. 51-53 (Columbia University Contributions to Anthropology, I), e Leslie Spier e Edward Sapir, "Wishram Ethnography", *University of Washington Publications in Anthropology*, 3:276, 1929-30.

14. Pliny Earle Goddard, "The Relation of Folk-Lore to Anthropology", *JAF*, 28:18, 1915. Stith Thompson, em seu discurso de posse, em 1937, como presidente da American Folklore Society, afirmou que a abordagem do folclore pelos antropólogos era "provavelmente incidental". Cf. "American Folklore after Fifty Years", *JAF*, 51:2, 1938. Comentário semelhante foi feito também por Gladys Reichard, "Review of F. C. Bartlett *et al.*, *The Study of Society*", *JAF*, 55:260, 1942.

nedict, Boas, Gayton, Jacobs, Kroeber, Lowie, Parsons, Radin, Reichard, Swanton, Thompson, Waterman e Wheeler-Voegelin. Não obstante, não se pode afirmar que algum desses estudiosos se tenha dedicado com exclusividade ao estudo desse folclore. Assim, sua obra neste campo tende a ser esporádica. Sem dúvida, muitos desses estudos são extremamente valiosos, mas de modo geral são limitados pela atenção dada a um único conto ou a uma única região cultural. Como observou Katharine Luomala: "Os estudos americanos de mitologia têm consistido, fundamentalmente, de dois tipos: a análise da mitologia de uma única tribo ou de um grupo de tribos relacionadas geográfica ou historicamente, e a análise de contos ou temas isolados"[15]. Nos últimos vinte anos, foi Stith Thompson o único a tentar, em sua obra *The Folktale*, um levantamento global dos estudos sobre os contos dos índios norte-americanos. Entretanto, o levantamento de Thompson é forçosamente superficial, na medida em que constitui apenas um capítulo de uma obra mais geral. Como Gayton salientou em sua resenha de *The Folktale*: "Ainda é uma necessidade premente neste país um livro semelhante que desvende as técnicas, as descobertas e as coleções de literatura primitiva dos folcloristas-antropólogos"[16].

Num certo sentido, nunca foram superados o entusiasmo e o vigor dos primeiros estudiosos do folclore indígena norte-americano. Quem dentre os folcloristas de hoje repetiria a afirmação de Alexander Chamberlain, feita em 1902: "A perspectiva atual para o trabalho sobre o folclore dos aborígines norte-americanos é bastante otimista"?[17] No que se refere à clássica divisão tripartida do estudo do folclore: compilação, classificação e teorização ou análise, pode-se verificar que, no caso do folclore indígena, têm havido uma

15. "Review of Lord Raglan, *The Hero*", *American Anthropologist*, 40:518, 1938.
16. A. H. Gayton, "Review of Stith Thompson, *The Folktale*", *American Anthropologist*, 50:132, 1948.
17. "Work Accomplished in the Study of American Indian Folk-Lore", *JAF*, 15:129, 1902.

forte ênfase na compilação, algumas poucas tentativas esparsas de classificação e quase nenhuma teorização. Além do mais, a pouca teorização existente é muito limitada em sua natureza. Se se empregar a divisão das abordagens teóricas estabelecida por Hyman — origem, função e estrutura — parece evidente que a ênfase maior tem sido colocada no estudo da origem. Além disso, no que concerne ao estudo da origem, o interesse tem-se voltado muito mais para as origens históricas do que para as psicológicas. Existem estudos ocasionais do aspecto funcional do folclore, mas, como observa Hyman, falando do folclore em geral: "Ninguém parece preocupar-se com a estrutura"[18]. A situação pode ser mostrada graficamente como abaixo; os itens seguidos de asteriscos indicam aquelas áreas estudadas com maior intensidade.

ESTUDO DO FOLCLORE

I	II	III
COMPILAÇÃO*	CLASSIFICAÇÃO	ANÁLISE (TEORIZAÇÃO)
		Estrutura
		Função
		Origem (Histórica)*
		(Psicológica)

Com relação especificamente ao estudo do folclore indígena norte-americano, recentemente Melville Jacobs fez quase as mesmas observações. Analisando a contribuição de Boas à teoria do folclore, afirma Jacobs que "Boas equiparou-se a seus contemporâneos na incapacidade de oferecer importantes sugestões para o avanço teórico do folclore". Jacobs observa ainda que Boas nunca aplicou, no campo do folclore, a abordagem estrutural que ele usou com muito sucesso no estudo da língua e das artes gráficas. O progresso do estudo do folclore indígena norte-americano, a partir de Boas, foi realmente insignificante. Para citar Jacobs mais uma vez:

18. Stanley Edgar Hyman, "Some Bankrupt Treasuries", *Kenyon Review*, 10:498, 1948.

Vinte anos depois de Boas ter escrito a sua última frase sobre folclore (1938), a disciplina continua quase exatamente onde ele a deixou: uma ciência imatura que possui uma grande massa de dados ainda não analisados, essencialmente incompreensíveis, a maioria dos quais etiquetados de acordo com a origem geográfica. Uma modesta prateleira de teses difusionistas aparece ao lado de itens descritivos[19].

Afirmação um pouco semelhante foi feita por um eminente antropólogo francês, Claude Lévi-Strauss:

De todos os capítulos da antropologia religiosa, provavelmente nenhum tem avançado tão pouco quanto os estudos no campo da mitologia. De um ponto de vista teórico, a situação continua quase a mesma de cinqüenta anos atrás, ou seja, um retrato do caos[20].

Tendo em vista a desalentadora história do estudo do folclore indígena norte-americano, não deve causar surpresa constatar que foram poucas as tentativas de análise morfológica e estrutural. Na realidade, muitos folcloristas se mostraram inclinados preferencialmente a considerar os contos dos índios norte-americanos como um conjunto destituído de estrutura. Tal atitude, obviamente, não conduziria à tentativa de empreender uma análise morfológica. Lembramo-nos de uma afirmação de Joseph Jacobs, um dos membros da English Folklore Society, em seu período áureo no final do século XIX, que se interessava especialmente pelos contos populares. Discutindo os "contos selvagens", Jacobs observou: "Imagino que quem leu esses contos concordará comigo em que eles são informes e vazios e têm com os bons contos de fada europeus a mesma relação que têm os invertebrados com o reino vertebrado no mundo animal"[21]. Esse ponto de vista ainda sobrevive no século XX. Vê-se, por exemplo, a eminente antropóloga Katharine Luo-

---

19. "Folklore", in Walter Goldschmidt (ed.), *The Anthropology of Franz Boas*, San Francisco, 1959, pp. 127-129 (Memoir n. 89 da American Anthropological Association).
20. "The Structural Study of Myth", in Thomas A. Sebeok (ed.), *Myth: A Symposium*, Bloomington, 1958, p. 50.
21. "The Problem of Diffusion: Rejoinders", *Folk-Lore*, 5:137, 1894.

mala, que sem dúvida é versada em folclore, afirmar que os estudos de mitologia indígena norte-americana demonstraram que "o entrecho é uma coesão relativamente temporária e local de elementos míticos que se difundiram independentemente uns dos outros" e que "é sabido que os complexos entrechos europeus são mais estáveis e uniformes na forma e no conteúdo que os americanos"[22].

A opinião de Luomala reafirma idéias que Boas havia manifestado anteriormente. Boas sustentava que os incidentes, os entrechos e as disposições dos contos europeus mostraram, relativamente falando, uma uniformidade muito maior do que os contos dos índios norte-americanos. A maior divergência na "composição" das estórias do folclore norte-americano se devia à maior diversificação de tipos culturais. Nas palavras de Boas,

o folclore europeu nos deixa a impressão de que as estórias todas são unidades, de que a sua coesão é forte e de que o conjunto todo é muito antigo. A análise do material norte-americano, por outro lado, demonstra que estórias complexas são recentes, que existe pouca coesão entre os seus elementos e que as partes realmente antigas dos contos são os incidentes e uns poucos entrechos simples[23].

É verdade que nem todos os antropólogos acreditam que os contos europeus possuem entrechos coerentes. Radin, por exemplo, afirma: "Sabemos que os contos de fada não apresentam um verdadeiro entrecho, mas consistem de uma série de incidentes amarrados de maneira indefinida"[24]. Entretanto, a maioria dos antropólogos não concordam quanto à aparente incoerência dos entrechos dos contos nativos dos Estados Unidos.

22. "Review of Lord Raglan, *The Hero*", *American Anthropologist*, 40:518, 519, 1938.
23. Franz Boas, "The Development of Folk-Tales and Myths", *The Scientific Monthly*, 3:340, 1916. Podemos encontrar a mesma citação em Boas, *Tsimshian Mythology*, Washington, 1916, p. 878 (Thirsty-First Annual Report of the Bureau of American Ethnology).
24. Paul Radin, *Literary Aspects of North American Mythology*, Ottawa, 1915, 32 (Anthropology Series of the Canada Geological Survey, n. 6, Museum Bulletin, n. 16).

George M. Foster foi mais um estudioso que se manifestou sobre a pretensa deficiência estrutural dos contos indígenas. No seu estudo sobre o folclore indígena mexicano, Foster dizia que a construção narrativa era "comparável a um saco de surpresas, cheio de motivos desordenados e misturados em que o narrador mete a mão, tira um punhado de motivos e os tece em seu relato particular". Foster concluía que os contos indígenas mexicanos eram extremamente instáveis e consistiam, primordialmente, de grupos de episódios que se quebram facilmente e se associam a outros em novas combinações. A convicção de Foster de que os contos indígenas eram realmente aglomerados aleatórios de motivos é reafirmada por sua insinuação de que cada estória pode ser considerada "uma combinação mais ou menos fortuita de episódios de fontes diversas"[25].

Uma afirmação mais recente e de mesmo teor foi feita por um folclorista literário, na medida em que se opõe a um antropólogo. Tristram P. Coffin, nas observações introdutórias à sua antologia de contos indígenas norte-americanos, fala de um tipo de relato que ele chama de estória de incidente único. Conto de incidente único, diz ele, "*como não precisa de nenhum padrão de organização*, de nenhuma caracterização, ou de cenário real, pode brotar até mesmo da mente mais ingênua"[26]. (O grifo é meu.)

Mais uma manifestação da teoria da ausência de forma e de padrão foi expressa pelo psicólogo F. C. Bartlett, que se interessava muito por contos populares. Em seu famoso artigo publicado em *Folk-Lore*, Bartlett dizia dos contos primitivos que

Todas as estórias utilizadas nestas experiências foram desenvolvidas em comunidades relativamente primitivas. O tipo de conexão entre um incidente e outro era, na sua maior parte, meramente temporal. Obviamente, não que os contos não tivessem um centro de ênfase, mas que esse centro, do ponto de vista de um leitor moderno, era freqüentemente obscurecido e

25. "Some Characteristics of Mexican Indian Folklore", *JAF*, 58:226, 231, 235, 1945.
26. *Indian Tales of North America*, Philadelphia, 1961, p. x (Bibliographical and Special Series of the American Folklore Society, XIII).

os eventos pareciam estar conectados ao acaso, como se eles próprios fossem sugeridos casualmente à mente do narrador[27].

Na realidade, uma das razões que Bartlett alega para usar em seu famoso experimento o conto kathlamet de "A Guerra dos Fantasmas" ("The War of the Ghosts") é que ele "não tinha uma coerência muito manifesta", e o interesse particular de Bartlett era ver como seus sofisticados pacientes reagiriam a essa "evidente falta de ordem racional"[28].

Não obstante, a despeito dos muitos estudiosos que consideravam os contos indígenas norte-americanos justaposições aleatórias e informes, houve aqueles que anteviram a necessidade de uma tipologia baseada em rigorosa análise morfológica. Otis T. Mason, por exemplo, no *Journal of American Folklore* de 1891, exigia a aplicação dos métodos das ciências naturais ao campo do folclore, particularmente com relação à morfologia[29]. No entender de Mason, o folclorista poderia ganhar muito se seguisse as técnicas que um mineralogista emprega no exame de um conjunto de cristais. Mason viu igualmente um benefício no estudo da morfologia folclórica.

O espécime folclórico tem uma vantagem: nenhum analista grosseiro ou mal-intencionado pode destruí-lo ao desmembrá-lo em seus elementos. O arqueólogo que revolve uma colina, o paleontólogo que retira um fóssil de

27. "Some Experiments on the Reproduction of Folk-Stories", *Folk-Lore*, 31:35, 1920.
28. *Remembering*, Cambridge, 1932, p. 64.
29. "The Natural History of Folk-Lore", *JAF*, 4:98, 1891. Stewart Culin, em seu discurso de posse como presidente da American Folklore Society, também recomendou uma abordagem morfológica do folclore, especificamente dos jogos indígenas norte-americanos: "American Indian Games", *JAF*, 11:246-247, 1898. É interessante comparar a sugestão de Mason com uma asserção de Vladimir Propp: "Não obstante, é possível fazer um exame da forma do conto popular que seja tão exata quanto a morfologia das formações orgânicas". Cf. Propp, *Morphology of Folktale*, Bloomington, 1958, p. 1 (Publication Ten of the Indiana University Research Center in Anthropology, Folklore and Linguistics). [Existe uma edição brasileira: *Morfologia do Conto Maravilhoso*, Rio de Janeiro, Forense-Universitária, 1984.]

seu contexto, o anatomista de um animal raro que destrói as conexões entre as suas partes, todos fecharam a porta da pesquisa[30].

Ao contrário, quando um folclorista não se sente satisfeito com uma análise prévia, feita por ele ou por outra pessoa, pode facilmente, sem problemas, retomar o espécime original para analisá-lo outra vez. É bastante curioso que, nesse mesmo volume do *Journal of American Folklore*, Franz Boas tenha analisado uma série de contos indígenas norte-americanos, entre eles o do "Marido-Cachorro" ("Dog-Husband") e o do "Marido-Estrela" ("Star-Husband"), reduzindo-os aos seus "elementos" constituintes, e tenha observado, particularmente, que o primeiro passo para a compreensão dos mitos é "um estudo cuidadoso das suas partes componentes"[31]. Isso, obviamente, fazia parte do credo científico de Boas: "Estou plenamente convencido de que todos os problemas em antropologia requerem, antes de tudo, um estudo analítico completo da aparência objetiva dos fenômenos..."[32]

Para servir de ajuda ao estudo analítico dos contos indígenas norte-americanos, alguns antropólogos, liderados por Swanton, propuseram que se construísse uma tabela de temas, ou índice tabulado dos elementos do material mítico dos aborígines dos Estados Unidos. Em 1905, Swanton apresentou, no XVII Encontro Anual da American Folklore Society, um trabalho com o título de "A Concordance of American Myths" ("Uma Tabela de Temas Míticos Americanos"). Depois de alguns debates, foi aprovada a seguinte resolução:

I. A Society defende a elaboração, pela própria Society, de uma Tabela de Temas dos mitos norte-americanos.
II. O Dr. Boas (na qualidade de presidente), o Dr. Swanton e o Dr. Dixon devem constituir uma comissão para levar avante, como melhor lhes aprouver, o mencionado objetivo, e eles terão autoridade para aumentar o número dos membros dessa comissão[33].

30. Mason, *op. cit.*, p. 99.
31. "Dissemination of Tales Among the Natives of North America", *JAF*, 4:20, 1891.
32. "The Origin of Totemism", *JAF*, 23:393, 1910.
33. "Seventeenth Annual Meeting of the American Folk-Lore So-

O plano de Swanton visava muito mais obter um índice dos "episódios independentes que demonstram unidade estrutural" do que de "mitos como um todo". Em outras palavras, Swanton defendia um índice de motivos em contraposição a um índice de tipos de conto. No entanto, apesar da sugestão de Swanton e da resolução da American Folklore Society, essa tabela de temas nunca se tornou realidade. Stith Thompson elaborou uma tabela parcial em sua obra, *Motif-Index of Folk Literature*, ao incorporar a este livro os motivos discutidos nas volumosas notas a seu trabalho *Tales of the North American Indian*[34]. A propósito, Thompson estava ciente do projeto da tabela de motivos, como fica evidente no seu prefácio a essas notas. No seu dizer, ele esperava que pelo menos partes de suas notas tivessem algum "valor para o futuro editor da tão necessária tabela de temas dos contos indígenas norte-americanos"[35]. Mais uma manifestação do interesse pelos elementos constituintes dos contos populares dos índios norte-americanos foi a série de tentativas de estabelecer "palavras-chave" (*catchwords*) apropriadas para designar os motivos. Foram publicados artigos de Lowie e de Kroeber[36]. Entretanto, como observou Stith Thompson, essas listas confundem elementos de mitos com mitos como um todo. No seu entender, os motivos vinham misturados a tipos de conto, ao passo que, segundo ele, "para uma classificação sistemática da narrativa folclórica é necessária uma nítida diferenciação entre tipo e motivo"[37].

Ao interesse pelos elementos dos contos e mitos seguiram-se algumas considerações sobre tipologia. Swanton, por exemplo, depois de registrar mais de duzentos e cin-

---

ciety", *JAF*, 19:83, 1906. O artigo de Swanton foi publicado dois anos depois: "A Concordance of American Myths", *JAF*, 20:220-222, 1907.

34. Stith Thompson, *Motif-Index of Folk Literature*, Bloomington, 1955-1958, 6 vols.; *Tales of the North American Indians*, Cambridge, 1929.

35. *Tales of the North American Indians*, p. 272.

36. Robert H. Lowie, "Catch-Words for Mythological Motifs", *JAF*, 21:24-27, 1908; A. L. Kroeber, "Catch-Words in American Mythology", *JAF*, 21:222-227, 1908; Lowie, "Additional Catch-Words", *JAF*, 22:332-333, 1909.

37. *The Folktale*, New York, 1951, p. 415.

qüenta contos haidas e tlingits, começou a observar semelhanças nos entrechos e publicou uma lista de trinta e seis resumos de entrecho com títulos[38]. No entanto, foi Kroeber quem, em sua discussão das sugestões de "palavras-chave" para denominar os motivos, fez algumas observações tipológicas muito pertinentes. Observou, especificamente, que alguns entrechos ou elementos de entrecho poderiam concebivelmente ser agrupados sob títulos conceituais mais genéricos. As idéias de Kroeber são tão pertinentes à presente tese que talvez fosse melhor citar algumas delas *in extenso*:

Assim, "Prestidigitador de Olhos", embora muito bem determinado por seu conteúdo concreto específico, constitui apenas uma forma da *Imitação malsucedida* com infinitas diversificações. O *Roubo do fogo* se agrupa com o *Roubo do sol, da luz, de caça e alimento, de água* e *da noite*. A *Cabeça rolante*, a *Pedra rolante*, o *Vôo mágico*, o final do incidente de *O Urso e o veado* e outros, contêm todos a idéia de uma fuga bem-sucedida de perseguição. Ao mesmo tempo uma combinação irrestrita desses motivos relacionados e a não-consideração desses como tais obscurecem personagens essenciais e tornam menos importantes os tipos mais gerais de idéias míticas, não só ao privá-las de conteúdo específico, mas também por causa de uma inevitável confusão de motivos distintos que estão ligados externamente por motivos intermediários que os encadeiam entre si. Assim, o motivo *Orfeu* é parte do tipo geral *Visita aos mortos*, ao qual também pertence a *Visita à cidade dos fantasmas*... Segue-se então que, na tabela de motivos mitológicos, a idéia limitada especificamente e muitas vezes concreta deve continuar sendo a unidade e base de comparação; mas a própria concretude e quantidade de tais unidades deve conduzir também à definição de grupos mais abrangentes de idéias, as quais, no entanto, interligadas entre si e portanto indefinidas, serão um instrumento necessário para lidar com a massa de episódios detalhados[39].

38. John R. Swanton, "Types of Haida and Tlingit Myths", *American Anthropologist*, 7:94-103, 1905.
39. A. L. Kroeber, "Catch-Words in American Mithology", *JAF*, 21:226, 1908. As objeções de Kroeber às concepções mitológicas mais genéricas, sob a alegação de que seria obscurecido o caráter essencial dos elementos concretos, ressurgiram recentemente [1960] na crítica de Lévi-Strauss à obra de Propp. Lévi-Strauss afirma que, antes da análise formalista dos contos de fada russos, feita por Propp, aquilo que era comum aos contos era indubitavelmente ignorado, mas que, depois da análise de Propp, tornou-se impossível verificar como os contos isolados diferem entre si. Cf. "L'analyse morphologique des contes russes", *International Journal of Slavic Linguistics and Poetics*, 3:139, 1960.

É digno de nota que Kroeber sinta necessidade de usar os elementos individuais concretos com propósitos comparativos e visando à construção de uma tabela de temas, embora não perceba o valor potencial de uma lista mais geral de "tipos de idéias místicas". Sua lista de treze "tipos gerais mais conspícuos de conceitos míticos" compreende: imitação malsucedida, artes de trapaceiro, roubo ou logro usado para obter para todos algo antes reservado a alguns poucos, fuga final de um perseguidor, provas, transformação etc. Pode-se ver facilmente, mesmo nesta lista sumária, que Kroeber inclui tanto conceitos integrais de conto (por exemplo, artes de trapaceiro) quanto elementos mínimos dos contos (por exemplo, provas ou transformação). Não obstante, a noção de agrupar contos historicamente separados e distintos, com base na aparente semelhança de entrecho, está muito adiantada para seu tempo e contrasta nitidamente com a noção estabelecida, que prevalece até hoje, de considerar cada conto uma entidade totalmente individual e separada. Ademais, a distinção de Kroeber entre um tipo geral de idéia mítica e uma idéia concreta limitada especificamente refere-se, em sua essência, à distinção entre forma e conteúdo. É bastante interessante que Boas tenha feito o mesmo tipo de distinção. Boas sugeriu mesmo que a estrutura formal derivaria das experiências da existência humana cotidiana.

As fórmulas dos mitos e contos populares, se não levarmos em conta os incidentes isolados que formam a substância que preenche a moldura, são quase que exclusivamente eventos que refletem as ocorrências da vida humana, particularmente aqueles que excitam as emoções das pessoas[40].

A distinção fundamental entre forma e conteúdo foi formulada repetidas vezes, embora nem sempre às claras, em vários estudos importantes sobre os contos indígenas norte-americanos. Especificamente, o comentário usual era que a forma permanecia constante enquanto o conteúdo variava

---

40. "The Development of Folk-Tales and Myths", *The Scientific Monthly*, 3:342, 1916. Pode-se encontrar a mesma afirmação em *Tsimshian Mythology*, p. 880.

extremamente. Lowie, por exemplo, enfatizou a questão ao discutir o motivo explicativo final da transformação.

> O elemento comum a todos esses contos é a declaração final de que, em virtude de certas condições ou acontecimentos, o herói decidiu assumir uma forma não-humana. É irrelevante *aquilo* em que o herói se transforma. Pode ser uma águia, uma lontra ou um flamingo...[41]

Gladys Reichard, um dos mais brilhantes estudiosos do folclore aborígine norte-americano, oferece, em sua perspicaz análise dos mitos dos índios norte-americanos, diversos exemplos da variabilidade do conteúdo. Um ótimo exemplo é a discussão sobre o tema do tabu no conto "Marido-Estrela":

> A descrição do tabu e de sua violação apresenta quase tantas variações incidentais menores quantas são as versões. A enumeração de algumas das proibições elucidará as diferenças de detalhe que podem ocorrer sem afetar fundamentalmente o caráter da ação. Uma mulher que cavava um buraco foi advertida a não olhar através dele; outra, a não se aproximar da *pomme blanche*; uma terceira foi proibida de cavar à procura de nabos; e outras mulheres receberam proibições análogas: não cavar raízes com talo folhoso ou murcho; não cavar nabos no vale, no pântano, perto de árvores, ou perto da casa do Homem-Aranha; não cavar a grande batata que estava na porta do céu; não remover uma pedra determinada ou esterco de búfalo etc. É desnecessário dizer que, em todos os casos, a curiosidade levou a mulher a quebrar o tabu e, conseqüentemente, a ver sua terra natal através do buraco no céu[42].

Se alguém estiver inclinado a discutir a afirmação de Reichard de que existem tantas variações incidentais menores quantas são as versões, deve ser aconselhado a examinar as diversas versões de qualquer conto indígena dos Estados Unidos. Erna Gunther, por exemplo, chegou a con-

---

41. Robert H. Lowie, "The Test-Theme in North American Mythology", *JAF*, 21:128, 1908.
42. Gladys A. Reichard, "Literary Types and Dissemination of Myths", *JAF*, 34:282, 1921. Para uma relação mais completa dos tipos de tabu encontrados no conto do "Marido-Estrela", cf. Stith Thompson, "The Star Husband Tale", *Studia Septentrionalia*, 4:93-162, 1953, ou a dissertação de mestrado (Indiana University, 1931), inédita, de Edith Gore Campbell, "The Star Husband Tale: Comparative Study by the Historic-Geographic Method", que serviu de base ao estudo de Thompson.

clusões bastante semelhantes depois de analisar o conto do "Marido-Cachorro". Segundo ela, o primeiro episódio do conto se refere a uma moça que ofende sua família ao acasalar-se com um cachorro.

Este incidente da relação tem as seguintes séries de variantes que ocorrem numa ou mais tribos: uma moça leva um cachorro para a cama, como na versão skagit que acabamos de relatar; ou coloca um cão estranho debaixo de seu vestido; uma moça é abandonada por comer ouriços-do-mar e é abandonada com dois cachorros; uma moça é ajudada por alguns cães; uma moça come carne de cachorro. Na tribo em que é registrada mais de uma versão, acho que o episódio é quase tão variável quanto o é em todas as tribos[43].

Quanto às razões pelas quais a variabilidade pode manifestar-se dentro dos limites de uma dada cultura, grande parte delas pode dever-se aos narradores individuais. Lowie sugere que

uma mente repleta do conhecimento tradicional muitas vezes tinha seqüências alternativas para o mesmo estágio de uma estória. A tradição, por exemplo, pode acolher duas maneiras de escapar de um bicho-papão em perseguição; e um narrador que conheça ambas as versões pode escolher uma ou outra, de acordo com a preferência individual ou o capricho do momento[44].

Radin também sugere que um hábil contador de estórias pode, engenhosamente, substituir motivos e temas de acordo com as diversas exigências das diferentes situações em que faz a narrativa[45]. Além disso, Radin, como Lowie, ressalta que as alternativas e interpolações de entrecho raramente são criações do narrador, mas representam, antes,

43. Erna Gunther, "Accretion in the Folktales of the American Indians", *Folk-Lore*, 38:43-44, 1927. Para uma lista mais abrangente dos incidentes alternativos no primeiro episódio deste conto, cf. a dissertação de mestrado (Indiana University, 1929), ainda inédita, de Lillian Reeves Jackson, "The Tale of the Dog Husband: A Comparative Study of a North American Indian Tale".

44. Robert H. Lowie, "Studies in Plains Indian Folklore", *University of California Publications in American Archaeology and Ethnology*, 40 (*1*):22, 1942.

45. Paul Radin, *Literary Aspects of North American Mythology*, Ottawa, 1915, pp. 43, 47, 51 (Anthropology Series of the Canada Geological Survey, n. 6, Museum Bulletin, n. 16).

motivos e temas tradicionais contidos no corpo particular do conhecimento folclórico[46].

Contudo, emerge a seguinte questão: Existe algum limite para o número de alternativas, ou existem critérios para a ocorrência de dada quantidade de escolhas alternativas? Tanto Radin quanto Lowie falam de elementos "livres" de folclore. Radin inclusive afirma ter demonstrado que "motivos, temas e episódios são usados como elementos livres e a sua alteração decorre não de causas acidentais, mas do exercício do instinto artístico de um contador-autor". Radin diz ainda que o único meio de explicar a "extrema variabilidade" de motivos em versões diferentes do mesmo mito é supor que os motivos "são elementos mais ou menos livres cujo uso depende, em certas circunstâncias, da tradicional associação com determinados episódios e atores, mas principalmente dos poderes seletivos exercidos pelo contador-autor e das necessidades psicoliterárias do entrecho"[47]. Lowie comenta em determinado momento: "está claro que não existem limites definidos para a variabilidade dentro da mesma estrutura geral"[48].

Na verdade, é possível que os limites de variabilidade difiram de uma cultura para a outra. No Sudoeste, por exemplo, o testemunho de que se dispõe indica que a variabilidade é favorecida culturalmente. Ruth Benedict discute a grande liberdade dada ao narrador zuni no que se refere à escolha de incidentes e inventos folclorísticos do acervo da tradição. Ela observa, por exemplo, que se espera mesmo de um bom contador de estórias essa liberdade no manuseio de incidentes[49]. Esther Schiff Goldfrank relata algo semelhante no seu estudo das variantes dos isletas. Em 1924, Goldfrank recolheu diversos contos isletas e, um ano depois, Elsie Parsons visitou um dos informantes de Gold-

---

46. Paul Radin, "The Literature of Primitive People", *Diogenes*, 12:2, 1955.
47. Radin, *Literary Aspects of North American Mythology*, pp. 51, 30.
48. Lowie, "Studies in Plains Indian Folklore", p. 24.
49. Ruth Benedict, *Zuni Mythology*, New York, 1935, vol. I, p. xxxvii (Columbia University Contributions to Anthropology, vol. 21).

frank. Ao discutir os dez contos que haviam sido recontados, Goldfrank comentou o alto grau de variabilidade com relação a incidentes isolados. Concluiu que "o contador de estórias não se limita a recontar o conto como o ouviu, mas tem prazer em alterá-lo"[50]. Revela-se um contraste acentuado quando se comparam essas conclusões com estudos análogos de contos tillamooks ou esquimós.

No seu estudo sobre a estabilidade no folclore tillamook, May Edel chama a atenção especificamente para o contraste entre a variação que ocorre no Sudoeste e a falta de variação entre os tillamooks. Edel recolheu diversos contos tillamooks em 1931. Três anos mais tarde, Bess Langdon (atualmente Sra. Melville Jacobs) recolheu contos do mesmo informante. Depois de examinar os mais de quarenta contos comuns aos dois registros, Edel pôde afirmar que, "apesar do razoável intervalo de tempo e das condições muito diferentes das duas narrações, as estórias em duplicata são virtualmente idênticas nos dois registros". A tese de Edel foi corroborada posteriormente por uma comparação com um grupo de contos tillamooks recolhidos por Boas, mais de quarenta anos antes, de um informante diferente. Edel relata que "sete contos formais e vários informais estão repetidos nos dois registros e, em cada caso, existe uma grande semelhança tanto no conteúdo quanto na forma"[51].

Com referência às forças culturais que atuam sobre os contadores de estórias esquimós, Rink descreveu a situação dos esquimós da Groenlândia. "A arte exige que as lendas antigas sejam narradas quase com as mesmas palavras da versão original... De modo geral, mesmo o menor desvio da versão original será notado e corrigido, se por acaso estiver presente alguma pessoa inteligente." Boas também se refere ao "conservantismo" dos narradores esquimós[52].

50. Esther Schiff Goldfrank, "Isleta Variants: A Study in Flexibility", *JAF*, 39:78, 1926.
51. May M. Edel, "Stability in Tillamook Folklore", *JAF*, 57:116, 117, 1944.
52. Henry Rink, *Tales and Traditions of the Eskimo*, Edinburgh e London, 1875, p. 85. Franz Boas, *Race, Language and Culture*, New York, 1940, pp. 511-512.

No que diz respeito aos critérios que regem a ocorrência de uma gama de alternativas, Theodore Stern formulou uma noção útil, ou seja, o princípio de equivalência funcional[53]. Analisando duas versões do "Prestidigitador de Olhos", Stern observou que, numa, a visão do trapaceiro é restaurada pela bondade de um homem que pacientemente tentou os olhos de diversos animais até encontrar um par satisfatório, ao passo que, na outra, o trapaceiro, por logro, faz um veado aproximar-se, arranca-lhe os olhos e apropria-se deles. Stern sugere que tais episódios, apesar de manifestarem certas dessemelhanças, exercem a mesma função e, conseqüentemente, podem ser considerados equivalentes funcionais. É muito interessante o modo como Stern relaciona as alternativas específicas com os informantes individuais envolvidos. A primeira versão citada foi narrada por um homem que ficara cego vinte anos atrás e que ainda se mostrava agradecido pelos esforços inúteis que um médico branco fizera para restaurar-lhe a visão. A segunda versão foi contada por um homem que era claramente muito competitivo na vida diária[54]. Entretanto, embora fale de episódios funcionalmente equivalentes que mantêm a mesma relação estrutural com o entrecho, Stern assevera que a equivalência funcional depende muito mais do grau de similaridade entre os episódios do que propriamente do entrecho[55].

Pode-se discernir, então, nos contos indígenas norte-americanos, uma crescente consciência da distinção entre forma e conteúdo. A noção de variabilidade dentro de uma dada estrutura acabou por conduzir à idéia congenérica de que tudo o que ocorre nesta estrutura pode ser considerado funcionalmente equivalente. Contudo, é importante obser-

---

53. Theodore Stern, "Some Sources of Variability in Klamath Mythology", *JAF*, 69:377, 1956. Robert Plant Armstrong também notou a necessidade de uma noção de equivalência de unidade. Cf. seu "Content Analysis in Folkloristics", in Ithiel de Sola Pool (ed.), *Trends in Content Analysis*, Urbana, 1959, p. 158.
54. Stern, p. 385, n. 4.
55. Stern, pp. 377, 379. Mais adiante será mostrado que o grau de similaridade entre os episódios não constitui um fator de equivalência funcional.

var que a apreciação de um conteúdo variável dentro de uma forma estável estava confinada inevitavelmente a um conto por vez. Ou seja, pode-se fazer afirmações genéricas, mas elas sempre estavam baseadas em exemplos específicos de variabilidade de conteúdo dentro da moldura de um conto individual. Reichard citou os diversos tipos de tabu no conto "Marido-Estrela"; Gunther discutiu a parte inicial do conto "Marido-Cachorro"; Stern falou de elementos do conto "Prestidigitador de Olhos" e assim por diante. *Nenhum tentou sistematicamente estudar contos individuais diferentes como possíveis variações de conteúdo dentro de uma forma comum.* Somente Kroeber, em sua breve discussão das "palavras-chave", sugeriu uma espécie de tipologia da forma que pudesse incluir uma série de contos individuais concretos, agrupados em função de uma estrutura comum de entrecho. D. B. Shimkin, em sua ambiciosa tentativa de delinear as formas literárias dos shoshones de Wind River, fala da padronização de numerosos entrechos em cima de um esquema básico, mas a sua descrição desse esquema é tão vaga que dificilmente se pode qualificá-la de tipologia estrutural autêntica. Além disso, Shimkin está falando supostamente apenas das formas de uma tribo, os shoshones de Wind River, e não se aventura a aplicar sua análise aos contos de outras tribos. No entanto, devido à sua importância histórica e ao fato de ter partido de esquemas prévios de classificação de contos, o estudo de Shimkin merece ser analisado[56].

Segundo Shimkin, os mitos dos shoshones de Wind River se agrupam em duas classes principais, a saber, "novelas heróicas" e "estórias incidentais". Esta classificação apresenta um interesse especial, na medida em que, presumivelmente, foi construída com base muito mais em critérios formais do que conteudísticos. Isto contrasta com esquemas classificatórios mais tradicionais que usualmente seguem as linhas de categorias nativas. Estamos pensando,

56. D. B. Shimkin, "Wind River Shoshone Literary Forms: An Introduction", *Journal of the Washington Academy of Sciences*, 37:329-352, 1947.

inconscientemente, na distinção que Boas faz entre "mitos" e "contos". A posição de Boas é a seguinte:

> Para nossos propósitos, parece desejável adotar a definição de mito dada pelo próprio índio. Na mente do nativo norte-americano existe quase sempre uma distinção clara entre duas classes de contos. Um grupo relata incidentes que aconteceram num tempo em que o mundo ainda não havia assumido sua forma atual e a humanidade não estava de posse de todas as artes e costumes que caracterizam a nossa época. O outro grupo contém contos do nosso período moderno[57].

Reichard reitera este ponto de vista e Radin, analogamente, afirma que o tempo e lugar de ação constitui a base da dupla divisão dos contos winnebagos[58]. Na verdade, as descrições do esquema classificatório dos winnebagos, feitas por Radin, não são totalmente consistentes. Em 1926, ele dizia que os winnebagos faziam distinção entre mito (*waika*) e conto (*worak*). Além desse esquema essencialmente boasiano, Radin referiu-se igualmente a uma terceira categoria mista, a do "conto-mito"[59]. Em 1948, Radin diz que *waika* abrange "tudo o que denominaríamos mitos e *märchen*", ao passo que *worak* abarca uma poucas narrativas que qualificaríamos de mitos e *märchen* [contos de fada]. Neste último esquema, as diferenças básicas dizem respeito ao tempo de ação e ao tipo de final. No *waika*, "os atores são sempre de origem divina, a ação sempre se passa numa era mítica longínqua e o final é sempre feliz". No *worak*, "os atores são humanos, a ação ocorre na memória de um homem e o final é invariavelmente trágico"[60].

57. Franz Boas, "Mythology and Folk-Tales of the North American Indians", *JAF*, 27:377-378, 1914.
58. Gladys A. Reichard, "Literary Types and Dissemination of Myths", *JAF*, 34:269, 1921; Paul Radin, *Winnebago Hero Cycles: A Study in Aboriginal Literature*, Baltimore, 1948, pp. 11-12 (Indiana University Publications in Anthropology and Linguistics, Memoir 1). Esta obra de Radin também foi publicada como Suplemento do *International Journal of American Linguistics*, 14(3), 1948.
59. "Literary Aspects of Winnebago Mythology", *JAF*, 39:18, 1926.
60. Paul Radin, *The Culture of the Winnebago: As Described by Themselves*, Baltimore, 1949, p. 76 (Indiana University Publications in Anthropology and Linguistics, Memoir 2). Esta obra também foi publicada

Não só é difícil definir com precisão as categorias nativas, como também existe uma considerável diversidade entre elas. Por exemplo, na opinião de Beckwith, as duas categorias de estórias dos oglalas dakotas eram "mitos" e "estórias que falam de uma tribo". Contudo, no seu entender, os mitos são "narrados apenas como divertimento, sem qualquer consideração pela verdade, ao passo que as estórias do segundo tipo são narradas como verdadeiras". A tradição boasiana era tão forte na época em que Beckwith escreveu que foi forçada a pedir desculpas por suas descobertas, que não concordavam claramente com os princípios de Boas. Em nota de rodapé, ela observa:

A palavra "mito" é usada aqui num sentido diferente daquele que é aceito comumente entre os grupos indígenas, sendo muito mais uma invenção do que uma estória de uma época antiga em que as coisas ainda não eram como são hoje. *Não encontrei esta última idéia entre meus contadores de estória*, porém provavelmente está implícita no conteúdo da narrativa[61] (o grifo é meu).

Aí está um caso em que um julgamento externo é chamado a corroborar as categorias nativas supostamente internas.

Benedict é mais incisiva no tocante aos esquemas nativos de classificação. Afirma ela: "Entre os zunis, os contos não são classificados em categorias claramente distinguíveis. As divisões que usei neste volume servem apenas como referência e têm pouca relação com os problemas literários do narrador"[62]. Da mesma forma, Stith Thompson, depois de oferecer uma "definição prática" de mito muito próxima da de Boas, observa que os contadores de estórias raramente estão preocupados com as distinções de gênero[63].

como Suplemento do *International Journal of American Linguistics*, 15(1), 1949, e como Special Publications of the Bollingen Foundation, n. 1. Cf. também Radin, *Winnebago Hero Cycles*, pp. 11-12. Para a mesma distinção, cf. Géza Róheim, "Myth and Folktale", *American Imago*, 2:276, 1941.

61. Martha Warren Beckwith, "Mythology of the Oglala Dakota", *JAF*, 43:339, 340, n.1, 1930.

62. Ruth Benedict, *Zuni Mithology*, New York, 1935, vol. I, p. xxx (Columbia University Contributions to Anthropology, vol. 21).

63. "Myths and Folktales", ed. Thomas Sebeok, Bloomington, 1958, pp. 106-107.

De modo geral, os estudiosos têm-se mostrado incapazes de distinguir satisfatoriamente, na tradição oral dos índios norte-americanos, os pretensos gêneros de mito e conto. Até mesmo Boas admitiu que tanto os conteúdos dos contos tradicionais quanto os dos mitos eram em grande medida os mesmos. De fato, numa de suas últimas afirmações, Boas declarou categoricamente que "é impossível traçar uma linha precisa entre mitos e contos populares, porque as mesmas estórias narradas como mitos aparecem também na forma de contos populares". Além disso, tem-se a impressão de que Boas está um pouco cansado de se preocupar com distinção. "Numa análise dos contos tradicionais pode-se desdenhar o problema de saber se são mitos ou contos populares"[64]. Este ponto de vista reflete uma afirmação anterior de Stith Thompson: "Parecem fúteis as tentativas de definir com exatidão o 'mito' em distinção completa do 'conto' "[65].

Recentemente, Hultkrantz discutiu demoradamente o problema da classificação. Seu ponto de vista é que os indígenas norte-americanos possuem as duas categorias: mitos e lendas. Também está presente uma terceira categoria, contos de fada, embora existam pouquíssimos exemplos dessa última[66]. Constitui uma coincidência o fato de Hultkrantz, como fez Shimkin, ter tentado também classificar os contos dos shoshones de Wind River. Hultkrantz emprega as categorias européias de mito, lenda e conto de fada. Depois de observar que os próprios shoshones não classificam seus contos nem com base na realidade religiosa ou histórica, nem com base na forma literária, Hultkrantz propõe classificar os vários tipos de relato de acordo com o efeito que cada narrativa exerce sobre a audiência do con-

---

64. Franz Boas, *Race, Language and Culture*, New York, 1940, p. 405; Boas, "Mythology and Folklore", in Franz Boas (ed.), *General Anthropology*, New York, 1938, pp. 609, 610.

65. *Tales of the North American Indians*, Cambridge, 1929, p. xvii.

66. Åke Hultkrantz, *The North American Indian Orpheus Tradition*, Stockholm, 1957, pp. 276-277 (Statens Etnografiska Museum, Monograph Series, Publication n. 2). Para um resumo anterior de alguns esquemas de classificação, cf. William N. Fenton, "Iroquois Indian Folklore", *JAF*, 60:390, 1947.

tador de estórias. "Os tipos de narrativas, tal como foram organizados pelos próprios nativos, devem ser dispostos uns em relação aos outros de acordo com o efeito que exercem sobre os ouvintes. O modo de reação destes deve ser o critério"[67]. Hultkrantz insinua, então, que esse esquema de classificação derivado da tipologia nativa lembra bastante o esquema europeu de mito, lenda e conto de fada[68]. Essa tentativa subjetiva de elaborar um esquema de classificação baseado em critérios funcionais externos contrasta visivelmente com a tentativa de Shimkin, que propôs uma classificação formal da mesma literatura oral. Shimkin usa critérios internos objetivos. Evidentemente, ele não afirma de modo nenhum que as suas duas classes principais de narrativas – novelas heróicas e estórias incidentais – refletem distinções feitas por seus informantes, ou que essas categorias têm alguma relação com as atitudes da platéia. Infelizmente, a classificação de Shimkin não se baseia em aspectos formais muito bem definidos.

Shimkin assevera que um de seus objetivos é "a descrição tipológica das principais formas literárias shoshones, no que diz respeito à estrutura, ao conteúdo e ao estilo". Como já observei, Shimkin distingue duas espécies de mito: a novela heróica e a estória incidental. Uma outra distinção é estabelecida entre novela heróica "elaborada" e novela heróica "simples". Ambas possuem a mesma estrutura; a diferença reside na quantidade maior ou menor de detalhes. A descrição que Shimkin oferece dessa estrutura ou esquema revela a sua falta de precisão:

As *novelas heróicas elaboradas* são complicadas e freqüentemente muito longas (perto de dez mil palavras), com entrechos padronizados a partir de um plano básico. Este plano compreende, consecutivamente, uma fase introdutória, a afirmação de uma causa para o início da viagem e a preparação do equipamento para essa viagem. Segue então a viagem propriamente dita com as aventuras de percurso, as quais vão crescendo em dificuldade e perigo até atingirem um clímax emocionante. Este desen-

---

67. "Religious Aspects of the Wind River Shoshone Folk Literature", in Stanley Diamond (ed.), *Culture in History*, New York, 1960, pp. 553, 557.
68. *Ibid.*, p. 564.

volvimento forma o núcleo do mito shoshone. Passada a crise, emergem novas razões para um segundo ciclo de aventuras. Muitas vezes um novo propósito, mais sério, provoca uma mudança no caráter do herói até então imperfeito. Viagem, aventura e luta final surgem mais uma vez, mas agora são seguidas de uma vitória definitiva. Um elemento explicativo, um anticlímax, e um final fixo concluem o conto[69].

Segundo Shimkin, o conto heróico simples, que usualmente abrange apenas um ciclo de aventuras, também possui os elementos de "introdução, preparação de armas, viagem, combate, vitória" e freqüentemente traz um elemento explicativo e um anticlímax. Contudo, o uso de locuções como "aventuras de percurso", entre outras, impede que a análise de Shimkin atinja um rigor verdadeiro.

Shimkin define a segunda categoria de mito — a estória incidental — como um esboço de descrição de personalidade, que ressalta o caráter da personagem central. Ele observa, especificamente, que "a forma não é rígida" e que as estórias incidentais carecem de unidade e clímax. A partir desse resumo pode-se ver que a obra de Shimkin dificilmente se qualifica como uma análise formal autêntica. A terminologia é vaga, e pode-se mesmo duvidar se o estudo de Shimkin seria útil para analisar a estrutura da maioria dos tipos de contos indígenas norte-americanos.

Um dos pontos fracos da abordagem de Shimkin é a sua não-definição de uma unidade estrutural adequada de análise. Essa falha é evidente na maioria das outras tentativas de analisar os contos nativos norte-americanos. Um exame dos estudos sobre este folclore revela muita confusão nesta questão da unidade básica. Em artigo publicado em 1891, Boas fala dos oito elementos do conto "Marido-Cachorro". O primeiro elemento era uma mulher que se acasalava com um cachorro. Segundo Boas, "um elemento único pode constituir-se de vários incidentes que estão ligados muito de perto e ainda formam uma única idéia"[70].

69. D. B. Shimkin, "Wind River Shoshone Literary Forms: An Introduction", *Journal of the Washington Academy of Sciences*, 37:332, 1947.
70. Franz Boas, "Dissemination of Tales Among the Natives of North America", *JAF*, 4:14, 1891.

Então, para Boas as unidades, da menor para a maior, eram: incidente, elemento e conto.

Em 1921, Reichard cita o sistema boasiano de elementos compostos de incidentes, mas ao mesmo tempo emprega o termo episódio no lugar de elemento. Neste esquema, os episódios é que são compostos de incidentes. Reichard define um episódio como "uma expressão de uma idéia única, simples na composição, mas feita de incidentes ainda mais simples"[71]. Observem que o uso da frase "incidentes ainda mais simples" na definição sugere que o episódio é também uma espécie de incidente. Embora Reichard use os termos "elemento" e "episódio" para designar a mesma unidade, ela dá preferência ao último. Assim, suas unidades, da menor para o maior, são: incidente, episódio e complexo-mito.

Alguns anos mais tarde, Demetracopoulou e Du Bois sugeriram um outro conjunto de termos. No estudo que fizeram da mitologia wintu, esses autores propuseram o seguinte:

Núcleo é usado para designar uma série de incidentes que formam um todo coerente. *Elemento* é o menor detalhe identificável. *Incidente* é um agregado de elementos, e sua existência enquanto unidade só pode ser identificada por comparação com outros mitos pertencentes ou não à mesma área[72].

Demetracopoulou, retomando essas definições no seu estudo do mito "Mulher Estúpida" ("Loon Woman"), acrescentou que "*motivo* é um termo vago aplicado a todos esses três". Observou também que as linhas de demarcação freqüentemente eram imprecisas[73]. Então, de acordo com esse sistema, as unidades, da menor para a maior, são: elemento, incidente e núcleo. Em 1940, Luomala escrevia que a estru-

---

71. Gladys A. Reichard, "Literary Types and Dissemination of Myths", *JAF*, 34:281, 1921. A confusão decorre da terminologia inconsistente de Reichard. Num local (p. 276) ela se refere a "elementos simples (isto é, uma combinação de diversos incidentes que estão intimamente relacionas e ainda formam uma única idéia)..." e em outro (p. 281) fala dos "episódios das estórias e dos incidentes de que são compostos".
72. D. Demetracopoulou e Cora du Bois, "A Study of Wintu Mithology", *JAF*, 45:382, 1932.
73. D. Demetracopoulou, "The Loon Woman Myth: A Study in Synthesis", *JAF*, 46:102, 1933.

tura de um mito era "um complexo de episódios, incidentes e detalhes limitado temporal e espacialmente..."[74]

Em 1947, Reichard publicou uma análise intensiva do material dos coeur-d'alenes e fez uma revisão parcial de suas unidades. Ela fala de um entrecho constituído de uma série de episódios que, por sua vez, se compõem de elementos. Observa também que "não se pode estabelecer uma distinção inequívoca entre elementos e episódios". Segundo Reichard, "episódios ou incidentes são combinações de elementos referentes à ação que podem ser considerados entidades se forem usados sozinhos"[75]. São apresentados como exemplos os contos do "Anfitrião Trapalhão" ("Bungling Host") e do "Prestidigitador de Olhos". A decisão de Reichard de empregar como unidades mínimas elementos em vez de incidentes deve ter sido influenciada em parte pela terminologia de Demetracopoulou e de Du Bois. As séries de unidades de Reichard em 1947 são, da menor para a maior: elemento, episódio (ou incidente) e entrecho. Foi com base neste esquema analítico de Reichard que Wheeler-Voegelin discutiu as unidades estruturais, em seu estudo do folclore indígena norte-americano no *Standard Dictionary of Folklore, Mythology, and Legend*[76]. Os termos de Wheeler-Voegelin são: elemento, episódio e entrecho do conto. Em forma de tabela, os vários esquemas de unidades, das menores para as maiores, são:

	Incidente	Elemento	Conto (Boas 1891)
	Incidente	Episódio	Complexo-Mito (Reichard 1921)
	Elemento	Incidente	Núcleo (Demetracopoulou & Du Bois 1932)
Detalhe	Incidente	Episódio	Mito (Luomala 1940)
	Elemento	Episódio	Entrecho (Reichard 1947 e
		(ou Incidente)	Wheeler-Voegelin 1950)

74. Katharine Luomala, *Oceanic, American Indian, and African Myths of Snarring the Sun*, Honolulu, 1940, p. 4 (Bernice P. Bishop Museum Bulletin 168).

75. Gladys A. Reichard, *An Analysis of Coeur d'Alene Indian Myths*, MAFS 41, Philadelphia, 1947, pp. 6, 10.

76. Erminie Wheeler-Voegelin, "North America Indian Folklore", in *Standard Dictionary of Folklore, Mythology, and Legend*, vol. II, New York, 1950, p. 800.

Esse desacordo entre os folcloristas no tocante à terminologia para designar as unidades dos contos indígenas norte-americanos reflete a falta de rigor científico de grande parte da pesquisa folclórica. Infelizmente, não se trata apenas de um problema da validade de um termo contraposta à validade de outro; é antes a natureza das unidades que ainda tem de ser definida de modo adequado. Assim, já que Demetracopoulou observou que as linhas de demarcação entre as várias unidades são amiúde vagas e Reichard afirmou que não se pode estabelecer uma distinção exata entre elementos e episódios, ainda se faz necessária uma melhor definição das unidades estruturais de análise.

Essas unidades estruturais são necessárias para um estudo adequado da morfologia. Além disso, uma vez que a tipologia depende de prévia análise morfológica, a tipologia dos contos indígenas norte-americanos deve ser preterida até que tenham sido estabelecidas as unidades estruturais. Para que haja morfologia deve haver unidades estruturais; para que exista tipologia deve existir morfologia. Parece bom que um antropólogo como Verne Ray sugira a um estudante de literatura que tome uma coleção de textos de contos indígenas norte-americanos e os analise no tocante a trama, episódio etc., "*sem* recorrer aos julgamentos dos nativos: isto é, dê uma definição mecânica do padrão literário da mesma maneira que os musicólogos definem os modos nativos nas canções indígenas". Poder-se-ia até concordar com ele quando diz adiante que "sabemos certamente que existem padrões literários indígenas — os contos não são composições casuais ou acidentais"[77]. No entanto, sem unidades estruturais adequadas continua extremamente improvável tal análise morfológica proposta. Infelizmente, os poucos estudiosos que trabalham atualmente com materiais folclóricos dos índios norte-americanos têm demonstrado reduzido interesse na busca de tais unidades. Melville Jacobs, por exemplo, prefere ver na literatura chinook um tipo de teatro. Conseqüentemente, em lugar de "entrechos, mo-

77. Verne F. Ray, "Far Western Indian Folklore", *JAF*, 60:413, 1947.

tivos e episódios", tende a empregar termos como "atores, atos, cenas, epílogos e outros semelhantes"[78]. Do mesmo modo, Hultkrantz, embora reconheça que estudos formais são pré-requisitos para as análises de conteúdo, rejeita problemas como a distinção entre motivo e narrativa, por serem "demasiado acadêmicos"[79].

Este levantamento da situação acadêmica do folclore indígena norte-americano revelou o estreito alcance da maioria dos estudos. Folcloristas de tempo parcial que trabalham com apenas um conto ou com a mitologia de uma única tribo têm sido incapazes de lidar com os difíceis problemas de morfologia e tipologia dos contos nativos norte-americanos. Na ausência de uma base teórica adequada, não ocorreu nas últimas décadas nenhum progresso metodológico no estudo desses contos. Continua em vigor a noção de que os contos indígenas norte-americanos carecem de forma, como atestou o fato de um folclorista contemporâneo como Coffin haver afirmado que estórias de um incidente único, como o conto "Prestidigitador de Olhos", não possuem "qualquer padrão de organização". A despeito do óbvio interesse em análise morfológica, como Mason, Boas e outros expressaram, a ausência de definição de unidades estruturais adequadas impediu o surgimento de estudos que pudessem contestar de uma vez por todas a teoria da "falta de forma". Continua incontestável a afirmação de Verne Bay de que "não foi feita até agora nenhuma análise abrangente sequer de uma única coleção de mitos"[80].

1.3. O Estudo Estrutural dos Contos Tradicionais

A abordagem estrutural do folclore em geral e dos contos tradicionais em particular encontra-se em total conso-

---

78. Melville Jacobs, *The Content and Style of an Oral Literature*, Chicago, 1959, p. 7.
79. Hultkrantz, *The North American Indian Orpheus Tradition*, Stockholm, 1957, pp. 5, 11, 164 (Statens Etnografiska Museum, Monograph Series, Publication n. 2).
80. Ray, "Far Western Indian Folklore", *JAF*, 60:413, 1947.

nância com novas abordagens adotadas em várias outras disciplinas, visto que todos os estudos estruturais são mais sincrônicos que diacrônicos, são mais holísticos que atomísticos. Ela tem afinidades com o Formalismo Russo e com o New Criticism (a Nova Crítica) na teoria literária; com a lingüística estrutural sincrônica; com a psicologia da Gestalt e com a abordagem por padrão na antropologia. Em 1945, em artigo publicado um pouco antes de sua morte, Ernst Cassirer observava que o estruturalismo não era de modo nenhum um fenômeno isolado. Era, antes, "a expressão de uma tendência geral do pensamento que, nas últimas décadas, se tornou cada vez mais proeminente em quase todos os campos da pesquisa científica"[81]. Ele poderia ter indicado também que o estruturalismo era uma influência igualmente marcante na arte e na crítica literária modernas. Tanto na arte quanto na ciência, houve um movimento difuso rumo à análise estrutural. Segundo Thomas Munro, um ramo da estética contemporânea se denomina "a morfologia da arte, o que significa o estudo da forma em todas as artes"[82].

Historicamente falando, pode-se ver que o movimento intelectual rumo à análise estrutural e à descrição de padrões foi particularmente intenso na segunda e na terceira década do século XX. Na Rússia, a reação à tradicional metodologia filológico-histórica da crítica literária do século XIX deu origem ao movimento denominado "Formalismo Russo"[83]. Como observou Svatava Pirkova-Jacobson, "o princípio básico desta escola era a análise estrutural da obra literária"[84]. Deste movimento provieram importantes con-

---

81. Ernst A. Cassirer, "Structuralism in Modern Linguistics", *Word*, 1:120, 1945.

82. Thomas Munro, "The Arts and Their Interrelations", *The Georgia Review*, 14:408, 1960.

83. Manfred Kridl, "Russian Formalism", *The American Bookman*, 1(1):19, 1944. Para um estudo definitivo deste movimento, cf. Victor Erlich, *Russian Formalism*, La Haye, 1955.

84. "Preface", in Vladimir Propp, *Morphology of the Folktale*, Bloomington, 1958, p. vi (Publication 10 of the Indiana University Research Center in Anthropology, Folklore, and Linguistics). O estudo de Propp também foi publicado como Parte II do *International Journal of American Linguistics*, 24(4), 1958, e como volume 9 da Bibliographical and Special

tribuições à teoria e à metodologia do folclore. Uma delas, publicada em 1928, foi a obra de Vladimir Propp, *Morfologia do Conto Maravilhoso*, que discutiremos adiante com mais detalhes.

O paralelismo entre o desenvolvimento do Formalismo Russo e o do New Criticism anglo-americano foi assinalado por René Wellek[85]. Nos Estados Unidos, o New Criticism se tornou, na metade da década de 30, uma força poderosa na crítica literária. Segundo um estudioso do movimento, foi durante os anos de 1935 a 1950 que o centro de atividade do New Criticism se deslocou da Inglaterra para os Estados Unidos[86]. Na opinião de outro estudioso, a crítica analítica norte-americana foi uma conseqüência direta das obras, entre outras, de I. A. Richards, *The Principles of Literary Criticism* (1924), e de William Simpson, *Seven Types of Ambiguity* (1930). No New Criticism, a ênfase era posta claramente mais no poema que no poeta. Os novos críticos protestavam vigorosamente contra a erudição literária tradicional que "buscava o sentido da literatura na biografia e no meio social; e seu protesto visava substituir os dados biográficos e a classificação histórica pelo exame e análise textuais"[87]. A abordagem holística do New Criticism é evidenciada num dos credos de Brooks e Warren: "Dever-se-ia sempre tratar o poema como um sistema orgânico de relações, e nunca se deveria entender a qualidade poética como se fosse inerente a um ou mais fatores tomados isoladamente"[88]. Esse deslocamento da teoria literária, do poeta para o poema, teve outro marco no livro de Maud Bod-

---

Series of the American Folklore Society. [Em português, *Morfologia do Conto Maravilhoso*, Rio de Janeiro, Forense-Universitária, 1984.]

85. "Preface", in Victor Erlich, *Russian Formalism*, La Haye, 1955, p. vii. Na verdade, Wellek comenta o fato de Erlich ter chamado atenção para o paralelo.

86. C. E. Pulos, *The New Critics and the Language of Poetry*, Lincoln, 1958, p. 72 (University of Nebraska Studies, New Series nº 19).

87. C. Hugh Holman, "The Defense of Art: Criticism Since 1930", in Floyd Stovall (ed.), *The Development of American Literary Criticism*, Chapel Hill, 1955, pp. 227, 229.

88. Cleanth Brooks & Robert Penn Warren, *Understanding Poetry: An Anthology for College Students*, New York, 1938, p. xv.

kin, *Archetypal Pattern in Poetry*, publicado em 1934, o ano mais propício para o estudo dos padrões.

O estudo bíblico também experimentou um tipo de New Criticism. Pouco depois do término da Primeira Guerra Mundial, surgiu na Alemanha um importante movimento denominado "Crítica da Forma". Segundo Redlich, a "crítica da forma é um método de estudo e investigação que lida com o estágio pré-literário da tradição evangélica, quando o material era transmitido oralmente"[89]. Os críticos da forma procuravam identificar as várias formas do material evangélico e descobrir as leis que as governavam na tradição oral. O motivo desses estudos não era, reconhecidamente, o interesse na forma pela forma.

A Crítica da Forma afirma que se pode descobrir e enunciar as leis da tradição oral e que, aplicando-as aos Evangelhos, é possível determinar como as narrativas aconteceram realmente e como as palavras foram realmente expressas por Nosso Senhor. Este é um dos objetivos da Crítica da Forma.

Alguns seguidores dessa escola chegaram a afirmar que, através do estudo das formas, poder-se-ia obter critérios que servissem como um indicador de historicidade[90]. Embora a Crítica da Forma no domínio bíblico não tivesse, aparentemente, recebido quaisquer influências específicas do Formalismo Russo ou do New Criticism, alguns de seus pressupostos eram idênticos aos empregados nos dois movimentos mencionados: por exemplo, a prioridade do estudo da forma sobre a abordagem histórica. Ainda que o objetivo último possa ter sido a reconstituição histórica, os meios de atingi-lo residem no estudo intensivo da forma.

Decerto, um historiador da cultura poderia destacar o fato de que importantes mudanças estavam ocorrendo quase ao mesmo tempo na lingüística e na psicologia. Alguns lingüistas norte-americanos, motivados pelo fato de que as categorias gramaticais indo-européias nem sempre se aplicavam às línguas indígenas norte-americanas, voltaram-se por

---

89. E. Basil Redlich, *Form Criticism: Its Value and Limitations*, London, 1939, p. 9.
90. Redlich, pp. 11, 13.

necessidade para a análise sincrônica descritiva. Seu objetivo era elaborar "uma gramática completa de um sistema lingüístico em termos puramente sincrônicos e estruturais"[91]. Além disso, como mostrou R. A. Hall, a descrição da estrutura ganhou precedência na lingüística sincrônica[92]. Embora seja difícil determinar com precisão as datas iniciais de qualquer movimento intelectual — existe inevitavelmente uma infinidade de precursores — alguns marcos do advento da moderna teoria lingüística servem para confirmar a idéia, mencionada anteriormente, de que o principal impacto aconteceu nas décadas de 20 e 30. Sapir publicou seu *Language**em 1921; em 1925, a Linguistic Society of America realizou seu primeiro encontro; e, em 1933, apareceu o *Language* de Bloomfield, considerado por alguns estudiosos a "maior obra sobre lingüística já publicada em nosso século, de um lado e outro do Atlântico"[93].

Evidentemente, a importância da análise sincrônica em contraposição à diacrônica já havia sido percebida bem antes por Saussure. Ainda que não seja a nossa pretensão fazer aqui um levantamento ou discussão abrangente do desenvolvimento histórico da teoria lingüística, é oportuno observar que algumas das distinções estabelecidas por alguns lingüistas pioneiros são da maior importância para a análise folclórica. Por exemplo, credita-se a Saussure a proposta de uma abordagem "sistêmica" da linguagem em oposição à abordagem atomística "fragmentária" dos filólogos comparatistas. Na opinião de Wade Baskin, o estudo fragmentário da linguagem impediu o desenvolvimento de qualquer idéia da estrutura adequada para os fatos fragmentários. Como mostrarei adiante, é esta exatamente a situação do

---

91. R. A. Hall, Jr., "American Linguistics, 1925-1950", *Archivium Linguisticum*, 3:112, 121, 1951.

92. Hall, p. 122.

* Em português, *A Linguagem*, São Paulo, Perspectiva, 1980. (N. do T.)

93. Hall, p. 110. Voegelin e Harris afirmam que, embora a essência da técnica fonêmica fosse empregada por Sapir em 1925, o método estrutural em lingüística começou no "início dos anos 30". Cf. C. F. Voegelin & Z. S. Harris, "Training in Anthropological Lingustics", *American Anthropologist*, 54:325, 1952.

estudo folclórico contemporâneo. Para os filólogos atomistas, "a linguagem era apenas um inventário ou soma mecânica das unidades usadas na fala"[94]. Mas, como indica Baskin,

a concepção atomista da fala, refletida nos estudos históricos dos filólogos comparatistas, tinha de ceder o passo à concepção funcional e estrutural da linguagem. Saussure estava entre os pioneiros que perceberam que a linguagem é um sistema autônomo, cujas partes interdependentes funcionam e adquirem valor através de sua relação com o todo[95].

Outro importante conceito da teoria lingüística foi a noção de que existe uma pequena quantidade de verdadeiras combinações estruturais de elementos em comparação com a grande quantidade dos próprios elementos e com a grande quantidade de combinações teóricas possíveis. Em outras palavras, embora sejam muitos os sons diferentes possíveis numa língua, do ponto de vista da articulação, e exista teoricamente um grande número de possíveis combinações desses sons, na realidade os sons de uma dada língua são em número limitado e o número de suas combinações é bastante pequeno. Podemos dar muitos exemplos da natureza limitante definida dos padrões de linguagem. Em inglês, por exemplo, segundo a contagem de Fries, existem apenas 151 grupos consonantais pós-vocálicos, e 86 deles são formados pela adição de /z/ ou /s/ ou /d/ ou /t/ como flexões[96]. Outro exemplo simples de limitação lingüística com relação às combinações dos elementos é o fato de que o fonema /η/,

---

94. Wade Baskin, "Translator's Introduction", in Ferdinand de Saussure, *Course in General Linguistics*, New York, 1959, p. xii.

95. *Ibid.*. Lévi-Strauss também menciona a oposição entre estruturalismo e atomismo que Trubetzkoy estabeleceu em 1933. Cf. "L'Analyse structurale en linguistique et en anthropologie", *Word*, 1:36-37, 1945. [Em português, "A Análise Estrutural em Lingüística e Antropologia", in Claude Lévi-Strauss, *Antropologia Estrutural*, Rio de Janeiro, Tempo Brasileiro, 1985.]

96. Charles C. Fries, *Teaching and Learning English as a Foreign Language*, Ann Arbor, 1945, pp. 18-19. Para o clássico exame das possibilidades literárias nos complexos culturais, cf. A. A. Goldenweiser, "The Principles of Limited Possibilities in the Development of Culture", *JAF*, 26:259-290, 1913. Cf. especialmente p. 270, n. 2.

o som final da palavra *thing*, nunca aparece no início de palavras inglesas.

A oposição entre estrutura e atomismo foi também a essência da contribuição da psicologia da Gestalt. Nas palavras de Max Wertheimer, em palestra proferida em 1924:

> A "fórmula" fundamental da teoria da Gestalt poderia ser expressa deste modo: Existem totalidades, cujo comportamento não é determinado pelo de seus elementos individuais, mas onde os processos-parte são eles próprios determinados pela natureza intrínseca da totalidade. A esperança da teoria da Gestalt é determinar a natureza de tais totalidades[97].

Wertheimer opôs-se especificamente à abordagem em mosaico e por associação. Contestou demoradamente o tipo cumulativo de análise, isto é, a noção de que elementos individuais poderiam simplesmente ser somados para constituir um todo. Citou o exemplo clássico de uma melodia que mantém a sua identidade mesmo quando é transposta para tom diferente. Em outras palavras, as notas específicas sozinhas não são responsáveis pela melodia. Se as notas fossem consideradas as únicas partes de uma melodia, então a melodia inteira seria mais do que a soma de suas partes. Segundo Wertheimer, é a "qualidade-forma" que capacita o ouvinte a reconhecer uma melodia transposta para tons diferentes[98].

Por uma curiosa coincidência mais uma vez, as datas que marcaram a teoria da Gestalt parecem coincidir com as datas importantes na crítica literária e na lingüística. Em 1929, foi publicada a obra de Wolfgang Köhler, *Gestalt Psychology*, enquanto que em 1935 aparecia *Principles of Gestalt Psychology* de Kurt Koffka[99]. É instrutivo comparar

---

97. Max Wertheimer, "Gestalt Theory", in Willis D. Ellis, *A Source Book of Gestalt Psychology*, New York, 1938, p. 2.
98. *Ibid.*, p. 4. Cf. também Wertheimer, "The General Theoretical Situation", in Ellis, *op. cit.*, p. 12.
99. Wolfgang Köhler, *Gestalt Psychology*, New York, 1929; Kurt Koffka, *Principles of Gestalt Psychology*, New York, 1935. [Em português, *Princípios da Psicologia da Gestalt*, São Paulo, Cultrix, s/d.]; cf. também George W. Hartmann, *Gestalt Psychology: A Survey of Facts and Principles*, New York, 1935, o mesmo ano em que foi publicada a obra de Koffka.

estas datas com as épocas em que ocorreram mudanças importantes na teoria antropológica.

Entre os antropólogos norte-americanos, o interesse pelo estudo das totalidades apareceu durante este mesmo período de tempo. Lowie havia observado, em 1914, que "os padrões existem e constituem uma das forças mais ativas na formação de culturas específicas". Notou também que "o princípio do padrão é também de grande valia para elucidar os acontecimentos precisos durante o processo de difusão"[100]. Margaret Mead relatou recentemente que, por volta de 1925, a idéia de padrão já era usada amplamente nos círculos antropológicos[101]. Em 1927, Franz Boas identificou um padrão na arte indígena norte-americana; em 1930, Eda Lou Walton descreveu a padronização na poesia dos índios dos Estados Unidos; e, em 1933, Helen Heffron Roberts discutiu a padronização na música do aborígene norte-americano, comentando especificamente a existência de padrões estruturais independentes do conteúdo melódico particular e a semelhança destas descobertas com os princípios da Gestalt[102]. Contudo, foi em 1934, o mesmo ano

---

100. Robert H. Lowie, "Ceremonialism in North America", *American Anthropologist*, 16:619, 620, 1914.
101. Margaret Mead, *An Anthropologist at Work: Writings of Ruth Benedict*, Boston, 1959, p. 14.
102. Franz Boas, *Primitive Art*, Oslo, 1927; Eda Lou Walton, "Navajo Song Patterning", *JAF*, 43:105-118, 1930; Helen Heffron Roberts, "The Pattern Phenomenon in Primitive Music", *Zeitschrift für vergleichende Musikwissenschaft*, 1:49-52, 1933. Cf. também Roberts, *Form in Primitive Music*, New York, 1933, pp. 107-154. Todos esses estudos tiveram precursores. Em 1918, Herman K. Haeberlin havia recomendado que se desse atenção ao estudo da forma na arte primitiva. Cf. seu artigo "Principles of Esthetic Form in the Art of the North Pacific Coast: A Preliminary Sketch", *American Anthropologist*, 20:259, 1918. A inflexibilidade de certos padrões na poesia de canções também havia sido notada anteriormente. Cf. Eda Lou Walton e T. T. Waterman, "American Indian Poetry", *American Anthropologist*, 27:43, 1925. De modo análogo, Roberts já havia sugerido o estudo do padrão na música indígena norte-americana em 1922, quando constatou que nas canções cerimoniais era evidente uma tendência para os padrões estruturais. Cf. seu trabalho "New Phases in the Study of Primitive Music", *American Anthropologist*, 24:157, 1922. No entanto, apesar destes e de outros precursores, existem boas razões para dizer que

em que foi publicado o livro de Bodkin, *Archetypal Patterns in Poetry*, que veio à luz um estudo antropológico do padrão. Refiro-me ao livro de Ruth Benedict, *Patterns of Culture*. Era um trabalho que contrastava acentuadamente com a antropologia fragmentária. Não constituía apenas um catálogo de características culturais. Nas próprias palavras de Benedict,

as culturas, analogamente, são mais do que a soma de suas características. Podemos saber tudo sobre a distribuição das formas de casamento, das danças rituais e das iniciações à puberdade numa tribo e, no entanto, não entender nada da cultura como um todo que usa esses elementos para seu próprio propósito[103].

A falácia de uma abordagem puramente cumulativa era tão evidente na antropologia quanto o fora na lingüística e na psicologia. Como Benedict observou, "a obra antropológica foi, contudo, esmagadoramente devotada muito mais à análise das características culturais que ao estudo das culturas enquanto totalidades articuladas". Benedict chamou atenção também para o fato de que "a importância do estudo da configuração total, contraposto à análise permanente de suas partes, é ressaltada em todos os campos da ciência moderna", e citou especificamente a teoria configuracional da psicologia da Gestalt[104].

Embora tenha mencionado a psicologia da Gestalt, Benedict não fez qualquer referência à lingüística. Não obstante, um dos fatores, provavelmente, que mais contribuíram para a tendência ao estudo dos padrões e da estrutura na antropologia foi o surpreendente progresso da ciência lingüística[105]. A análise lingüística revelou que não só a lin-

foi no final dos anos 20 e começo dos anos 30 que teve início o surgimento da abordagem segundo os padrões.

103. Ruth Benedict, *Patterns of Culture*, New York, Mentor Books, 1948, p. 43.

104. *Ibid.*, pp. 44, 46, 47.

105. Para uma ampla discussão do efeito da teoria lingüística na antropologia, cf. David F. Aberle, "The Influence of Linguistics on Early Culture and Personality Theory", in Gertrude E. Dole e Robert L. Carneiro (eds.), *Essays in the Science of Culture*, New York, 1960, pp. 1-29.

guagem era altamente padronizada, mas também que os informantes não se mostravam conscientes dessa padronização. O fato de os padrões lingüísticos nem sempre serem óbvios aos falantes nativos de uma língua desferiu um soco poderoso naqueles que estavam inclinados a limitar a análise às próprias categorias de nativos. Clyde Kluckhohn explica muito bem este ponto, ao rebater uma crítica à sua obra:

Gostaria de acrescentar que a descrição de qualquer sistema cultural do ponto de vista do *ator* não esgota a tarefa do cientista social. É *também* importante descrever o sistema do ponto de vista do *observador*... Não afirmei de modo nenhum ... que os padrões eram descritos da maneira como eram vistos pelos navahos. Ao contrário, fiz um esforço para indicar que os membros da sociedade não tinham consciência de certos padrões, tanto ideais quanto comportamentais. Na verdade, admito que um dos méritos deste tipo de análise é trazer à luz aspectos estruturais que mesmo o nativo mais lúcido nunca poderia catalogar para o pesquisador[106].

Assim, embora fosse certamente uma questão de interesse etnográfico saber quais categorias nativas de narrativas populares um informante usou, isso não tomaria de modo nenhum o lugar de categorias definidas com base num exame empírico dessas narrativas populares por um observador treinado.

No entanto, a despeito das sensacionais revoluções no pensamento e na metodologia que ocorreram na crítica literária, na lingüística, na psicologia e na antropologia, a maioria dos folcloristas continuaram alheios aos novos mundos que se abriam diante deles. É verdade que ocorreram alguns poucos indícios da nova abordagem estrutural,

---

106. Clyde Kluckhohn, "Anent Patterns and 'Flexible Methods' ", *American Anthropologist*, 45:328-329, 1943. É interessante notar que, em 1928, Gladys Reichard afirmava que seria muito valioso estudar os objetos artísticos da cultura material como aqueles que se podem encontrar nos museus, mesmo que não se disponham de quaisquer dados sobre o modo como os próprios nativos viam estes objetos. Cf. "Form and Interpretation in American Art", *Proceedings of the Twenty-Third International Congress of Americanists, New York, September 17-22, 1928*, New York, 1930, p. 462. Os antropólogos que estudam um objeto de arte nativa sem referência ao seu criador são semelhantes aos novos críticos que se concentram mais no poema que no poeta.

por padrão, mas essas obras tiveram pouca influência sobre a corrente principal do estudo folclórico. Na Alemanha, em 1930, Johannes André Jolles publicou *Einfache Formen*, onde tentou estudar as formas dos vários gêneros folclóricos. Em 1934, um ano já notável pelos estudos estruturais de Bodkin e Benedict, Lord Raglan apresentou sua análise do padrão de herói[107]. Outro estudo estrutural publicado em 1934 foi a tentativa de Margaret Schlauch de delinear um padrão para as narrativas islandesas de herói[108]. Poder-se-ia muito bem dizer que, em 1934, a procura de padrões na cultura era por si só um exemplo de um padrão de cultura. No entanto, devemos ser cautelosos em tentar achar padrões de qualquer jeito. V. F. Calverton, em 1930, numa discussão sobre uma época de síntese exemplificada pela natureza configuracional da psicologia da Gestalt, da crítica literária etc., sugeriu um análogo político, ou seja, que a idéia de uma cultura internacional, contraposta à tradicional noção atomística de nações individuais separadas, era parte do mesmo padrão[109]. É extremamente importante compreender que a decisão de empregar uma abordagem estrutural em vez de uma abordagem atomística deveria ser regida pela

107. Johannes André Jolles, *Einfache Formen*, Halle, 1930 [em português, *Formas Simples*, São Paulo, Cultrix, 1976]; Lord Raglan, "The Hero of Tradition", *Folk-Lore*, 45:212-231, 1934. É claro que, antes disso, houve escassos estudos dos padrões. Cf., por exemplo, Alfred Nutt, "The Aryan Expulsion-and-Return Formula in the Folk- and Hero-Tales of the Celts", *Folk-Lore Record*, 4:1-44, 1881, ou Otto Rank, *Der Mythus von der Geburt des Helden*, Leipzig e Viena, 1909.

108. *Romance in Iceland*, Princeton, 1934, pp. 95-118. Embora se conheçam alguns estudos de padrões, deve-se discordar do que disse Luomala em 1940, ou seja, que "o conceito de padrão certamente não é novo em sua aplicação aos ciclos de herói". Cf. Katharine Luomala, "Notes on the Development of Polynesian Hero-Cycles", *Journal of the Polynesian Society*, 49:370, 1940. Em 1940, o conceito de padrão ainda era novo entre os folcloristas. Na verdade, há poucos testemunhos de que a abordagem pelos padrões fosse amplamente praticada pelos folcloristas profissionais nesta época. O padrão de herói de Raglan, tal como vem exposto em seu livro *The Hero* (London, 1936), nunca foi sequer comentado no *Journal of American Folklore*.

109. V. F. Calverton, *The New Ground of Criticism*, Seattle, 1930, p. 8.

natureza do objeto de estudo. Como indicou Konrad Z. Lorenz, "atribuir características de Gestalt a um sistema em mosaico de estruturas independentes tanto falseia irreparavelmente os fatos quanto tenta isolar 'elementos' num sistema de interação universal"[110]. Assim, a razão pela qual os folcloristas deveriam adotar uma abordagem estrutural do folclore *não* se prende simplesmente ao fato de ter sido essa abordagem utilizada com sucesso em outras disciplinas, mas, sim, à natureza dos materiais folclóricos, ou seja, ao fato de serem os materiais do folclore *estruturados* e *padronizados*.

Umas poucas observações dispersas de alguns folcloristas antropólogos refletem algo das novas teorias. Gayton, por exemplo, faz um comentário, em 1934, que parece concordar inteiramente com a teoria da psicologia da Gestalt. Ela declara que, "no que se refere ao próprio conto, o interesse por sua estrutura deve preceder qualquer interesse por seus elementos constituintes"[111]. Analogamente, uma declaração de Demetracopoulou, em 1933, em seu estudo do mito da "Mulher Estúpida", poderia ser interpretada do mesmo modo.

> O tema central do mito limitou o campo de escolha dos incidentes que poderiam entrar na sua construção, mas não ditou os incidentes específicos que deveriam ser escolhidos ou inventados... No entanto, uma vez que certos incidentes foram selecionados e dispostos numa seqüência prescrita, o tema definiu a forma que eles tomaram e constitui agora o elemento de coesão que os mantém unidos num padrão fixo e dá unidade ao mito[112].

110. Konrad Z. Lorenz, "The Role of Gestalt Perception in Animal and Human Behaviour", in Lancelot Law Whyte (ed.), *Aspects of Form*, Bloomington, 1961, p. 159. Em sua introdução a esta antologia, L. L. Whyte comenta a longa história da dicotomia atomismo/forma. Observa que os grandes pensadores e cientistas tenderam a privilegiar uma abordagem atomística, como fez Demócrito, ou uma abordagem formalista, como Platão e Aristóteles (cf. *Aspects of Form*, pp. 2-3).

111. A. H. Gayton, "Review of Stith Thompson, *Tales of the North American Indians* and the *Motif-Index of Folk-Literature*", *American Anthropologist*, 36:480, 1934.

112. D. Demetracopoulou, "The Loon Woman Myth: A Study in Synthesis", *JAF*, 46:124, 1933.

Todavia, apesar destas poucas tentativas de considerar uma abordagem estrutural e holística, o campo do folclore permaneceu singularmente intocado pelo fermento teórico da segunda e terceira década deste século. Uma das razões da lenta adesão dos folcloristas à corrente estruturalista é que o estudo do folclore já estava modelado a partir do estudo da linguagem, a saber, da abordagem histórico-filológica da linguagem. O estudo comparativo da mitologia e do folclore foi, originariamente, um ramo da filologia comparativa, e estudiosos como os Grimm e Max Müller eram tanto estudiosos da linguagem quanto do folclore[113]. As raízes comuns dos estudos lingüísticos e folclóricos foram discutidas com certa minúcia por Thomas A. Sebeok e Frances J. Ingemann; no entanto, eles não se referiram ao fato de que, embora o estudo da linguagem se tenha deslocado do reconstrucionismo histórico para a descrição sincrônica, o folclore continuou sendo uma disciplina do reconstrucionismo[114]. O fato é que a técnica de reconstituir o arquétipo hipotético, ou forma original, de um conto ou balada, tal como foi praticada por defensores do método histórico-geográfico finlandês, é muito semelhante à técnica usada nas reconstituições filológicas. Stith Thompson, ao falar da dificuldade em aplicar métodos lingüísticos ao estudo de materiais folclóricos, faz menção às técnicas de reconstituição dos lingüistas indo-europeus[115]. Thompson não fala do mais novo estigma da lingüística nem menciona a possibilidade de utilizar uma abordagem estrutural análoga à empregada com tanto sucesso na lingüística contemporânea. Desse modo, os estudos folclóri-

---

113. John Fiske, "What is Mythology?", *Atlantic Monthly*, 48:88, 1881; cf. também C. W. von Sydow, "Folk-Tale Studies and Philology: Some Points of View", in Laurits Bødker (ed.), *Selected Papers on Folklore*, Köbenhavn, 1948, pp. 189-190.

114. Thomas A. Sebeok & Frances J. Ingemann, "Structural and Content Analysis in Folklore Research", in *Studies in Cheremis: The Supernatural*, New York, 1956, pp. 262-263 (Viking Fund Publications in Anthropology Number 22).

115. Stith Thompson (ed.), *Four Symposia on Folklore*, Bloomington, 1953, p. 270 (Indiana University Publications Folklore Series N° 8).

cos, usando um modelo histórico-filológico do século XIX, continuaram presos à abordagem atomística. A ênfase recai sobre motivos individuais e sobre estudos de motivos cognatos. Se fosse necessária uma comparação, ter-se-ia apenas de indicar o fato de que, entre o começo e a metade dos anos 30, quando os estudos estruturais de percepção dos padrões já eram correntes na crítica literária, na psicologia, na lingüística e na antropologia, estava sendo publicada a primeira edição do *Índice de Motivos*, um gigantesco livro-fonte para análise atomística[116]. Esta observação não visa denegrir o *Índice de Motivos* nem negar a sua utilidade definida, mas antes indicar que o estudo do folclore não acompanhou a evolução das disciplinas congêneres.

Um pressuposto básico que ainda sustenta os estudos folclóricos atuais afirma que o conto é igual à soma dos motivos que ele contém. Para citar Stith Thompson em *The Folktale*: "Um estudo como o *Cinderella* de Miss Cox mostra claramente como um conto completo (o tipo) é constituído de uma série de motivos numa ordem e combinação relativamente fixas". Thompson também fala de decompor os tipos de conto em seus "motivos constituintes"[117]. Esta espécie de teoria é certamente comparável à dos filólogos atomistas, para quem a "linguagem era apenas um inventário ou soma mecânica das unidades usadas na fala". Além disso, é comparável às teorias repudiadas pelos psicólogos da Gestalt e pelos antropólogos modernos. Wertheimer contestou especificamente a noção de que elementos individuais poderiam simplesmente ser somados para constituir uma totalidade, e Benedict observou que "as culturas, analogamente, são mais do que a soma de suas características" (cf. acima, pp. 54-57).

Mesmo o estudo de tipos de conto Aarne-Thompson individuais é essencialmente atomístico, na medida em que cada conto assim examinado é analisado sem relação com todos os outros contos tradicionais (com exceção de alguns

---

116. A primeira edição de *Motif-Index* foi publicada entre 1932 e 1936.

117. Stith Thompson, *The Folktale*, New York, 1951, pp. 415, 420.

poucos que podem ser relacionados historicamente). Como Propp observou, as obras da escola histórico-geográfica "partem da premissa inconsciente de que cada entrecho é de certo modo um todo orgânico que pode ser separado de vários outros entrechos e estudado independentemente"[118]. Podemos tornar mais claro este ponto com o uso de uma analogia. Admitamos que um motivo seja análogo a uma palavra e que um tipo de conto seja análogo a uma frase (um grupo de palavras). (Não se trata de analogias autênticas e estão sendo usadas apenas para fins ilustrativos.) Poderia um lingüista descrever como uma língua funciona a partir de estudos intensivos apenas de uma palavra ou de uma frase? É evidente que teria de estudar muitas palavras que fossem elementos de totalidades maiores e muitas frases que constituíssem exemplos de padrões definidos (por exemplo, "tipos de frases favoritas").

A abordagem atomística do folclore prevalece tanto no estudo do folclore indígena norte-americano quanto no do folclore em geral. Houve numerosos estudos dos motivos, temas e contos isolados[119]. Não houve, porém, qualquer tentativa de descrever padrões estruturais aplicáveis a todo o conjunto dos contos indígenas norte-americanos.

Poucos estudiosos, a maioria deles lingüistas, perceberam a necessidade e oportunidade de uma nova abordagem do estudo folclórico. Um desses estudiosos é o eminente lingüista Roman Jakobson. Já em 1929, num ensaio escrito em conjunto com P. Bogatyrev, Jakobson chamava atenção para as situações análogas da linguagem e do folclore. Em essência, Jakobson sugeria que a distinção de Saussure entre língua coletiva, *langue*, com sua regularidade, ordem e forma sistemáticas, e a língua do indivíduo, *parole*, como uma

118. Propp, *Morphology of the Folktale*, p. 8.
119. Cf., por exemplo, T. T. Waterman, "The Explanatory Element in the Folk-Tales of the North American Indians", *JAF*, 27:1-54, 1914; Robert H. Lowie, "The Test-Theme in North American Mythology", *JAF*, 21:97-148, 1908; uma lista dos contos individuais estudados incluiria: "Orfeu", "Marido-Estrela", "Mulher Estúpida", "O Sol Preso na Armadilha", "Marido-Cachorro" e outros. Para referências, cf. as notas da seção 2 do presente estudo, especialmente nn. 42, 43, 66, 73 e 74.

manifestação concreta e particular do comportamento lingüístico, era aplicável diretamente à matéria folclórica. O folclore era também um tipo de fenômeno social coletivo, com uma regularidade definida de padrão, mas, como no comportamento lingüístico, havia igualmente os textos particulares, idiossincrásicos, efetivos de folclore, recolhidos de informantes individuais. O ensaio termina com um apelo aos folcloristas para que se empenhem em descobrir os princípios estruturais do folclore[120]. Em 1945, Jakobson reiterou alguns desses pontos num comentário sobre o folclore que acompanha uma nova tradução de vários contos de fada russos de Afanasiev. Jakobson observa que "as línguas do mundo inteiro manifestam uma escassez e relativa simplicidade de tipos estruturais; e na base de todos esses tipos jazem as leis universais"[121]. No entender de Jakobson, o caráter recorrente do padrão lingüístico equipara-se a fenômenos semelhantes na estrutura dos contos populares. Jakobson afirma ainda que "as partes socializadas da cultura mental, como, por exemplo, a língua ou os contos populares, estão sujeitas a leis muito mais estritas e mais uniformes do que os campos em que predomina a criação individual"[122]. Se a analogia de Jakobson estiver correta, poder-se-ia esperar encontrar igualmente "uma escassez e relativa simplicidade de tipos estruturais" tanto no folclore quanto na linguagem. Tendo lido a obra de Propp em russo, Jakobson paga tributo a este estudo pioneiro de análise morfológica. Infelizmente, como a maioria dos estudiosos do conto popular não lêem russo, tiveram de esperar a tradução, em 1958, da obra de Propp, para descobrir o que Jakobson estava elogiando. Stith Thompson, por exemplo, em seu amplo e abrangente levantamento dos estudos dos con-

---

120. P. Bogatyrev & R. Jakobson, "Die Folklore als besondere Form des Schaffens", in *Verzameling Van Opstellen Door Oud-Leerlingen En Bevriende Vakgenooten Opgedragen Aan Mgr. Prof. Jos. Schrijnen* (Donum Natalicium Schrijnen), Nijmegen-Utrecht, 1929, pp. 900-913.
121. Roman Jakobson, "On Russian Fairy Tales", in *Russian Fairy Tales*, transl. Norbert Guterman, New York, 1945, p. 640.
122. *Ibid.*, p. 641.

tos populares, publicado em 1946, não menciona o trabalho seminal de Propp.

Outros estudiosos também se mostraram descontentes com a situação dos estudos folclóricos no que se refere à morfologia e à estrutura. Hans Honti, um folclorista húngaro, percebeu que a tradicional tipologia dos contos populares europeus não se baseava em critérios morfológicos legítimos, mas pouca coisa ele pôde sugerir em termos de alternativas[123]. Um interessante estudo foi elaborado por Adolf Stender-Petersen, em 1945, no qual tentou distinguir o que ele denominou elementos *dinâmicos* e elementos *estáticos* (ou *instáveis*) dos contos e lendas. Os elementos dinâmicos são os aspectos invariáveis de uma lenda (algo semelhante à unidade de análise de Propp, a função), enquanto os elementos instáveis ou estáticos são as atualizações e localizações variáveis específicas encontradas numa determinada versão de uma lenda. As unidades dinâmicas correspondem à forma, enquanto as estáticas parecem ser o conteúdo, para colocar o esquema de Stender-Petersen nos termos discutidos anteriormente. Nessa análise, se a situação inicial de um conto for representada pelo símbolo "A", a segunda por "B" e assim por diante, então o padrão abstrato de um grupo-tema, segundo Stender-Petersen, poderia ser formulado como "A:B:C...X". Neste modelo hipotético, os elementos dinâmicos mantêm entre si uma relação funcional. A relação destes elementos entre si é tal que cada um deles determina parcialmente o outro. Assim, a seqüência de A até X representa uma série lógico-causal intata. Stender-Petersen afirma categoricamente que "nenhum dos termos pode ser eliminado sem alterar consideravelmente todo o grupo-tema ou mesmo destruí-lo"[124]. São estas unidades dinâmicas interdependentes funcionalmente as res-

123. Hans Honti, "Märchenmorphologie und Märchentypologie", *Folk-Liv*, 3:307-318, 1939.
124. Adolf Stender-Petersen, "The Byzantine Prototype to the Varangian Story of the Hero's Death Through His Horse", in *Varangica*, Aarhus, 1953, p. 182. O artigo apareceu originariamente numa publicação comemorativa a Arthur Christensen, *Øst og Vest*, Köbenhavn, 1945.

ponsáveis pela notável estabilidade das lendas e contos. A variabilidade das lendas e contos, por outro lado, é causada pelos elementos instáveis. Estes elementos não têm relação funcional entre si e um não determina necessariamente o outro. Stender-Petersen descreve a relação dos elementos dinâmicos com os estáticos colocando os elementos dinâmicos numa progressão geométrica e os instáveis, em menor número, numa progressão aritmética. Cada elemento da série dinâmica é a soma de seus elementos instáveis. Assim, o elemento dinâmico A pode ser fragmentado em $a^1 + a^2 + a^3...$, seus elementos instáveis. Um conto pode ser escrito graficamente na forma $A(a^1 + a^2 + a^3...):B(b^1 + b^2 + b^3...):...X(x^1 + x^2 + x^3...)$[125]. Desde que foi publicado, originariamente em dinamarquês, a influência do esquema analítico de Stender-Petersen tem sido mínima nos estudos folclóricos.

No entanto, em artigo posterior, publicado em 1952, também em dinamarquês, Stender-Petersen analisou, segundo o esquema discutido acima, uma lenda migratória (Motivo K 2365.1, "Inimigo induzido a levantar cerco por simular a existência de muita comida"). Stender-Petersen observa que é irrelevante saber se os animais que são alimentados com as últimas provisões da cidade sitiada eram bois, mulas ou carneiros e, do mesmo modo, pouco importa, de um ponto de vista estrutural, se estas últimas provisões eram nabos ou pães. "Entre o ponto de partida (A): fome na cidade sitiada, e a conclusão (X): o levantamento do cerco, devem ser inseridos diversos elementos dinâmicos (B, C, D etc.), que conduzem necessária e gradualmente do ponto de partida (A) à conclusão (X)"[126]. Stender-Petersen também fala das várias possibilidades na escolha dos elementos mediais. Esses possíveis elementos mediais eram: alimentos foram atirados ao inimigo, ou animais alimenta-

---

125. *Ibid.*
126. Adolf Stender-Petersen, "A Varangian Stratagem", in *Varangica*, Aarhus, 1953, p. 198. O artigo original foi publicado em dinamarquês em *Festskrift til L. Hammerich*, Köbenhavn, 1952, pp. 230-241. Para uma visão mais geral da abordagem estrutural de Stender-Petersen, cf. seu artigo "Esquisse d'une théorie structurale de la littérature", *Travaux de Cercle Linguistique de Copenhague* (Recherches Structurales) 5:277-287, 1949.

dos com as últimas provisões foram enviados ao inimigo, ou um estoque fictício de comida foi colocado no mercado da cidade[127]. Seria óbvio que a análise estrutural de Stender-Petersen incluísse a necessária distinção entre os elementos invariáveis e os variáveis, isto é, entre forma e conteúdo. Além disso, não tem grande significado a sua observação de que os elementos invariáveis ou dinâmicos mantêm uma relação causal entre si, ao passo que os elementos variáveis ou instáveis não a têm. Contudo, uma fraqueza do esquema reside na descrição da relação entre elementos dinâmicos e elementos instáveis. Aparentemente, não há limite para o número de elementos instáveis que podem preencher uma determinada trilha dinâmica. Ademais, a fórmula esquemática de Stender-Petersen dá a impressão de que um determinado elemento dinâmico, por exemplo, A, consiste da soma dos seus elementos instáveis associados (por exemplo, a^1, a^2 e a^3). Sem dúvida, Stender-Petersen não quer dizer que todos os elementos instáveis associados podem ocorrer numa versão particular de um conto. A fórmula poderia ser escrita com mais precisão se, em vez de $A(a^1 + a^2 + a^3...)$, ela indicasse a alternância dos elementos variáveis, por exemplo, $A(a^1$ ou a^2 ou $a^3...)$.

Em comparação com a obra de Stender-Petersen, a obra do famoso antropólogo francês Claude Lévi-Strauss causou um impacto muito maior sobre a folclorística moderna. Lévi-Strauss, definitivamente um porta-estandarte da abordagem estrutural na antropologia de modo geral, envidou vários esforços no sentido de analisar estruturalmente a mitologia. Além disso, foi o único estudioso que tentou analisar a estrutura do material folclórico dos índios norte-americanos. Em 1955, Lévi-Strauss publicou um artigo no *Journal of American Folklore* com o título de "O Estudo Estrutural do Mito", um trabalho que se transformou posteriormente num capítulo de um livro totalmente dedicado à abordagem estrutural na antropologia[128]. Embora caiba a

127. *Ibid.*
128. Claude Lévi-Strauss, "The Structural Study of Myth", *JAF*, 68:428-444, 1955. Este artigo foi reimpresso em Thomas A. Sebeok (ed.), *Myth: A Symposium*, Bloomington, 1958, pp. 50-66. As citações aqui apresenta-

Lévi-Strauss o grande mérito de haver enfatizado a necessidade de um estudo sincrônico do mito e de ter chamado atenção para o fato de que o objeto da análise folclórica deveria ser não os elementos isolados que entram na composição do mito, mas, sim, o modo como estes elementos se combinam, a sua própria abordagem estrutural se ressente de uma série de erros metodológicos e teóricos sérios, sem falar da falta geral de lucidez na apresentação.

O primeiro erro sério na abordagem estrutural de Lévi-Strauss é a confusão que ele faz entre a estrutura do folclore e a estrutura da língua. Ele não compreende que a "estória" de um mito sobrevive à sua tradução de uma língua para outra, uma consideração que deveria ter-lhe sugerido que a estrutura do mito é *independente* da estrutura de qualquer língua específica[129]. Na verdade, declara ele que o "valor mítico" do mito é que é preservado na tradução, e que "um mito ainda é sentido como mito por qualquer leitor em qualquer lugar do mundo"[130]. Isto, evidentemente, constitui muito mais o problema de valores e percepção cultural do que de morfologia. A concepção de Lévi-Strauss parece implicar aqui uma definição universal de mito e uma consciência universal do que é um mito, ou pelo menos do que "se sente" como mito. (Devo ao Prof. David Bidney a indicação das conseqüências lógicas das declarações imprecisas de Lévi-Strauss com referência a "valor mítico" e a "sentido como um mito".) No entanto, Lévi-Strauss, embora indique que o mito não é linguagem, afirma, na verdade, que o mito é linguagem: "o mito *é* linguagem: para ser conhecido, o mito precisa ser contado; é uma parte da fala humana..."[131] No esquema de análise de Lévi-Strauss,

---

das foram tiradas da última publicação. Cf. também Claude Lévi-Strauss, *Anthropologie Structurale*, Paris, 1958, pp. 227-255. [Em português, *Antropologia Estrutural*, Rio de Janeiro, Tempo Brasileiro, 1987, pp. 237-265.]

129. Lévi-Strauss, "The Structural Study of Myth", in Thomas A. Sebeok (ed.), *Myth: A Symposium*, Bloomington, 1958, p. 52.

130. *Ibid.*

131. *Ibid.* Cf. também Lévi-Strauss, "L'analyse morphologique des contes russes", *International Journal of Slavic Linguistics and Poetics*, 3:148, 149, 1960.

o mito é feito de unidades constituintes, mas estas unidades pressupõem unidades lingüísticas como fonemas, morfemas e semantemas. Ele decide procurar as unidades do mito, chamadas "as grandes unidades constituintes", ao nível da frase. Conseqüentemente, Lévi-Strauss emprega a técnica de fracionar os mitos nas menores frases possíveis e colocar essas frases em fichas de arquivo IBM. Ao fazer uso da frase, uma unidade lingüística e ainda por cima uma unidade lingüística bastante vaga, ele comete o que se poderia chamar de "falácia lingüística". Curiosamente, em 1954 Lévi-Strauss acusou Anna Birgitta Rooth de não haver definido uma unidade estrutural no seu estudo do conto Cinderela. Afirmava que os critérios de Rooth para determinar suas unidades eram "vagos e impressionistas" e que o seu erro em não "isolar, ao nível do conto, um elemento (do ponto de vista metodológico) comparável ao único elemento lingüístico que rigorosamente merece o nome: o fonema" viciou o seu método desde o início[132]. Desse modo, Lévi-Strauss parece ter compreendido que se precisava de uma unidade de análise *comparável* às rigorosas unidades da análise lingüística. No entanto, uma unidade *comparável* não precisa necessariamente *incluir* unidades lingüísticas. Não se deve confundir estrutura folclórica com estrutura lingüística. Um mito, aliás, pode ser narrado por meio de pinturas, música, dança, mímica etc. Reconhecidamente, o meio mais usual é a linguagem, mas não é o único.

Para não sermos injustos com Lévi-Strauss, devemos lembrar que muitos outros estudiosos confundiram a estrutura do folclore com a da linguagem. Em 1930, Jolles tratou a linguagem como uma entidade superorgânica a partir da qual eram geradas todas as formas de folclore. "Sprache schafft Gestalt, indem Sprache — wir benutzen das Wort

---

132. Lévi-Strauss, "The Art of Deciphering Symbols", *Diogenes*, 5:106, 1954. Para uma discussão adicional da "falácia lingüística", cf. Robert A. Georges e Alan Dundes, "Toward a Structural Definition of the Riddle", *JAF*, 76:117, nn. 15, 18, 1963 [reproduzido neste volume, às pp. 225-238].

in der eigentlichen Bedeutung — dichtet"[133]. A popularidade e persistência da noção errônea de que a estrutura do folclore depende da prévia estrutura lingüística é revelada por observações como a que fez recentemente Dell Hymes no *Journal of American Folklore*, em que se queixa de que "algumas pessoas ainda ignoram o fato de que a estrutura de um mito ou conto é a estrutura de palavras"[134].

No entanto, nem todos os autores confundiram estrutura lingüística e estrutura folclórica. J. L. Fischer, por exemplo, fala do que ele denomina a "a grande estrutura dos contos populares" (cf. com as "grandes unidades constituintes" de Lévi-Strauss) e toma o cuidado de distingui-la da estrutura lingüística. Em suas próprias palavras:

> Enquanto o estudo da grande estrutura dos contos populares, ou de outros tipos de discurso, utiliza, num certo sentido, o mesmo material que a análise lingüística corrente — isto é, ambas se servem de textos registrados que consistem, em última análise, de frases, palavras, fonemas — a grande estrutura do conto não tem qualquer conexão logicamente necessária com a estrutura nos níveis fonêmico e sintático menos inclusivos. A ausência dessa conexão com a sintaxe etc. é demonstrada pelo fato de que, se se traduzir um conto — ou qualquer outro texto — frase por frase de uma língua para outra, a estrutura das frases isoladas do texto deve mudar necessariamente, ao passo que a grande estrutura do conto inteiro ou de outro texto, isto é, as relações entre frases e grupos de frases, permanece inalterada[135].

Infelizmente, a igualdade de Fischer entre "grande estrutura" e "as relações entre frases e grupos de frases" indica que ele não escapou totalmente ao viés lingüístico. Isso pode ser explicado em parte pelo fato de ainda não terem sido definidas quaisquer unidades estruturais adequadas de folclore, ou, como diz Fischer, definições aceitáveis das

---

133. Johannes André Jolles, *Einfache Formen*, Halle, 1930, p. 17. [Em português, *Formas Simples*, São Paulo, Cultrix, 1976. Em alemão no texto: "A linguagem fabrica formas ao realizar o ato poético, no verdadeiro sentido desta palavra" (trad. de Álvaro Cabral, *ed. cit.*, p. 26).]

134. Dell H. Hymes, "Review of *The Anthropology of Franz Boas*", *JAF*, 74:90, 1961.

135. J. L. Fischer, "Sequence and Structure in Folktales", in Anthony F. C. Wallace (ed.), *Men and Cultures*, Philadelphia, 1960, p. 442.

unidades básicas de grande estrutura a que ele pudesse referir-se. Na verdade, poucos folcloristas se deram conta de que o efeito da tradução sobre os textos dos contos populares vinha sendo de qualquer modo estudado metodicamente. No trabalho que dedicaram ao assunto, Demetracopoulou e Du Bois concluíram que "dada a mesma técnica cuidadosa, a língua em que a estória é contada não altera sua forma nem seu conteúdo, isto é, um mito contado e registrado cuidadosamente em inglês pode ser um texto preciso, contanto que o informante tenha um domínio adequado desta língua". Lowie não ficou satisfeito com esta conclusão e solicitou que o problema fosse reexaminado, de preferência em diversas áreas culturais diferentes[136].

Outro erro metodológico da análise estrutural de Lévi-Strauss é sua imposição dos dados folclóricos dentro de uma fórmula estrutural procustiana derivada originalmente de um profundo estudo dos padrões de parentesco. Em 1953, Lévi-Strauss, comentando o sistema de parentesco encontrado entre os zunis, observou que, para um indivíduo considerar-se parente de outro, tem de fazê-lo por intermédio de um terceiro. A partir daí, ele tentou uma análise da mitologia de modo semelhante. Citando suas palavras:

Isto pode ser correlacionado com os diferentes aspectos de mitos iguais encontrados entre os hopis, os zunis e os acomas. Quando examinamos um mito, digamos o mito da emergência, uma coisa bastante surpreendente é que entre os hopis toda a estrutura do mito esteja organizada de uma forma genealógica[137].

Na versão de 1955 deste pensamento, foi eliminada a nítida alusão à estrutura de parentesco e, em vez de "uma exaustiva análise de todas as versões conhecidas do mito zuni de origem e de emergência", revela que "o problema básico

136. D. Demetracopoulou e Cora Du Bois, "A Study of Wintu Mythology", *JAF*, 45:400, 1932; Robert H. Lowie, "Some Problems in Plains Indian Folklore", *JAF*, 60:401, 1947.

137. Lévi-Strauss, "Chapter One", in *Results of the Conference of Anthropologists and Linguists*, Baltimore, 1953, p. 7 (Indiana University Publications in Anthropology and Linguistics, Memoir 8).

consiste em descobrir uma mediação entre a vida e a morte". Lévi-Strauss admite *en passant* que sua análise do mito corresponde por acaso ao que ele denominou "troca geral" no campo do parentesco[138]. Após afirmar que "uma comparação entre todas as variantes do mito zuni de emergência nos fornece uma série de artifícios de mediação, cada um dos quais cria o seguinte por um processo de oposição e correlação", Lévi-Strauss avança ainda mais em sua generalização. De fato, a noção se transforma numa teoria completa do pensamento mítico.

Se tivermos em mente que o pensamento mítico sempre trabalha a partir da tomada de consciência de oposições rumo à sua mediação progressiva... Precisamos apenas supor que dois termos opostos sem nenhum intermediário sempre tendem a ser substituídos por dois termos equivalentes que permitem um terceiro como mediador; então um dos termos polares e o mediador é [*sic*] substituído por uma nova tríade, e assim por diante[139].

Com as observações conclusivas de Lévi-Strauss no ensaio onde diz que "o propósito do mito é proporcionar um modelo lógico capaz de superar uma contradição", pode-se ver que ele transcendeu a mera análise morfológica. A estrita descrição morfológica não tem relação necessariamente com questões de teleologia. Segundo parece, Lévi-Strauss confunde estrutura e finalidade e talvez também origem. Após chegar ao que ele considera ser a estrutura do mito, ou seja, uma série de oposições binárias mediadas, ele prossegue até assimilar a estrutura à finalidade do mito, isto é, até fornecer um modelo capaz de resolver contradições. Além

138. "The Structural Study of Myth", pp. 58, 59, 64.
139. *Ibid.*, pp. 62, 64. Lévi-Strauss também encontra uma série de oposições em sua análise estrutural do ritual indígena norte-americano. Cf. seu artigo "Structure et Dialectique", in *For Roman Jakobson*, comp. Morris Halle, Horace C. Lunt, Hugh McLean e Cornelis H. Van Schooneveld, La Haye, 1956, pp. 289-294. Para talvez a melhor ilustração da análise do mito em Lévi-Strauss numa série de oposições polares, cf. um extenso estudo de um mito tsimshian, "La Geste d'Asdiwal", *Ecole Pratique des Hautes Etudes (Section des Sciences Religieuses) Extrait de l'Annuaire 1958-1959*, Paris, 1959, pp. 3-43. [Em português, "A Gesta de Asdiwal", in *Antropologia Estrutural Dois*, Rio de Janeiro, Tempo Brasileiro, 1976.]

disso, chega ao ponto de postular uma origem, especificamente no "pensamento mítico" que, como ele afirma, "sempre trabalha a partir da tomada de consciência de oposições em direção à sua mediação progressiva"[140].

Outros erros sérios na abordagem de Lévi-Strauss dizem respeito a uma absurda extensão do sentido do termo "variante". Um mito, diz ele, é constituído por todas as suas variantes, e a análise estrutural deveria levar em conta todas elas. Na verdade, uma das vantagens da análise sincrônica é que nem todas as variantes de um determinado mito ou conto precisam ser analisadas para se determinar a estrutura. A análise estrutural de apenas algumas versões típicas de um conto seria presumivelmente tão precisa quanto uma análise de alguns milhares de versões do mesmo conto. A extensão do termo variante ocorre quando Lévi-Strauss declara que a interpretação freudiana do mito de Édipo é uma variante do mito de Édipo. Além disso, ao estudar as diferentes variantes do mesmo mito, Lévi-Strauss não se limita a analisar a estrutura de cada texto isoladamente, mas fala de analisar as relações *entre* os textos. Em seu recente estudo de quatro mitos winnebagos, o antropólogo francês admite ser seu propósito analisar a relação estrutural entre os quatro mitos. Não há nenhum equívoco em suas intenções. Depois de citar o quarto mito, ele afirma claramente que busca esclarecer a relação estrutural que prevalece entre este mito e os ou-

---

140. É mais que interesse passageiro observar que Lévi-Strauss foi duramente criticado por ter-se valido do que se chamou uma explicação do tipo "causa final", que ele associou à sua análise estrutural de parentesco. Por exemplo, a sugestão de Lévi-Strauss, segundo a qual o tabu do incesto e outras regras matrimoniais existem *porque* produzem trocas de mulheres entre as sociedades, parece corresponder à sua sugestão implícita de que os mitos existem *porque* fornecem um modelo lógico capaz de superar as contradições. Cf. George C. Homans & David M. Schneider, *Marriage, Authority and Final Causes: A Study of Unilateral Cross-Cousin Marriage*, Glencoe, 1955, pp. 4, 17, 58. Mesmo a recente contestação feita por Rodney Needham aos argumentos aduzidos por Homans e Schneider não conseguiu absolver completamente Lévi-Strauss de haver incorrido numa explicação do tipo "causa final". Cf. Needham, *Structure and Sentiment*, Chicago, 1962, p. 26.

tros[141]. Deveria ser óbvio que existe uma diferença considerável entre analisar a estrutura *de* quatro mitos isoladamente e tentar a análise da relação estrutural *entre* quatro mitos isolados. Francamente, a noção das relações estruturais entre mitos é um conceito muito vago. Mitos dotados de estruturas individuais muito diferentes podem estar relacionados: podem ser narrados numa cultura, ser contados por um narrador (talvez em sucessão), ser narrados sobre um herói particular, e assim por diante. Dois mitos com a mesma estrutura que existem em duas culturas amplamente divergentes podem não ter necessariamente uma relação entre si. Assim, não é imediatamente evidente o que a estrutura de um mito individual tem a ver com suas "relações" com outros mitos.

Lévi-Strauss também confunde análise diacrônica e análise sincrônica. Como John Lotz observou, "a estrutura não pode ser expressa em termos de uma seqüência no tempo, apesar do fato de que, por exemplo, os elementos da fala seguem um ao outro no tempo como uma seqüência". No entanto, Lévi-Strauss sugere que se leiam os padrões estruturais do mito como se lê uma partitura musical, ao mesmo tempo sincronicamente (harmonia) e diacronicamente (melodia)[142]. A analogia musical está errada na medida em que o mito tem apenas uma estrutura linear (melodia) e não tem qualquer analogia aparente com notas num eixo vertical (harmonia).

Já dissemos o bastante para mostrar que a versão de Lévi-Strauss da análise estrutural do material folclórico não é, por certo, facilmente inteligível e muito provavelmente não é facilmente comprovável. Antropólogos como Kluckhohn, indulgentemente, consideraram as idéias de Lévi-Strauss atraentes, embora reconheçam definitivamente que precisam de uma obra mais empírica para testar as hipóte-

---

141. Lévi-Strauss, "Four Winnebago Myths", in Stanley Diamond (ed.), *Culture in History*, New York, 1960, pp. 351, 355. [Em português, "Quatro Mitos Winnebago", in *Antropologia Estrutural Dois, op. cit.*]

142. John Lotz, "Notes on Structural Analysis in Metrics", *Helicon*, 4:120, 1942.

ses. Outros antropólogos criticam a natureza arbitrária e subjetiva das análises do antropólogo francês. As considerações um tanto arrogantes de Wallis acerca da abordagem de Lévi-Strauss despertaram a ira de Rodney Needham, que falou da "brilhante análise estrutural" do autor francês. Todavia, Needham admitiu que "Lévi-Strauss pode estar extremamente errado". É digno de nota que mesmo defensores da abordagem do mito de Lévi-Strauss concordem em que não é fácil acompanhar o fio de suas idéias e que sua teoria é "bastante difícil de ser testada"[143].

Outro estudioso contemporâneo que tem demonstrado grande interesse em aplicar a metodologia estrutural ao material folclórico é Thomas A. Sebeok. Sebeok está conven-

---

143. Clyde Kluckhohn, "Recurrent Themes in Myths and Mythmaking", *Proceedings of the American Academy of Arts and Sciences*, 88:278, 1959; Daniel J. Crowley, "Review of *Myth: a Symposium*", *JAF*, 70:369, 1957; William A. Lessa, *Tales from Ulithi Atoll*, Berkeley e Los Angeles, 1961, p. 194 (University of California Publications: Folklore Studies 13); Wilson D. Wallis, "Review of *Myth: A Symposium*", *American Anthropologist*, 59:573, 1957; Rodney Needham, "On Wallis' Review of Lévi-Strauss", *American Anthropologist*, 60:163, 1958; Edmund Leach, "Lévi-Strauss in the Garden of Eden: An Examination of Some Recent Developments in the Analysis of Myth", *Transactions of the New York Academy of Sciences*, Series II, 23:388-389, 1961.

Mesmo numa recente monografia ambiciosa de Köngäs e Maranda, em que uma versão ligeiramente modificada da fórmula de Lévi-Strauss é aplicada a muitos gêneros folclóricos, permanece a fraqueza teórica. Por exemplo, a igualdade entre termos e funções naquilo que se denomina estrutura do mito obscurece completamente a inestimável distinção de Propp entre personagens e funções (cf. abaixo, p. 81). No modelo estrutural de Propp, as personagens de um conto popular *não* integram a estrutura do conto; no modelo de Lévi-Strauss, personagens como a figura do mediador são consideradas parte da estrutura. Uma outra distinção diz respeito à noção de estrutura seqüencial linear definida por Propp. Na fórmula de Lévi-Strauss, não é seguida a ordem original dos acontecimentos da narrativa do entrecho, mas, ao invés, os elementos do entrecho e as *dramatis personae* são tirados de sua ordem, interpretados e colocados na única fórmula de mediação de Lévi-Strauss. Talvez a deficiência mais séria da abordagem de Köngäs-Maranda seja a confusão entre texto e contexto.

Pode-se analisar um texto de folclore, por exemplo, um conto popular, fora de seu contexto e, quanto a isso, fora de sua textura (língua). Comumente, o contexto de um conto popular é estudado por antropólogos sociais, o texto por folcloristas e a textura por lingüistas. É verdade que

cido de que todos os textos folclóricos se caracterizam por uma unidade estrutural[144]. Além disso, Sebeok, num esforço conjunto com Frances J. Ingemann, elaborou provavelmente o primeiro levantamento da abordagem estrutural na pesquisa folclórica[145]. No entanto, o entusiasmo pessoal de Se-

contexto, texto e textura podem todos ser submetidos a análise estrutural, mas o caso é que eles têm estruturas separadas: social, folclórica e lingüística. Assim, quando Köngäs e Maranda sugerem que a pessoa que profere um encantamento é parte da estrutura desse encantamento, confundem contexto com texto. O que é interessante, no entanto, é que a análise estrutural do texto pode muitas vezes esclarecer o contexto desse texto. Por exemplo, uma recente análise estrutural do gênero adivinhação distinguiu um tipo de adivinhação, chamado "com oposição", em que dois elementos entram em conflito, isto é, dois elementos colocados lado a lado não parecem ser da mesma classe. Contudo, a resposta da adivinhação junta com sucesso os dois elementos numa relação formal lógica. É bastante curioso que um dos contextos mais comuns dos textos de adivinhação seja o ritual de corte em que, somente depois que o noivo responde a uma adivinhação, tem permissão de ocupar seu lugar junto à noiva. Tal como no texto da adivinha, dois elementos ou indivíduos não-aparentados (cf. exogamia) que aparentemente não pertencem à mesma classe são unidos pela declaração formal de uma promessa de casamento (análogo à resposta da adivinhação). Por esse meio, o modelo estrutural da adivinhação delineia em miniatura a situação estrutural social. Assim, a análise estrutural da adivinhação pode esclarecer o contexto funcional da adivinhação, mas é importante observar que o narrador da adivinhação, mesmo que seja um noivo, *não é parte da estrutura da adivinhação*. Antes, é a adivinhação com suas próprias características estruturais que é parte da estrutura da situação social em que ela aparece. Por motivos de clareza, é imperativo distinguir entre a estrutura de um texto folclórico e a estrutura do contexto desse texto. Cf. Elli Kaija Köngäs (Maranda) e Pierre Maranda, "Structural Models in Folklore", *Midwest Folklore*, 12:133-192, 1962, e Robert A. Georges e Alan Dundes, "Toward a Structural Definition of the Riddle", *JAF*, 76:111-118, 1963 [reproduzido neste volume às pp. 225-238].

144. Thomas A. Sebeok, "Toward a Statistical Contingency Method in Folklore Research", in W. Edson Richmond (ed.), *Studies in Folklore*, Bloomington, 1957, p. 131 (Indiana University Publications, Folklore Series n. 9). Para uma afirmação mais recente, cf. Sol Saporta & Thomas A. Sebeok, "Linguistics and Content Analysis", in Ithiel de Sola Pool (ed.), *Trend in Content Analysis*, Urbana, 1959, p. 142.

145. Thomas A. Sebeok & Frances J. Ingemann, "Structural and Content Analysis in Folklore Research", in *Studies in Cheremis: The Supernatural*, New York, 1956, pp. 261-268 (Viking Fund Publications in Anthropology Number 22). Na verdade, grande parte deste levantamento é

beok pela abordagem estrutural pode tê-lo levado a fazer o comentário incorreto de que, ultimamente, os folcloristas voltaram a sua atenção para o estudo dos padrões e formas. A incorreção do comentário é revelada pelo fato de Sebeok citar como suas autoridades Wellek e Warren. Se o interesse dos folcloristas fosse realmente o estudo das estruturas, certamente teria sido possível mencionar uma obra legítima que fosse realizada por folcloristas. Uma verificação mais acurada revela que Wellek e Warren baseiam suas observações em estudos da época de Veselovsky e Polívka, que na verdade não são estudos estruturais[146].

Sebeok e Ingemann citam uma incisiva observação que Lancelot Law Whyte fez em 1950: "Segundo parece, um importante movimento desse tipo afeta atualmente muitos ramos da ciência: o declínio do que se pode denominar *atomismo*, ou pensamento atomístico em geral, e a emergência de teorias baseadas no conceito de *padrão*"[147]. Contudo, deixaram de mencionar que Whyte também disse que o movimento do "padrão" era evidente na primeira obra de Bohr sobre teoria quântica, que conduziu aos padrões de onda de Schrödinger, em 1925. Na verdade, segundo Whyte, a idéia de padrão está tão estabelecida que "a questão não é mais atomismo *versus* padrão, mas uma teoria do desenvolvimento e transformação dos padrões que também pode explicar o grande sucesso das idéias atômicas"[148]. Se isso for verdade, então pode-se ver facilmente quão atrasada está a teoria do folclore. Para os folcloristas, ainda se acha bastante viva a questão do atomismo *versus* padrão. Isto contrasta com a teoria lingüística atual, onde a "gramática

---

quase uma repetição textual de um outro, também de Sebeok. Cf. a discussão sobre "a análise estrutural no folclore" em seu artigo "The Structure and Content of Cheremis Charms, Part I", *Anthropos*, 48:369-388, 1953. Cf. especialmente pp. 377-380.

146. Sebeok & Ingemann, p. 262; René Wellek & Austin Warren, *Theory of Literature*, New York, Harcourt, Brace and Co, 1956, pp. 35. 267, n. 5.

147. Sebeok & Ingemann, p. 263; Lancelot Law Whytè, "Simultaneous Discovery", *Harper's Magazine*, 200:25, feb. 1950.

148. Whyte, *op. cit.*, p. 26.

transformacional" de Chomsky ilustra a validade da generalização de Whyte[149].

A maior deficiência da abordagem estrutural de Sebeok é, provavelmente, o fato de ele limitar a sua análise aos aspectos lingüísticos do conto popular. Os aspectos formais que ele discute são as fórmulas de abertura e de encerramento, ou detalhes como as "corridas" nos contos gaélicos. Isto na verdade é estilo, muito mais do que forma ou conteúdo. A estrutura do conto não se alteraria se fossem omitidas as fórmulas de abertura e de encerramento, ou as corridas. São elementos opcionais, embora com claro sentido estilístico e funcional. Além disso, os tipos de texto folclórico que Sebeok estudou pertenciam todos a uma variedade de frase fixa. Nos textos de frase fixa, o fraseado é tradicional, ao passo que nos textos de frase livre existe uma considerável variação, e cada informante pode alterar as palavras cada vez que faz a narração. Provérbios, adivinhações e encantamentos seriam exemplos de gêneros folclóricos de frase fixa; superstições, piadas e contos tradicionais seriam exemplos de gêneros folclóricos de frase livre[150].

A análise feita por Sebeok dos textos de frase fixa dos presságios oníricos e encantamentos dos cheremis é, no final das contas, uma análise lingüística, isto é, de palavra por palavra, de morfema por morfema[151]. Assim, a análise

---

149. Noam Chomsky, *Syntactic Structures*, La Haye, 1957.

150. Para distinguir entre textos fixos e livres, cf. J. Vansina, "Recording the Oral History of the Bakuba — I. Methods", *Journal of African History*, I:48, 1960.

151. Um exemplo do viés lingüístico de Sebeok é o emprego que ele faz de uma análise de tipo binário em seu estudo dos encantamentos cheremis. "Nosso procedimento analítico será uma aplicação binária como princípio de padronização: ou seja, repetidas vezes dividiremos dicotomicamente as seqüências até que sejam descobertos os últimos constituintes." Cf. "The Structure and Content of Cheremis Charms, Part I", *Anthropos*, 48:381, 1953. Por mais válida que possa ser a teoria binária na análise do Aspecto Distintivo ou na análise do Constituinte Imediato em lingüística, ainda está por demonstrar a sua aplicabilidade à estrutura do folclore. A abordagem binária de Sebeok é análoga, embora de modo nenhum idêntica, à idéia de Lévi-Strauss de uma progressão de oposições que são mediadas de tal modo que o termo mediador se torna um termo polar para uma

de Sebeok de um presságio feito em sonho, do tipo "Se você cantar em seu sonho, você ficará doente, dizem", mostra três partes: o símbolo, a interpretação e o termo de citação, nesta ordem. Adiante Sebeok define estas três partes em função das unidades lingüísticas. Por exemplo, a interpretação deve incluir no mínimo um verbo, que deve estar num tempo não-passado, no singular, sendo opcional a escolha entre a segunda e a terceira pessoas[152]. Além disso, mesmo as divisões estruturais, presumivelmente menos lingüísticas, de símbolo, interpretação e termo de citação refletem o mesmo viés. De acordo com os exemplos incluídos no *corpus*, o termo de citação "dizem" nem sempre ocorre. Isto sugere que esse termo pode ser um elemento estritamente opcional e talvez um aspecto do estilo com uma função de marcador do final, muito semelhante às fórmulas de encerramento de muitos contos[153]. Comparando o tratamento dado por Sebeok aos presságios em sonho com uma análise recente de superstições de sinal, pode-se ver a diferença existente entre uma análise estrutural de materiais folclóricos que inclui uma análise lingüística, e a análise estrutural dos mesmos materiais que não a inclui[154]. Em termos desta análise, os presságios feitos em sonho consistiriam estrutu-

---

nova oposição, e assim por diante *ad infinitum*. Cf. Lévi-Strauss, "The Structure of Myth", p. 62. Para um melhor esclarecimento da abordagem lingüística microanalítica da estrutura folclórica por Sebeok, cf. seu artigo "Sound and Meaning in a Cheremis Folksong Text", in *For Roman Jakobson*, comp. Morris Halle, Horace G. Lunt, Hugh McLean e Cornelis H. Van Schooneveld, La Haye, 1956, pp. 430-439.

152. Sebeok e Ingemann, *op. cit.*, pp. 269-271.

153. Um elemento de citação semelhante encontra-se também nos provérbios jabos e é significativo que Herzog demonstre que ele "nem sempre é uma parte integrante do provérbio". Na verdade, o mesmo provérbio pode ser dito com ou sem o elemento de citação. Cf. George Herzog, *Jabo Proverbs from Liberia*, London, 1936, p. 4. Mesmo em provérbios cheremis, o uso pouco freqüente de frases como "ele diz", ou "dizem", foi observado por Warren Roberts, in "The Proverb", in *Studies in Cheremis Folklore*, vol. 1, ed. Thomas A. Sebeok, Bloomington, 1952, p. 120 (Indiana University Publications, Folklore Series n. 6).

154. Alan Dundes, "Brown County Superstitions", *Midwest Folklore*, 11:28-30, 1961. [Reproduzido nesta coletânea, em "A Estrutura da Superstição", pp. 211-223.]

ralmente de duas porções: uma condição de sinal e um resultado dotado de uma relação causal. Evidentemente, é extremamente interessante estudar tanto o aspecto estrutural folclórico quanto o lingüístico dos textos, em especial para verificar se os aspectos estilísticos lingüísticos reforçam a estrutura folclórica, *e.g.*, se a rima, a assonância ou as características métricas podem equiparar-se às divisões de unidade estrutural folclórica e mesmo ressaltá-las. Contudo, é importante lembrar que a estrutura folclórica pode ser analisada *sem* qualquer referência a uma língua particular. Além disso, é bastante provável que a análise estrutural lingüística de um gênero folclórico de frase livre, como o conto tradicional, por exemplo, seja extremamente variável quando se examinam variantes diferentes de um determinado conto, enquanto que a análise estrutural folclórica de um conto pode ser, comparativamente falando, bastante estável. (Cf. a afirmação de Fischer, acima, p. 70.)

Sebeok parece estar ciente da diferença entre o estudo da estrutura e o estudo do conteúdo e do estilo. Isso se deve apenas ao fato de que seu próprio interesse reside mais na área do último tipo de estudo. Com efeito, a distinção entre análise estrutural e análise de conteúdo foi estabelecida com bastante clareza por Sebeok e Ingemann:

> Começamos a descrição de um texto com uma exaustiva identificação de seus elementos significativos, e com uma afirmação da relação que predomina entre estes elementos; verificou-se que era possível descrever as partes do todo e a relação das partes dentro do todo, sem fazer afirmações sobre a natureza das próprias partes componentes. Este procedimento é o que denominamos análise estrutural. A análise de conteúdo centra-se nas próprias partes componentes[155].

Apesar de todos os trabalhos de estudiosos como Jakobson, Stender-Petersen, Lévi-Strauss e Sebeok, a contribuição mais importante ao estudo estrutural dos contos populares provém de obra anterior, isto é, do trabalho realizado por Vladímir Propp em seu livro *Morfologia do Conto*

---

155. Sebeok & Ingemann, *op. cit.*, p. 265.

Maravilhoso. Nesta obra, que foi publicada em 1928, um ano antes do ensaio de Jakobson e Bogatyrev, Propp tentou delinear uma morfologia dos contos de fada. Por contos de fada ele entendia os contos classificados no índice de Aarne entre os números 300 e 749, e por morfologia "a descrição do conto popular conforme as suas partes constituintes e a relação destas partes entre si e com o todo"[156]. (Observem a semelhança entre a definição de morfologia cunhada por Propp e a definição de análise estrutural de Sebeok e Ingemann.) Para realizar esta tarefa, Propp definiu uma nova unidade básica, a função, que era em essência uma unidade de ação do entrecho do conto. A função é uma ação de uma das personagens do conto, independentemente do ator específico que executa a ação. No esquema de análise de Propp, uma determinada função na maioria das vezes é definida pelo substantivo que expressa uma ação, como interdição, violação etc. Segundo Propp,

as funções das personagens devem ser consideradas as partes fundamentais de um conto; e devemos antes de qualquer coisa destacá-las como tais. [...] As funções funcionam como elementos estáveis, constantes nos contos populares, independentemente de quem as executa e de como são realizadas pelas personagens. Constituem os componentes de um conto popular[157]..

É oportuno observar que em alguns contos indígenas norte-americanos já foi percebida a variabilidade das personagens em comparação com a estabilidade do entrecho. Por exemplo, W. W. Hill e Dorothy Hill, em seu estudo dos contos de Coiote dos navahos, observam: "Na mitologia dos atha-

---

156. Vladimir Propp, *Morphology of the Folktale*, ed. Svatava Pirkowa-Jakobson, transl. Laurence Scott, Bloomington, 1958, p. 18 (Publication Ten of the Indiana University Research Center in Anthropology, Folklore, and Linguistics). A obra de Propp foi publicada originalmente com o título de *Morfologija skazki* (Leningrado, 1928). As referências ao esquema classificatório dos contos populares de Aarne continuam válidas, pois Stith Thompson, na segunda edição revisada de *Verzeichnis der Märchentypen*, de Aarne, manteve o sistema de numeração global. Cf. Stith Thompson, *The Types of the Folktale*, Helsinki, 1961 (Folklore Fellows Communications n. 184).

157. Propp, pp. 19, 20.

bascans do sul, personagens diferentes desempenham papéis idênticos em entrechos semelhantes"[158].

Ao estudar as funções ou ações das personagens dos contos de fada russos, Propp descobriu que havia um número limitado dessas funções; e, além disso, que a seqüência de trinta e uma funções era fixa. Isso não significava que todas as trinta e uma funções possíveis ocorriam necessariamente em qualquer conto dado, mas, antes, que aquelas que ocorriam estariam numa ordem previsível. Propp concluiu que todos os contos de fada, por motivos morfológicos, pertenciam a um único e mesmo tipo estrutural de conto[159].

Existem algumas notáveis diferenças entre o esquema de Propp e o proposto por Stender-Petersen. Uma delas diz respeito à seqüência de funções de Propp e ao esquema de elementos dinâmicos de Stender-Petersen. Este último autor afirma que não se podia eliminar nenhum elemento da seqüência consecutiva de elementos dinâmicos sem destruir o entrecho, enquanto Propp argumenta que muitas de suas trinta e uma funções não estarão presentes numa determinada estória. Uma outra diferença básica se refere à tipologia. Stender-Petersen sugere que cada conto isolado pode ser submetido à análise de tal modo que os elementos dinâmicos (forma) podem ser distinguidos dos instáveis (conteúdo). No entanto, Stender-Petersen não dá nenhuma indicação de que uma análise de dois ou mais contos produziria uma série idêntica de elementos dinâmicos. Em outras palavras, poderia haver tantas séries de elementos dinâmicos quantos são os contos separados historicamente. Propp, por sua vez, propõe um esquema formular de funções que supostamente é aplicável a um grande número de contos separados historicamente. A partir dessa comparação, pode-se ver que a análise de Stender-Petersen é excelente até onde alcança, ou seja, à distinção entre forma e conteúdo, mas não vai muito além disto. A estrutura de um determinado

158. W. W. Hill & Dorothy Hill, "Navaho Coyote Tales and Their Position in the Southern Athabaskan Group", *JAF*, 58:318, 1945.
159. Propp, p. 21.

conto, provavelmente, não é mais singular do que a estrutura de uma frase particular numa língua; pode haver muitas frases com idênticas estruturas.

O esquema analítico de Propp se baseia na distinção entre forma e conteúdo. As funções abstratas só podem ser expressas por diversas ações específicas concretas. Assim, a função 22, "O herói é salvo da perseguição", pode ser representada pelo herói sendo carregado para longe por um animal, ou pelo herói atirando obstáculos mágicos no caminho de seu perseguidor, ou pela transformação do herói num objeto que o torna irreconhecível ao seu perseguidor, e assim por diante[160]. Pode-se ver que essa diferenciação de Propp entre forma e conteúdo não se afasta de modo algum de distinções semelhantes estabelecidas por outros pesquisadores. A descrição do elemento explicativo, proposta por Lowie em 1908, e a análise do tabu no conto do "Marido-Estrela", feita por Reichard em 1912, já citados anteriormente (cf. acima, p. 35), fazem basicamente a mesma distinção entre forma e conteúdo. A inestimável contribuição de Propp, do ponto de vista teórico, foi ter definido de maneira mais precisa uma unidade formal, a função; além disso, demonstrou o caráter fixo da seqüência de várias de suas unidades num conto; e mostrou que contos com conteúdo aparentemente muito diferente podiam, na verdade, pertencer a um tipo estrutural idêntico, definido por critérios morfológicos determináveis.

Nem todas as funções de Propp têm a mesma importância. A única função "obrigatória" é a número 8: "O antagonista causa dano ou prejuízo a um dos membros da família". Por exemplo, o antagonista rapta uma pessoa[161]. É esta função, no entender de Propp, que cria o verdadeiro movimento do conto. No entanto, Propp considera que existe um equivalente morfológico da função 8. É a função 8a: "Falta alguma coisa a um membro da família, ele deseja obter algo". As formas de carência incluem: carência de uma noiva, necessidade de agentes mágicos, os meios de

160. Propp, pp. 51-52.
161. Propp, p. 29.

vida são insuficientes etc. Assim, ou o dano ou a carência pode iniciar o movimento do conto. Freqüentemente, o ato do vilão causa uma necessidade ou carência: por exemplo, os olhos da heroína são arrancados, um dragão rapta a filha do rei, o vilão rouba a luz do dia etc.[162] Propp estabelece uma clara distinção entre a função 8 e a 8a do seguinte modo: "No primeiro exemplo, é praticado um determinado ato cujo resultado cria uma carência e induz uma busca; no segundo exemplo, é apresentada uma carência bastante definida e provoca também uma busca. No primeiro exemplo, a carência é criada de fora; no segundo, é realizada de dentro". Assim, Propp afirma, "nos contos em que não está presente o dano, a carência serve como sua contrapartida"[163].

As sete primeiras funções do esquema de Propp são consideradas "a parte preparatória do conto". Essencialmente, estas funções iniciais preparam o caminho para um dano ou um estado de carência. Contudo, todas as sete funções deste grupo preparatório nunca são "encontradas dentro de um conto"[164]. Isto ocorre porque existem basicamente dois meios alternativos que conduzem ao ato de dano (função 8). As duas alternativas consistem em funções emparelhadas. De um lado existem as funções 2 e 3: "Impõe-se ao herói uma interdição" e "A proibição é violada". Doravante, estas serão designadas por Interdição/Violação, ou suas abreviaturas Int/Viol. De outro lado, existem as funções 6 e 7: "O vilão tenta ludibriar sua vítima para apoderar-se dela ou de seus bens" e "A vítima se deixa enganar, ajudando assim, involuntariamente, seu inimigo". Estas serão abreviadas como Ardil/Engano, ou Ard/Eng. Cada um desses pares de função pode conduzir a um dano ou a um estado de carência. Assim, Propp observa que, quando um dos pares é empregado num conto, o outro par pode ser desnecessário[165].

162. Propp, pp. 29-30, 33.
163. Propp, pp. 32, 69.
164. Propp, p. 98.
165. *Ibid.* As abreviaturas são adaptações minhas dos termos empregados por Propp.

A noção de pares de função ou funções gêmeas de Propp é importante. Existem várias destas funções gêmeas: por exemplo, combate/vitória (funções 16 e 18); perseguição/salvamento (funções 21 e 22); mas talvez um dos pares mais importantes seja constituído pelas funções 8 (ou 8a) e 19. A função 19 ("O dano inicial ou carência é reparado") forma um par com a função 8 ou 8a. Em alguns casos, ocorre apenas um membro de um par de função, mas nesse caso aparece usualmente a segunda metade do par de função gêmea. Quando a primeira metade ocorre num conto, a segunda metade é quase inevitável. Como Propp observa, "as interdições são sempre violadas, e as propostas ardilosas, ao contrário, sempre aceitas e realizadas". Se aparecer a segunda função de um par de funções, por exemplo, a violação, está implícita a existência de uma interdição anterior, mesmo que a interdição não venha declarada expressamente no texto. Propp dá o exemplo de princesas que voltam tarde para casa. É omitida a interdição aberta contra o atraso[166]. Usualmente, quando ocorrem ambas as funções de um par, elas aparecem em seqüência (por exemplo, 2 & 3; 4 & 5: 6 & 7; 16 & 17; 21 & 22; e assim por diante). Uma notável exceção a esta regra é o par vital de funções: dano/carência, e a reparação do dano inicial ou carência (isto é, 8/8a & 19). Propp observa que "o dano e sua reparação estão separados por uma longa estória". De fato, essa estória às vezes é tão extensa que o objeto encontrado no final não é mais o mesmo que foi perdido no início. Propp dá um exemplo: "Ivã sai em busca de um corcel e volta com uma princesa"[167]. Adiante será mostrado que esta separação entre as metades do par fundamental de funções 8/8a e 19 é um fator importante de diferenciação na comparação da estrutura dos contos indígenas norte-americanos com a dos contos indo-europeus.

Pode-se ver que a função de Propp percorreu uma longa distância antes de satisfazer a necessidade de uma unidade estrutural básica de análise no estudo dos contos po-

---

166. Propp, pp. 26, 28.
167. Propp, p. 100.

pulares. Propp rejeita com razão o tipo de conto de Aarne-Thompson como unidade estrutural. Os tipos de conto de Aarne-Thompson são classificados com base no conteúdo, e não na forma ou na estrutura. Assim, o mesmo tipo estrutural receberá, na sua classificação, números diferentes, conforme as personagens sejam animais (por exemplo, ursos e raposas), ou homens (por exemplo, homens e ogros), ou com base em outras características superficiais de conteúdo. Isto pode ser comprovado facilmente quando se comparam os tipos de Aarne-Thompson 4 e 72; 43 e 1097; 123 e 333; 250 e 275; 38, 151 e 1159[168].

O motivo de Thompson, embora não seja discutido por Propp — o *Índice de Motivos* foi publicado depois da obra de Propp — também não se qualifica como unidade estrutural. Thompson conclamou insistentemente os estudiosos a distinguirem entre tipo e motivo[169]. Não obstante, ele mesmo nem sempre consegue fazer a distinção. Em primeiro lugar, existem três tipos de motivos: ator, tópico e incidente. Mas, como o próprio Thompson indica, a grande maioria dos contos de tipo tradicional se compõem de motivos de um único incidente[170]. Deste modo, no caso dos contos de animais, Thompson observou que "todos, com exceção de uns oito, são contos de motivo único ou podem ser facilmente classificados como tal", e notou também que os tipos que tratam do Bicho-Papão são todos contos de motivo único[171]. Em exemplos como estes, Thompson é forçado a admitir que "tipo e motivo são idênticos"[172]. O caráter vago dos limites do motivo como unidade é evidente até para

---

168. Para uma discussão mais completa da deficiência dos tipos de contos de Aarne-Thompson como unidades estruturais, cf. Alan Dundes, "From Etic to Emic Units in the Structural Study of Folktales", *JAF*, 75:95-105,1962 [reproduzido neste volume às pp. 189-209].

169. Stith Thompson, *The Folktale*, New York, 1951, p. 415; Thompson, "Problems in Folklore", in Chauncey Sanders, *An Introduction to Research in English History*, New York, 1952, p. 274.

170. *The Folktale*, pp. 415-416.

171. Stith Thompson, "Purpose and Importance of an Index of Types and Motifs", *Folk-Liv*, 2:106, 1938.

172. Thompson, "Type", in *Standard Dictionary of Folklore, Mythology, and Legend*, vol. II, New York, 1950, p. 1137.

Thompson. Uma declaração sua relativamente recente esclarece este ponto:

> Descobri que a questão mais difícil que me foi proposta com relação a este *Índice* talvez seja a pergunta-chave: O que é um motivo? Não existe resposta curta ou fácil. Certos tópicos da narrativa continuam sendo usados por contadores de estórias; são a matéria de que é feito o conto. *Não faz nenhuma diferença como eles são.* Se são realmente úteis na construção dos contos, são considerados motivos[173]. (O grifo é meu.)

Observem que Thompson afirma que a ausência de uma definição precisa não tem importância. Sua atitude para com o valor da definição dos termos é ainda mais óbvia em sua declaração sobre sua especialidade, o conto popular:

> O termo *folktale* (conto popular), tal como é usado em inglês, é muito abrangente. Nunca foi feita uma tentativa de defini-lo com precisão, mas foi deixado como uma palavra geral que designa todos os tipos de narrativa tradicional... Essa definição ampla é de grande conveniência em inglês, porque evita a necessidade de tomar decisões e muitas vezes de entrar em longos debates sobre o *gênero* exato de narrativa a que uma estória particular pode pertencer[174].

Thompson não só admite que o termo *folktale* continua indefinido — e o faz quando tenta defini-lo para um dicionário de folclore — como também chega ao ponto de reconhecer que isso constitui uma vantagem. O fracasso em definir termos básicos e a aparente indiferença em trabalhar com termos imprecisos constituem uma característica de uma geração mais antiga de estudiosos do folclore. A primeira frase do clássico estudo de Archer Taylor, *The Proverb*, é a seguinte: "A definição de um provérbio é uma tarefa demasiado difícil para que compense o esforço"[175]. É possível que tais problemas não pareçam embaraçar desmedidamente os estudos históricos e comparativos, mas certamente uma unidade vaga como motivo não pode ser usada

---

173. Thompson, *Narrative Motif-Analysis as a Folklore Method*, Helsinki, 1955, p. 7 (Folklore Fellows Communications n. 161).
174. Thompson, "Folktale", in *Standard Dictionary of Folklore, Mythology, and Legend*, vol. I, New York, 1949, p. 408.
175. Archer Taylor, *The Proverb*, Cambridge, Mass., 1931, p. 3.

como unidade estrutural adequada em qualquer estudo científico do folclore. Não obstante, um autor tão versado em estrutura quanto Sebeok parece aceitar o motivo como uma unidade adequada à análise estrutural. "Acima de tudo, um programa voltado para a pesquisa estrutural do conto popular deve incluir um estudo da padronização dos motivos... Um lingüista indagaria: dado um tipo de conto particular, que relações prevalecem entre os motivos concretos de que se compõe cada conto completo?"[176] Thompson estava certo quando disse que o seu *Índice de Motivos* tinha a função de um dicionário de uma língua[177]. Os motivos formam o léxico do folclore, mas não devem ser confundidos com unidades estruturais, como as funções de Propp. Na verdade, foi Sebeok quem fez explicitamente esta analogia: "...talvez se pudesse tentar aplicar ao folclore o modelo do estudo da linguagem e dizer que, na pesquisa folclórica, a análise estrutural está para a análise de conteúdo assim como, na lingüística, a análise gramatical está para o estudo do léxico"[178]. Na realidade, o modelo lingüístico se revela bastante sugestivo para a análise folclórica, pelo menos no que se refere às unidades. Não obstante, os próprios lingüistas, orgulhosos de suas realizações na definição de unidades precisas como o fonema e o morfema, se mostram um tanto cautelosos em emprestar a sua metodologia. Voegelin e Harris sustentam que todas as tentativas de estender à análise da cultura as unidades do tipo lingüístico como o fo-

---

176. Thomas A. Sebeok & Frances J. Ingemann, "Structural and Content Analysis in Folklore Research", in *Studies in Cheremis: The Supernatural*, New York, 1956, p. 264 (Viking Fund Publications in Anthropology Number 22). Ithiel de Sola Pool comentou o fato de que Saporta e Sebeok aceitam o motivo como unidade de análise, enquanto Robert Plant Armstrong o rejeita por razões teóricas. Cf. Ithiel de Sola Pool, "Trends in Content Analysis Today: A Summary", in Ithiel de Sola Pool (ed.), *Trends in Content Analysis*, Urbana, 1959, p. 213.

177. Stith Thompson, *Narrative Motif-Analysis as a Folklore Method*, Helsinki, 1955, p. 9 (Folklore Fellows Communications n. 161).

178. Thomas A. Sebeok, "Toward a Statistical Contingency Method in Folklore Research", in W. Edson Richmond (ed.), *Studies in Folklore*, Bloomington, 1957, p. 132 (Indiana University Publications, Folklore Series n. 9).

nema foram inúteis. Afirmam eles: "Assim como o método fonêmico, o método combinatório revelou-se adequado unicamente aos dados da linguagem, mais do que à cultura em geral"[179]. E é totalmente verdadeiro que os antropólogos mais eminentes perderam a esperança de encontrar unidades adequadas na cultura. Kluckhohn observou: "A maioria dos antropólogos concordariam em que até o momento nenhuma unidade elemental constante, como átomos, células ou genes, foi estabelecida satisfatoriamente na cultura em geral"[180]. Kroeber se mostrou ainda mais pessimista. "Nada se percebe que sugira que iremos descobrir na cultura algumas unidades elementais invariáveis..." Tampouco Kroeber pensava que existisse alguma possibilidade de se descobrir um dia algo que corresponda a átomos, moléculas e coisas semelhantes[181]. No entanto, um antropólogo/lingüista foi mais otimista. Na verdade, Kenneth L. Pike tentou estender as unidades da lingüística a todo o comportamento humano.

Em essência, Pike considera que a linguagem, enquanto comportamento verbal, é uma porção do comportamento humano em geral. Assim como certas unidades, como o fonema, foram ideadas para descrever o comportamento verbal, talvez seja possível estender o alcance dessas unidades a fim de que abranjam uma gama muito maior do comportamento humano. Pike, por exemplo, em sua análise das quatro partes estruturais de uma situação de encontro social: saudação, solicitação, resposta e despedida, mostra como os gestos, em vez de palavras, podem preencher uma trilha estrutural[182]. Até onde interessa a Pike, "eventos lingüísticos e eventos

179. C. F. Voegelin & Z. S. Harris, "Training in Anthropological Linguistics", *American Anthropologist*, 54:324, 325, 1952.

180. Clyde Kluckhohn, "Universal Categories of Culture", in A. L. Kroeber (ed.), *Anthropology Today*, Chicago, 1953, p. 517.

181. A. L. Kroeber, *The Nature of Culture*, Chicago, 1952, pp. 124, 125.

182. Kenneth L. Pike, *Language in Relation to a Unified Theory of the Structure of Human Behavior*, Glendale, Cal., 1954, Parte I, pp. 4-5. A teoria de Pike causou algum impacto na teoria antropológica contemporânea. Por exemplo, Voegelin, que anteriormente havia rejeitado a idéia de usar as unidades lingüísticas como modelo para a análise da cultura, afirma especificamente que a fonêmica foi considerada um modelo para "mostrar

não-lingüísticos podem constituir membros estruturalmente equivalentes de classes de eventos que podem constituir partes intercambiáveis dentro de eventos unitários maiores"[183].

A versão de Pike da distinção entre uma abordagem atomística e uma estrutural é expressa em termos de ético *versus* êmico. Esses termos, cunhados a partir das sílabas finais dos adjetivos fonético e fonêmico, respectivamente, são explicados com clareza por Pike. A abordagem ética é não-estrutural e classificatória, na medida em que o analista imagina categorias lógicas de sistemas, classes e unidades, sem fazê-las refletir a verdadeira estrutura nos dados particulares. Os construtos éticos, então, são criados pelo analista e não são inerentes ao material em estudo. Segundo Pike, os sistemas éticos são criados usualmente com o propósito expresso de lidar com dados transculturais ou comparativos. O dado *em seu contexto* não é considerado num sistema ético. Exemplos de sistemas éticos são os Arquivos da Área de Recursos Humanos e o *Índice de Motivos*. (Os exemplos são meus, não de Pike.)

Em acentuado contraste, a abordagem êmica é estrutural. É estrutural no sentido de que é feita uma tentativa de descobrir e descrever o padrão de uma língua ou cultura específica, com referência ao modo pelo qual os diversos elementos constituintes se relacionam entre si e ao padrão como um todo. Nas palavras de Pike,

uma abordagem êmica deve tratar os eventos específicos como partes de totalidades maiores com as quais estão relacionados e das quais obtêm sua significação básica; ao passo que uma abordagem ética pode, para fins es-

a analogia entre unidades culturais", repetindo Pike. Cf. Carl F. Voegelin, "Subsystems within Systems in Cultural and Linguistic Typologies", in *For Roman Jakobson*, comp. Morris Halle et al., La Haye, 1956, p. 593. Além disso, o recente obituário de Clyde Kluckhohn inclui a declaração de que Kluckhohn "via ultimamente a lingüística como um modelo e esperava que pudessem ser identificadas unidades universais da cultura, análogas ao fonema e ao morfema". É verdade que não há qualquer referência a Pike, mas Pike é certamente o paladino dessa abordagem. Cf. Talcott Parsons & Evon Z. Vogt, "Clyde Kay Maben Kluckhohn 1905-1960", *American Anthropologist*, 64:144, 1962.

183. Pike, p. 5.

pecíficos, abstrair eventos de seu contexto ou sistema local de eventos, a fim de agrupá-los numa escala universal sem referência essencial à estrutura de qualquer língua ou cultura. [...] Nesta teoria, as unidades êmicas não são absolutos num vácuo, mas são pontos de um sistema, e esses pontos são definidos em relação ao sistema. Uma unidade não deve ser estudada isoladamente, mas como parte de um sistema componencial funcional total dentro de uma cultura total. É este problema que, em última análise, mostra claramente por que se tem de lidar com o êmico de forma diferente do modo como se lidaria com o ético...[184]

Dever-se-ia observar que Pike acredita que a estrutura êmica é uma parte do padrão de realidade objetiva, e não é apenas o construto do analista. Um analista, ao contrário de *criar* um sistema ético, *descobre* um padrão êmico[185]. Neste contexto, é interessante citar a observação de Edmund Leach, feita depois que concluiu um estudo analítico da estória do Jardim do Éden à maneira de Lévi-Strauss: "...o padrão está aí; não o inventei, apenas demonstrei que ele existe"[186]. Isso, evidentemente, traz de volta a espinhosa questão da realidade da estrutura ou dos padrões. Kroeber e Kluckhohn, após observarem que as relações estruturais se caracterizam mais por relações relativamente fixas entre as partes que pelas próprias partes e elementos, sugerem que a maioria dos filósofos admitem que estas relações são tão "reais" quanto as coisas. Por outro lado, Pike, em sua discussão bibliográfica deste ponto, cita Harris e Firth, para dizer que as unidades êmicas são apenas construtos separados. Ele cita, por exemplo, o comentário de Firth segundo o qual os construtos "não têm qualquer *status* ontológico"[187]. Esses dois pontos de vista, tais como são encontrados na lingüística, foram argutamente rotulados por Hou-

184. Pike, pp. 10, 93.
185. Pike, p. 8.
186. Edmund Leach, "Lévi-Strauss in the Garden of Eden: An Examination of Some Recent Developments in the Analysis of Myth", *Transactions of the New York Academy of Sciences*, Series II, vol. 23, 1961, p. 395.
187. A. L. Kroeber & Clyde Kluckhohn, *Culture: A Critical Review of Concepts and Definitions*, Papers of the Peabody Museum of American Archaeology and Ethnology, Harvard University, vol. XLVII, n. 1, Cambridge, 1952, pp. 62-63; Pike, p. 21.

seholder como as posições "verdade de Deus" e "pelotiqueiro". Os lingüistas da "verdade de Deus" admitem que a linguagem tem *estrutura* e que é tarefa do lingüista descobrir o que é esta estrutura e descrevê-la tão precisamente quanto possível. Os lingüistas "pelotiqueiros" acreditam que a linguagem é uma massa de dados incoerentes e informes e que é tarefa do lingüista ordenar e organizar esta massa, *impondo-lhe uma estrutura*[188]. Nos termos de Householder, Pike é um lingüista da "verdade de Deus".

Lévi-Strauss, em seu comentário extenso e prolixo sobre a *Morfologia do Conto Maravilhoso*, de Propp, tenta escapar dessa questão de algum modo, contrapondo o formalismo ao estruturalismo.

A l'inverse du formalisme, le structuralisme refuse d'opposer le concret à l'abstrait, et de reconnaître au second une valeur privilégiée. La forme se définit par opposition à un contenu qui lui est extérieur; mais la structure n'a pas de contenu: elle est le contenu même, appréhendé dans une organisation logique conçue comme propriété du réel[189].

Contudo, é digno de nota que Lévi-Strauss, em sua própria abordagem estrutural, não tenha receado apresentar uma fórmula matemática abstrata, que parece ser um pouco diferente de "conteúdo"[190]. Na realidade, a maioria dos estudiosos empregam alternadamente os termos forma e estrutura[191].

188. Fred W. Householder, Jr., "Review of Zellig S. Harris, *Methods in Structural Linguistics*", *International Journal of American Linguistics*, 18:260, 1952.
189. Claude Lévi-Strauss, "L'analyse morphologique des contes russes", *International Journal of Slavic Linguistics and Poetics*, 3:122, 1960. [Em francês no texto: "Ao contrário do formalismo, o estruturalismo recusa-se a contrapor o concreto ao abstrato, e reconhecer ao segundo um valor privilegiado. A forma se define por oposição a um conteúdo que lhe é externo; mas a estrutura não tem conteúdo: é o próprio conteúdo, apreendido numa organização lógica concebida como propriedade do real".]
190. Lévi-Strauss, "The Structural Study of Myth", p. 64.
191. Cf., por exemplo, A. L. Kroeber, *The Nature of Culture*, Chicago, 1952, p. 85. Cf. também Aerol Arnold, "Why Structure in Fiction: A Note to Social Scientists", *American Quarterly*, 10:327, n. 1, 1958, onde se encontra a seguinte declaração: "Neste artigo são empregadas alternadamente 'forma' e 'estrutura', mas prefiro usar estrutura".

Evidentemente, não existe motivo para temer o emprego de construtos de padrões, ou o que Lévi-Strauss chama formalismo. Rapoport e Shimbel explicam muito bem por quê:

> A objeção de que uma formulação lida com "abstrações" e não com "realidades" é inócua, porque não existe isso de descrição da "realidade concreta". Não importa com que minúcia se descreva um "neurônio", ou a seqüência de fatos associados com a interação dos neurônios, nunca se estaria descrevendo "realidade", mas apenas selecionando certos aspectos dela, considerados pertinentes ao problema em exame, isto é, abstraindo. A questão, portanto, não é discutir se as abstrações como tais são justificáveis (não se pode fugir delas), mas que abstrações são úteis. Úteis para quê? Úteis para descobrir relações que possam ser usadas na construção de teorias a partir das quais se possam prever outras relações. Comprovar as previsões implícitas nas teorias é, naturalmente, testar sua verdade. Todavia, mesmo que as previsões não se realizem, a estrutura da teoria é de natureza tal que permite o aprimoramento e a correção e, assim, pode ser realizado o progresso na busca da verdade[192].

Bidney emprega argumentos semelhantes e sugere que é legítimo separar a forma de uma parte da cultura para um estudo específico, enquanto o analista não "identificar a abstração padronizada à realidade cultural, excluindo conteúdo e processos empíricos"[193].

Embora sejamos tentados a concordar com Pike em que a cultura é padronizada e estruturada e que o analista procura *descobrir* o padrão e a estrutura, seria o caso, porém, de estipular que o procedimento de descoberta pode exigir a *criação* pelo analista de construtos êmicos hipotéticos, que podem ou não estar de acordo com o material empírico. Ademais, a aceitação da idéia de que a estrutura pode ser inerente à matéria cultural não impede a possibilidade de haver mais de um modo de descrever essa estrutura. O próprio Pike percebe a possibilidade de descrições alternadas[194].

O modelo estrutural de Pike tem particular importância para o presente estudo. Pike descreve, especificamente, os

192. Anatol Rapoport & Alfonso Shimbel, "Mathematical Biophysics, Cybernetics and General Semantics", *ETC.*, 6:151-152, 1948-49.
193. David Bidney, *Theoretical Anthropology*, New York, 1953, p. 373.
194. Pike, p. 20.

três "componentes complexos superpostos" de unidades êmicas; ele os denomina modos. Os três modos de Pike são: o modo distintivo, o modo manifestacional e o modo distribucional. Podemos ver a descrição que Pike faz da estruturação trimodal simultânea se examinarmos as funções de Propp nesses termos. A função, enquanto unidade êmica, abrange os três modos, porém o significado geral da função corresponderia ao modo distintivo. Por exemplo, o modo distintivo da função 8 seria expresso como "dano". O modo manifestacional consiste em todas as "variantes físicas de ocorrência não-simultânea" da função[195]. Em outras palavras, o modo manifestacional é a soma de todos os elementos diferentes que podem cumprir uma dada função. Os constituintes do modo manifestacional para a função 8 incluiriam: o rapto de uma pessoa ou de um objeto pelo vilão; a expulsão de alguém pelo vilão; o assassínio de alguém pelo vilão; e assim por diante. O modo distribucional consistiria nas características posicionais de uma função específica, isto é, onde ela ocorre entre as trinta e uma funções possíveis. Deste modo, a função 8 pode ocorrer na posição inicial ou após um certo número de funções de 1 a 7.

A razão de combinarmos os esquemas de Propp e de Pike é que desse modo são sanadas certas deficiências do primeiro. A unidade de Propp é a função, porém o estudioso russo não se preocupou em cunhar um termo que designasse os elementos que cumprem a função, isto é, os constituintes do modo manifestacional. Ele dá vários exemplos de todas as funções, mas não propõe um termo adequado para nomear estes exemplos. Por uma curiosa coincidência, Pike rotula a unidade mínima de seu modo distintivo com o termo MOTIVO ÊMICO ou MOTIVEMA[196]. Isto, na verdade, corresponde à função de Propp. (Pike, aliás, havia comentado que não descobrira na literatura antropológica nenhum termo que se comparasse exatamente à sua noção de motivo êmico ou motivema[197].) Já que o termo de Propp, função,

195. Pike, p. 36.
196. Pike, p. 75.
197. Pike, p. 96.

não encontrou muita aceitação nos círculos folclóricos, proponho que se adote o termo de Pike, MOTIVEMA[198]. Isso permitiria o uso do termo "alomotivo" para designar aqueles motivos que ocorrem em qualquer contexto motivêmico dado. Os alomotivos teriam com o motivema a mesma relação que os alofones têm com os fonemas e os alomorfes com os morfemas. O termo motivo, já tão estabelecido nos estudos folclóricos, poderia ser mantido para denominar os elementos que preenchem os motivemas, elementos que Propp deixa inominados. Os motivos, então, seriam análogos às outras unidades éticas como fones e morfos. As deficiências do motivo como unidade estrutural não mais teriam importância, uma vez que a unidade estrutural a ser usada como base de análise morfológica seria o motivema.

Neste ponto, seria oportuno recordar uma arguta observação de Stender-Petersen: enquanto os elementos dinâmicos têm uma relação causal e funcional entre si, os elementos instáveis não a têm (cf. acima, pp. 65-67). Em termos da presente análise, existem seqüências estruturais de motivemas, mas não de motivos. Os motivos num conto popular têm uma relação estrutural entre si apenas na medida em que os motivemas que eles expressam também a têm. Contudo, a seqüência estrutural de motivemas é mantida independentemente dos motivos específicos que podem expressar estes motivemas. Assim, "o programa para uma pesquisa estrutural do conto popular" de Sebeok deve ser reformulado: o objeto de estudo passa a ser a padronização de motivemas, em lugar da padronização de motivos (cf. acima, p. 88). Em termos da analogia lingüística, deve-se descrever a padronização fonêmica, em lugar de relacionar seqüências fonéticas.

É importante compreender que a crítica do motivo como unidade estrutural de análise não se aplica ao motivo como unidade ética. Por exemplo, os motivos podem ser tópicos ou atores. É possível que, num dado motivema, um

198. Dundes, "From Etic to Emic Units in the Structural Study of Folktales", *JAF*, 75:101, 1962 [reproduzido neste volume às pp. 189-209]. A aplicação da terminologia de Pike à análise do conto popular é minha.

tópico ou um ator possam estar em variação livre. O ator como personagem *não* é uma unidade estrutural de um conto popular, mas, como unidade ética, um ator poderia ocorrer num motivema. A situação análoga que ocorre na lingüística pode ajudar a esclarecer esse ponto. O léxico de uma língua pode incluir sufixos, raízes ou radicais etc. Em inglês, *ing* não é comparável a *swim* (nadar); no entanto, ambos podem ser encontrados em qualquer dicionário de inglês. Não devemos esquecer que sistemas éticos são sistemas classificatórios utilitários, que não são construídos com a idéia de refletir a verdadeira estrutura dos dados. Do mesmo modo, num dicionário podem aparecer inúmeros prefixos distribuídos em todo o livro. Obviamente, seriam relacionados em ordem alfabética, de acordo com a ortografia aceita. Eticamente, isto é perfeitamente correto. Emicamente, os prefixos seriam agrupados de modo diferente, provavelmente em grupos baseados na semelhança funcional. Assim, do mesmo modo, não se discute a ordenação dos motivos éticos no *Índice de Motivos*. Contudo, deve-se reconhecer que, do ponto de vista estrutural ou êmico, motivos éticos bem diversos poderiam ser agrupados conjuntamente. Assim, de um ponto de vista ético, o Motivo F 325.1 ("Fadas raptam menino quando ele quebra tabu ao sair de casa subterrânea antes dos doze anos") e o Motivo C 986 ("Rapto por um animal por quebrar tabu") podem com razão ser relacionados separadamente no *Índice de Motivos* ético — observem as letras iniciais diferentes, C para tabu e F para seres maravilhosos (fadas e duendes). Não obstante, está claro que, emicamente, ambos poderiam ocorrer no motivema 8 do esquema de Propp, dano.

Agora que temos consciência de que a abordagem estrutural dos contos indígenas norte-americanos está muito atrasada e que dispomos das definições de unidades estruturais básicas como motivema, alomotivo e motivo, podemos finalmente proceder à descrição da morfologia desses contos ameríndios.

1.4. Morfologia dos Contos Indígenas Norte-Americanos: Padrões Motivêmicos

A tese que diz que os contos indígenas norte-americanos são estruturados pode agora ser exposta novamente com maior precisão: Existem seqüências recorrentes definidas de motivemas, e estas seqüências constituem um número limitado de padrões distintos, que, conforme revela a observação empírica, são as bases estruturais da maioria dos contos tradicionais dos ameríndios dos Estados Unidos. Não é meu intuito discutir aqui todos os padrões motivêmicos, nem pretendo examinar todos os exemplos de um padrão particular. No entanto, serão descritos os padrões mais difundidos e serão oferecidas inúmeras ilustrações.

Podemos dizer que cada padrão motivêmico é um modelo estrutural, um modelo que é testado mediante a comparação de suas propriedades com as propriedades de verdadeiros contos tradicionais. Os padrões motivêmicos que discutiremos aqui são: a seqüência nuclear bimotivêmica, duas seqüências tetramotivêmicas e uma combinação de seis motivemas.

A seqüência nuclear bimotivêmica: carência/reparação da carência

Grande número de contos indígenas norte-americanos são constituídos por um movimento que leva do desequilíbrio ao equilíbrio. O desequilíbrio, uma condição a ser temida ou, se possível, evitada, pode ser descrito como um estado de abundância ou de carência, dependendo do ponto de vista. O desequilíbrio pode ser indicado por uma declaração de que há muito de uma coisa, ou pouco de outra. A curiosa alternância é sugerida, por exemplo, por uma superstição penobscot, onde se afirma que "nunca se deve matar ou molestar uma rã porque disso pode resultar chuva em excesso ou seca prolongada"[199]. Contudo, a situação ini-

---

199. Frank G. Speck, "Penobscot Tales and Religious Beliefs", *JAF*, 48:25, 1935.

cial de desequilíbrio pode configurar-se tanto como um estado de "abundância" quanto de "carência"[200]. Uma inundação, por exemplo, representa uma abundância, isto é, água em demasia, mas ao mesmo tempo significa uma perda ou carência de terra. Nos inúmeros contos em que algo é acumulado, como, por exemplo, caça (Wycoco 251)[201], peixes (Wycoco 252), plantas alimentícias (Wycoco 253A), água (Wycoco 304, 1001A), chuva e relâmpago (Wycoco 302), as marés (Wycoco 305), as estações (Wycoco 307B), o sol (Wycoco 24), luz (Wycoco 261), fogo (Wycoco 262) etc., existe num certo sentido uma abundância, na medida em que, pelo menos para um indivíduo em particular, há um acúmulo de um determinado item num lugar. Por outro lado, por causa do acúmulo, há insuficiência do mesmo item em outras regiões. *Os contos indígenas podem constituir-se simplesmente do relato de como a abundância foi perdida ou como a carência foi reparada.* Em outras palavras, alguma coisa em abundância pode ser perdida, ou alguma coisa perdida ou roubada pode ser encontrada. Ambas as situações ilustram o movimento que conduz do desequilíbrio ao equilíbrio.

Os contos que relatam como a abundância é perdida tendem a ser mais complexos do que aqueles que falam da

200. Claude Lévi-Strauss, em "Four Winnebago Myths: A Structural Sketch" (in Stanley Diamond (ed.), *Culture in History*, New York, 1960, p. 357), examinou o problema. Ele sugere que um fenômeno "extraordinário" pode constituir-se de uma abundância ou de uma carência. No entanto, Lévi-Strauss usa os termos carência e abundância de modo diferente do presente estudo. Para Lévi-Strauss uma abundância pode significar um herói ser "superdotado" de emoções, de sabedoria ou de *status* social. [Em português, "Quatro Mitos Winnebago", in *Antropologia Estrutural Dois*, Rio de Janeiro, Tempo Brasileiro, 1976.]

201. As referências entre parênteses determinam a classificação por tipo de conto elaborada por Remedios Wycoco (Moore) em sua tese de doutorado (Indiana University, 1951), inédita, "The Types of North-American Indian Tales". Wycoco inclui somente contos que ocorreram de modo independente pelo menos duas vezes. É claro que muitos contos foram registrados mais de noventa vezes. O importante é ter em mente que todo conto citado no presente estudo, se aparecer com um número referente ao tipo de conto de Wycoco, não deve ser encarado como um *hapax legomenon*, ou exemplo excepcional.

reparação de uma carência. Por exemplo, a abundância pode ser perdida pela violação de uma interdição. Conseqüentemente, a discussão deste tipo será deixada para o final dessa seção. Entretanto, os contos que descrevem a reparação de uma carência às vezes se constituem apenas destas duas partes: uma carência e a reparação da carência. Estas partes podem ser denominadas motivemas, com as abreviações "C" para Carência e "RC" para Reparação da Carência (cf. as funções 8a e 19 de Propp, acima, p. 85).

Uma vez que existem contos que se constituem apenas desses dois motivemas, pode-se dizer que esses dois motivemas representam uma definição mínima de um tipo estrutural particular de conto. Doravante, esse tipo será denominado seqüência nuclear bimotivêmica. Dever-se-ia ter em mente que, de um ponto de vista estrutural, não importa muito qual é o objeto de que se tem carência. Poderia ser o sol, fogo, alimento etc. Como Propp observou em seu estudo, "a forma do conto não é determinada pelo objeto de que se tem carência, ou pelo objeto de que se foi despojado"[202].

Nos contos baseados no padrão nuclear bimotivêmico, o motivema inicial C é expresso freqüentemente no começo do conto. "Não existia fogo. De algum modo as pessoas viviam sem ele..." "Naquele tempo não existia terra. Havia água onde agora existe terra." "Muito tempo atrás, não existia sol"[203]. Existem inúmeros exemplos. Pode-se dizer, como regra geral, que, em contos como "O Roubo do Sol" (Wycoco 24), "O Roubo da Luz" (Wycoco 261), "O Roubo do Fogo" (Wycoco 262) e em outros da série de objetos acumulados, o motivema C é manifestado cedo, quando não logo no começo. Como era de esperar, o motivema RC mui-

---

202. Vladimir Propp, *Morphology of the Folktale*, Bloomington, 1958, p. 33 (Publication 10 of the Indiana University Research Center in Anthropology, Folklore, and Linguistics). [Em português, *Morfologia do Conto Maravilhoso*, Rio de Janeiro, Forense-Universitária, 1984.]
203. A. L. Kroeber, "Sinkyone Tales", *JAF*, 32:347, 1919; James A. Teit, "Kaska Tales", *JAF*, 30:441, 1917; Manuel J. Andrade, *Quileute Texts*, New York, 1931, vol. 12, p. 85 (Columbia University Contributions to Anthropology).

tas vezes aparece na conclusão do conto. "E assim foi obtido fogo na terra..." "Desde então o mundo tem dia e noite"[204].

Um exemplo típico de um conto constituído exclusivamente dos dois motivemas nucleares é uma versão malecite de "A Liberação de Água Represada" ("The Release of Impounded Water", Wycoco 304). Neste conto, um monstro mantém represada toda a água do mundo (C). Um herói mata o monstro e, por este ato, solta a água (RC)[205]. De modo análogo, no Texto-amostra 1 (cf. acima, p. 22), as pessoas não têm olhos nem bocas (C) até que o Coiote lhes dá esses órgãos (RC).

A importância fundamental dos dois motivemas: Carência e Reparação da Carência não diminui mesmo quando aparecem motivemas intermediários entre C e RC. É verdade que, na maioria dos contos baseados na seqüência nuclear bimotivêmica, aparecem motivos interpostos, mas não em número ilimitado. Ocorrem talvez apenas três combinações alternativas principais de motivemas mediais. São elas: 1) *Tarefa* (ou prova), simbolizada por T e a *Realização da Tarefa*, representado por RT (cf. as funções 25 e 26 de Propp); 2) *Interdição*, simbolizada por "Int", e *Violação*, representada por "Viol" (cf. as funções 2 e 3 de Propp); e 3) *Ardil* abreviado para "Ard", e *Engano* abreviado para "Eng" (cf. as funções 6 e 7 de Propp). A seqüência Tarefa/Realização da Tarefa ocorre com menor freqüência que as seqüências Interdição/Violação e Ardil/Engano; por isso, não será discutida em detalhe.

Um exemplo de como a seqüência Tarefa/Realização da Tarefa pode inserir-se num conto nuclear bimotivêmico é a versão do "Mergulhador de Terras" (cf. o Texto-amostra 2, acima, p. 22). A terra se perdeu (C); é dada um tarefa, geralmente pelo herói da cultura, a um animal ou pássaro para mergulhar à procura de lama (T); depois de vários fracassos ou de várias tentativas de outros, um animal ou ave consegue trazer lama (RT); a terra é restaurada ou criada (RC).

204. Kroeber, *op. cit.*, p. 347; Andrade, *op. cit.*, p. 89.
205. Frank G. Speck, "Malecite Tales", *JAF*, 30:480-481, 1917.

Um exemplo da seqüência Interdição/Violação no conto nuclear bimotivêmico é o "Roubo da Noite" (cf. Texto-amostra 3, acima, p. 22). Não existia noite (C) porque ela estava guardada num saco que fora confiado ao Coiote. Este é advertido a não abrir o saco (Int), mas ele o abriu (Viol) e soltou a noite (RC).

Um exemplo da seqüência Ardil/Engano, que ocorre dentro da estrutura nuclear bimotivêmica, é o conto da Raposa e da Foca (cf. Texto-amostra 4, acima, p. 22). A Raposa quer comer a Foca (C). Ela finge prantear os mortos sentada na beira de um precipício (Ard) e a Foca, acreditando que a Raposa está sendo sincera, junta-se a ela (Eng). A Raposa empurra a Foca no precipício e a devora (RC).

Antes de concluir este breve exame da seqüência nuclear bimotivêmica, gostaria de lembrar que, em alguns casos, a carência inicial (C) não é enunciada como dada, mas é provocada por alguma ação feita no conto. Por exemplo, um dano ou um rapto podem criar uma carência, se uma já não estiver presente (cf. acima, pp. 83-84). Nos contos que falam de objetos acumulados, usualmente a carência é expressa; alguns indivíduos têm posse exclusiva das marés, do sol, ou de caça. Mas, em outros contos, a carência origina-se da ação narrada. Em "O Sol Preso na Armadilha" ("The Sun-Snarer", Wycoco 25), por exemplo, um rapaz apanha o sol numa armadilha, o que provoca ou escuridão (isto é, a *carência* de luz), ou uma condição de calor excessivo (C). A tarefa de libertar o sol é enunciada (T) e um animal, geralmente um camundongo, consegue realizá-la (RT). A luz surge novamente, ou o calor excessivo é eliminado (RC). De forma bastante interessante, Luomala, em seu estudo exaustivo de vinte e seis versões deste conto conhecidíssimo, encontradas entre os indígenas norte-americanos, observa que, em alguns exemplos, o motivo que levou o rapaz a apanhar o sol na armadilha é que havia escassez de luz, enquanto que, numa variante montagnais, essa ação foi induzida por uma queixa de que havia muito sol[206]. Nestes exemplos, a tentativa de eliminar um estado

---

206. Katharine Luomala, *Oceanic, American Indian, and African*

de desequilíbrio causa um outro. Temos aqui mais uma confirmação de que "demasiado" e "muito pouco" são morfologicamente equivalentes.

Tanto a seqüência motivêmica Interdição/Violação quanto a Ardil/Engano serão examinadas com maiores detalhes nas páginas seguintes: a seqüência Interdição/Violação por ser realmente um padrão motivêmico independente e a Ardil/Engano por ser a forma mais comum do padrão nuclear bimotivêmico.

A seqüência tetramotivêmica: interdição/violação

Um dos padrões estruturais que mais aparecem nos contos populares dos índios norte-americanos é a seqüência tetramotivêmica constituída por Interdição, Violação, Conseqüência (abreviada para "Conseq") e uma Tentativa de Fuga da Conseqüência (representada por TF). As tramas baseadas nesse padrão incluem um mínimo de Violação e Conseqüência. A razão disso é que a Interdição pode estar implícita em vez de abertamente declarada, como Propp obervou em seu estudo dos contos de fada russos (cf. acima, p. 85). Além disso, já que é possível um conto terminar com a Conseqüência, o motivema Tentativa de Fuga se torna opcional. Com relação ao último motivema, tanto pode levar ao sucesso quanto ao fracasso. A presença desse quarto motivema, Tentativa de Fuga, pode estar associada a uma tendência cultural. O sucesso ou o fracasso na fuga também pode ser explicado por este fator.

Já disse anteriormente, quando discuti a seqüência nuclear bimotivêmica, que a Interdição e a Violação podem ocorrer com motivemas interpostos. Esta situação resulta do fato de um tipo de Conseqüência ser uma Carência ou Reparação da Carência (cf. abaixo, p. 134). No Texto-amostra 1, por exemplo, a libertação da noite encerrada num saco é a Conseqüência da violação de uma Interdição. Contudo,

Myths of Snaring the Sun, Honolulu, 1940, p. 46 (Bernice P. Bishop Museum Bulletin 168).

neste conto a Conseqüência funciona também como a reparação da carência inicial de trevas.

Existem contos também em que a Conseqüência é uma forma de Carência. Já comentei que muitos contos começam com um estado de desequilíbrio, mas que em outros o desequilíbrio não é "dado". Uma das formas mais freqüentes de provocar o desequilíbrio é a violação de uma interdição. Uma violação pode conduzir a um estado de carência ou de abundância. Em outras palavras, um tipo de Conseqüência é um estado de carência ou de abundância. As interdições, e os tabus em geral, são freqüentemente regulamentos destinados a manter o universo em equilíbrio. A violação de uma interdição ou tabu perturba o equilíbrio, causando um estado de desequilíbrio que perdura até que o efeito conseqüente seja anulado, eliminado ou evitado. A provocação do desequilíbrio pela violação de uma interdição pode ser ilustrada pelo exame de outra versão do conto "Mergulhador de Terras".

Num conto dos upper-chehalis, o Tordo se recusa a lavar a cara suja. Quando é solicitado a fazê-lo, o Tordo responde: "Se eu lavar minha cara, alguma coisa acontecerá" (Int). Depois de cinco pedidos reiterados para que a lave — cinco é o número místico dos upper-chehalis — o Tordo finalmente consente em lavar a cara (Viol). Assim que ele termina, começa a chover pesado, até que a água finalmente sobe e cobre tudo (Conseq). O rato almiscarado mergulha quatro vezes e recolhe lixo com que faz uma montanha (RT). O conto termina com um motivo explicativo: "Quando o Tordo lavou a cara, o branco apareceu. É por isso que ele tem riscos na cara"[207]. Este conto difere do Texto-amostra 2 (acima, p. 22), porque a inundação não é dada, mas é causada por desobediência do Tordo. Num conto sarcee, a inundação é um castigo pelo assassínio de dois jovens, enquanto um conto blackfoot relata como a inundação é causada pelo assassínio de um bebê-fungo. Nos dois contos,

---

207. Thelma Adamson, *Folk-Tales of the Coast Salish*, MAFS 27, New York, 1934, pp. 1-2.

um mergulhador de terras fornece o meio de restaurar o equilíbrio que fora perdido por causa de um assassínio[208].

É extremamente importante observar, no entanto, que a seqüência motivêmica Interdição/Violação *ocorre por si mesma*, independentemente da seqüência motivêmica nuclear. Mesmo quando a seqüência Interdição/Violação se interpõe entre C e RC em contos de motivema nuclear, muitas vezes é distinguível dos dois motivemas nucleares. Num conto lillooet, por exemplo, um chefe pede a seu genro que apanhe salmão (C). No entanto, o genro é advertido a não molestar o primeiro salmão (Int). Quando o salmão aparece, o jovem ansioso agarra o primeiro (Viol), mas o peixe o puxa para debaixo d'água (Conseq). Os amigos do rapaz não conseguem salvá-lo, mas sua esposa mergulha com uma faca de concha e salva-o (TF). Logo depois, muitos salmões aparecem e muitos são pescados (RC)[209]. Adiante, depois de alguns exemplos citados, talvez se torne mais evidente a independência da seqüência tetramotivêmica Interdição/Violação enquanto padrão distinto da seqüência motivêmica nuclear.

O núcleo do padrão é a desobediência, e já foi observado que em contos deste padrão motivêmico estão sempre presentes Violação e Conseqüência. A desobediência a uma instrução é, como se sabe, um elemento freqüente nos contos populares do mundo inteiro. Além disso, já faz algum tempo que foi identificada a presença deste elemento nos contos populares dos índios norte-americanos. C. Staniland Wake registrou vários exemplos em 1904 e, dez anos mais tarde, Alanson Skinner relacionou-o como um dos ''conceitos'' primordiais do folclore algonquino: ''Violação de um tabu — Um conhecido de um homem adverte-o a não fazer determinada coisa; ele desobedece e é castigado, sen-

---

208. S. C. Simms, "Traditions of the Sarcee Indians", *JAF*, 17:180, 1904; Clark Wissler & D. C. Duvall, "Mythology of the Blackfoot Indians", *Anthropological Papers of the American Museum of Natural History*, 2:19, 1908.

209. James Teit, "Traditions of the Lillooet of British Columbia", *JAF*, 25:320, 1912.

do muitas vezes transformado num animal". Um comentário mais recente é o feito por Gladys Reichard, em sua discussão das diferentes motivações de entrecho em materiais mitológicos dos coeur-d'alenes: "Dessas a mais proeminente é o castigo. Alguém ofende ou de propósito ou inadvertidamente e deve ser castigado". Já em 1905, J. A. MacCulloch havia sugerido uma razão para a ocorrência de violações de tabu em contos indígenas norte-americanos, quando disse: "Esses contos que descrevem a quebra de um tabu são éticos porque servem para mostrar os perigos da desobediência, especialmente se o tabu afetar a conduta moral"[210]. Contudo, aparentemente nenhum autor compreendeu que o tema da desobediência é a base de uma forma transcultural disseminada que se manifesta numa grande variedade de conteúdos monoculturais. Vários contos indígenas norte-americanos serão citados, contos que, embora não tenham qualquer relação *histórica* e *genética* entre si, possuem todos um padrão motivêmico idêntico.

Embora o padrão se constitua de Interdição, Violação, Conseqüência e Tentativa de Fuga, pode aparecer, além disso, um motivo explicativo (simbolizado por Mot Explic), que serve como um indicador terminal. Antes de citar os contos, quero chamar a atenção para o papel não-estrutural dos motivos explicativos. É interessante que, embora Waterman, em seu extenso estudo do assunto, tenha demonstrado conclusivamente que os motivos explicativos eram elementos ocasionais e gratuitos, juntados aleatoriamente aos contos populares, ele não percebeu a sua freqüência na posição final. Num resumo, em forma de tabela, de várias versões do conto "Marido-Cachorro", Waterman mostrou que os motivos explicativos podiam aparecer em diferentes estágios do conto. Nas suas palavras, "a irregularidade do

210. C. Staniland Wake, "Traits of an Ancient Egyptian Folk-Tale, Compared with Those of Aboriginal American Tales", *JAF*, 17:257, 1904; Alanson Skinner, "Some Aspects of the Folk-lore of the Central Algonkin", *JAF*, 27:99, 1914; Gladys A. Reichard, *An Analysis of Coeur d'Alene Indian Myths*, MAFS 41, Philadelphia, 1947, p. 13; J. A. MacCulloch, *The Childhood of Fiction*, London, 1905, p. 12.

local de ocorrência, em relação aos outros incidentes do conto, é tão perceptível quanto as inconsistências nas próprias explicações"[211]. Mas, das vinte versões tabuladas do conto "Marido-Cachorro", dezesseis têm motivos explicativos e, deste total, quatorze apresentam esse motivo *no final do conto*. Na verdade, vários antropólogos notaram que os motivos explicativos ou as transformações ocorrem no final dos contos. Kroeber, num artigo de 1899 sobre os contos de animais entre os esquimós, observou que, "em muitos casos, a transformação no final do conto não tem qualquer conexão com os acontecimentos anteriores". Radin, que se interessou particularmente pelos aspectos estilísticos do folclore, fez o seguinte comentário: "Por mais que seja uma peculiaridade estilística, é importante observar, tanto em relação aos contos dos winnebagos quanto aos mitos e contos dos ojibwas e dos omahas orientais, a tendência a finalizar ou com alguma forma explicativa, ou com a identificação dos atores a animais ou seres celestes". Goldfrank notou igualmente, nos contos dos isletas, que os motivos explicativos apareciam principalmente como "declarações finais". Mais recentemente, Gayton e Newman observaram o fato de que, entre os yokuts e os monas ocidentais, o episódio de "transformação em animal" serve de incidente de encerramento ou "coda literária"[212]. Examinando todos esses registros regionais, pode-se dizer com alguma certeza que a característica geral dos contos indígenas norte-americanos é o motivo explicativo final. (Ao afirmar isto, não estou obviamente sugerindo que *todos* os motivos explicativos serão encontrados no final dos contos. Muitos desses contos estão cheios aqui e ali de motivos explicativos.) Nos contos tradicionais, o motivo explicativo é um elemento opcional não-estrutural. Sua função usual é assinalar o término

211. T. T. Waterman, "The Explanatory Element in the Folk-Tales of the North-American Indians", *JAF*, 27:27, 1914.
212. A. L. Kroeber, "Animal Tales of the Eskimo", *JAF*, 12:18, 1899; Paul Radin, "Literary Aspects of Winnebago Mythology", *JAF*, 39:19, 1926; Esther Schiff Goldfrank, "Isleta Variants: A Study in Flexibility", *JAF*, 39:73, 1926; A. H. Gayton & Stanley S. Newman, "Yokuts and Western Mona Myths", *Anthropological Records*, 5:10, 11, 1940.

de um conto, ou de um segmento de um conto mais longo. A estrutura global de um conto *não* é afetada por sua presença ou ausência.

Os contos mostrados a seguir são exemplos da seqüência motivêmica Interdição/Violação. Num conto dos swampy crees, um garotinho é advertido por sua irmã a não atirar num esquilo quando ele estiver perto d'água (Int). O garotinho atira num esquilo próximo da água (Viol) e, ao tentar recuperar sua flecha que havia caído no rio, é engolido por um peixe (Conseq). Contudo, o peixe é dirigido para o local onde a irmã está pescando. Ela o captura, abre-o e liberta o irmão (TF). A variedade de alomotivos para os dois primeiros motivemas deste conto é revelada por comparação com um conto lillooet. Alguns garotos que saíram para pescar chamam zombeteiramente por uma baleia. Um ancião os advertiu a que não a chamassem, porque isto provocaria o aparecimento de uma baleia que os engoliria (Int). Os garotos riram do ancião e continuaram a chamar (Viol). A baleia vem e engole os garotos (Conseq). O ancião, que também foi engolido, corta o coração da baleia e a conduz para uma praia determinada. Encalhando na praia, a baleia é aberta pelas pessoas e os garotos são salvos (TF). Contudo, todos estavam calvos e é "por isso que as pessoas ficam calvas atualmente" (Mot Explic)[213].

Num conto onondaga (Wycoco 56), que também existe em outras culturas (esquimós, nas tribos das Planícies e das Florestas), um grupo de crianças é advertido a parar de dançar (Int). As crianças se recusam (Viol) e são transportadas para o céu (Conseq) onde se transformam nas Plêiades (Mot Explic). Num conto seneca, o sete-estrelo são sete irmãs que desobedeceram a uma proibição de se aproximarem de uma fonte mágica[214]. Num conto laguna (cf. o Texto-amostra 5, acima, p. 23), uma menina desobedece às ordens da mãe

---

213. J. R. Cresswell, "Folk-Tales of the Swampy Cree of Northern Manitoba", *JAF*, 36:404, 1923; W. C. Elliott, "Lake Lillooet Tales", *JAF*, 44:177-178, 1931.
214. M. L. Skye, "The Seneca Legend of the Seven Stars", *Red Man*, 3:235, 1911.

(Int, Viol) e provoca uma inundação (Conseq). A menina e sua família tentam fugir, mas a menina se afoga (TF). Um conto de um grupo guerreiro ojibwa tem a mesma estrutura. Um chefe aconselha seus homens a não molestarem nenhum pássaro (Int). Um rapaz insensato tenta atirar em alguns (Viol). Trovões e relâmpagos irrompem e matam o rapaz. Além disso, o grupo guerreiro "perdeu todos os bravos que tinha, porque o rapaz insensato quebrou as leis ao tentar matar um pássaro" (Conseq). "Mas o chefe guerreiro foi salvo e trouxe para a tribo algumas escalpos" (TF)[215].

Em alguns contos, a violação é enfatizada pela ação de uma contrapersonagem específica que *não* viola uma interdição. Num conto arikara, o rapaz insensato come a carne de uma serpente, embora o filho do chefe o tenha advertido a não fazê-lo. Depois de comer a carne, o rapaz insensato se transforma aos poucos numa serpente. Numa variante arapaho, o rapaz insensato come um grande ovo de aligátor, apesar das advertências de um colega sensato. O rapaz se transforma num aligátor, mas nada acontece ao amigo[216]. No famoso conto kathlamet que Bartlett usou em suas experiências de psicologia, os incidentes que supostamente "não tinham ligação muito evidente" obedecem a um padrão semelhante. Um batalhão de fantasmas chega até dois homens e lhes ordena que os acompanhem. Um dos homens concorda em ir, enquanto o outro se nega a fazê-lo. O primeiro morre logo, mas o segundo sobrevive. A injunção feita pelos fantasmas é morfologicamente equivalente a uma interdição. Deve-se lembrar aqui a observação de Propp de que "uma ordem geralmente desempenha o papel da interdição" e que "uma injunção cumprida corresponde... a uma proibição violada"[217]. Não se trata de um sofisma verbal, pois uma interdição é realmente apenas uma injunção negativa.

---

215. Harlan I. Smith, "Some Ojibwa Myths and Traditions", *JAF*, 19:219-220, 1906.

216. George A. Dorsey, *Traditions of the Aribara*, Washington, 1904, pp. 79-90 (Carnegie Institution of Washington Publications n. 17); H. R. Voth, "Arapaho Tales", *JAF*, 25:47, 1912.

217. Franz Boas, *Kathlamet Texts*, Washington, 1901, pp. 182-186 (Bureau of American Ethnology Bulletin 26); Propp, p. 26.

Outro exemplo de seqüência motivêmica Interdição/Violação é dado por um conto ojibwa que narra como os quatro ventos foram criados (cf. Wycoco 1108). Neste conto, uma moça é advertida a nunca olhar para "o lugar onde o sol se deita" (Int). No entanto, certo dia, sozinha na floresta, enquanto urina, olha inadvertidamente para a direção errada (Viol) e, em conseqüência, fica grávida e morre ao dar à luz os quatro ventos (Conseq)[218].

Outro conto baseado no mesmo esquema motivêmico é "A Caçadora de Coelhos e o Gigante" ("The Rabbit-Huntress and the Giant", Wycoco 1006). Nas versões zunis deste conto, uma moça é advertida pelos pais a não caçar coelhos (Int). Mas a moça vai caçá-los (Viol). Segundo Benedict, a interdição se refere na verdade à pretensão da moça em querer assumir um papel de homem. De qualquer maneira, a conseqüência da violação é o aparecimento de um ameaçador monstro canibal com um apetite insaciável (Conseq). A moça é salva do monstro pelos gêmeos Ahaiyute que atuam como um *deus ex machina* (TF)[219]. Num conto da Costa Noroeste, um Lince é advertido por seu irmão mais velho, o Puma, a não falar nada (Int). O Lince não dá atenção à advertência do irmão e canta (Viol). Em muitas versões, o Lince faz um convite a todas as pessoas para uma refeição. Um ancião (ser perigoso) aparece e começa a devorar tudo o que encontra (Conseq). O Lince foge (TF) da criatura canibal por vários meios: ou seu irmão Puma mata o intruso faminto, ou uma fuga de transformação, ou mediante a ajuda do Trovão, que o auxilia a cruzar um rio, mas afoga o canibal perseguidor (Motivo R 246, Ponte de Crânios)[220].

Outro exemplo do mesmo padrão é encontrado num conto snohomish em que o Mergulhão adverte o Cervo a

218. Paul Radin e A. B. Reagan, "Ojibwa Myths and Tales", *JAF*, 41:106-108, 1928.
219. Frank Hamilton Cushing, *Zuni Folk Tales*, New York e London, 1901, pp. 297-309; Ruth Benedict, *Zuni Mythology*, New York, 1935, vol. I, p. 295 (Columbia University Contributions to Anthropology, vol. 21).
220. Thelma Adamson, *Folk-Tales of the Coast Salish*, MAFS 27, New York, 1934, pp. 64-70.

não cantar, porque isso atrairia os lobos (Int). O Cervo ignora as repetidas advertências do Mergulhão (Viol) e logo se aproxima uma canoa cheia de lobos (Conseq). O Cervo, amedrontado, não consegue pular para um lugar seguro e é devorado pelos lobos, enquanto o Mergulhão se refugia na água (TF)[221].

Num conto omaha, uma mulher que possui o dom de chamar os animais (Motivo D 2074) é advertida pelo irmão a não usar o seu poder em benefício de algum estranho (Int). Ictinike, o trapaceiro, aparece quando a mulher está sozinha e pede-lhe que chame os animais. Depois de relutar muito, a mulher finalmente concorda (Viol) e imediatamente surge um grande alce e a carrega (Conseq). Todavia, seu irmão mais jovem consegue salvá-la (TF). Num conto shawnee, mais ou menos semelhante, uma moça é advertida pelo irmão a não assar milho ou fazer pipoca (Int). Quando ele vai embora, a moça curiosa estala pipoca (Viol). Logo aparece um bando de cervos que começam a comer o milho. Depois, um cervo coloca a moça na galhada de um cervo grande, que a carrega para longe (Conseq). O irmão da moça salva a insensata (TF) e pune os cervos, cortando-lhes as caudas. Por isso, os cervos possuem cauda curta (Mot Explic)[222].

Outra série de contos com o mesmo padrão motivêmico emprega um tipo particular de violação. Consiste em ofender um animal ou um objeto. A conseqüência, na maioria das vezes, é uma perseguição pela parte ofendida. A natureza e gravidade deste tipo de ofensa está claramente explicada num conto tahltan, no qual o Corvo brinca com uma árvore e é quase morto quando ela cai. Depois, o Corvo diz: *"As pessoas não devem mexer ou brincar com árvores, com rochas, com caça, nem com qualquer outra coisa da natureza, porque estas coisas procurarão se vingar"*. O

---

221. Herman Haeberlin, "Mythology of Puget Sound", *JAF*, 37:420, 1924.
222. J. Owen Dorsey, *The Cegiha Language*, Washington, 1896, pp. 82-83 (Contributions to North American Ethnology, 6). O entrecho também é resumido em J. Owen Dorsey, "Nanibozhu in Siouan Mythology", *JAF*, 5:302, 1892; J. Spencer, "Shawnee Folk-Lore", *JAF*, 22:323-324, 1909.

conto ainda acrescenta: "É por isso que os índios tomam cuidado de não ofender qualquer coisa. Se fazem troça de uma árvore, podem ser feridos por uma árvore; se zombam da água, podem morrer afogados; se riem da neve, uma avalancha pode matá-los"[223].

Um dos exemplos clássicos desta variação do padrão é o conto "Pedra Rolante" (Wycoco 1167). O protagonista ofende uma rocha ao tomar de volta um presente (por exemplo, um manto) que lhe dera anteriormente, ou ao defecar sobre ela, e assim por diante (Viol). Em conseqüência disso, a rocha rola atrás dele numa clara perseguição (Conseq). O protagonista geralmente escapa pela intervenção providencial de animais amistosos (TF). Em contos semelhantes, um trapaceiro ofende o crânio de um búfalo, por chutá-lo ou defecar sobre ele (Wycoco 1167A).

Em muitos casos, a natureza particular da interdição parece ser um tanto arbitrária. Por exemplo, o Coiote é advertido a não fazer uma aljava de pele de urso (Int). Quando a faz (Viol), a aljava ganha vida e o persegue (Conseq). Numa versão apache, a aljava de pele de urso se transforma num urso. No entanto, o Coiote consegue fugir de seu perseguidor (TF). Num outro conto apache, o Coiote é advertido pelo Urso a não comer bagas silvestres (Int), porque elas fazem o comedor pular cada vez mais alto, acabando por adoecer. O Coiote come as bagas silvestres (Viol) e pula para cima e para baixo durante um longo tempo (Conseq), mas finalmente se recupera (TF)[224].

Num conto tlingit, a ofensa na verdade é leve. "Certa vez, alguns meninos puxaram uma alga que se deixava levar pela água de um lado de sua canoa e colocaram-na do outro lado. Estavam quase no verão, mas, por terem feito isso, veio o inverno e a neve se acumulou bem alto na frente das casas, de modo que as pessoas começaram a ter neces-

---

223. James A. Teit, "Tahltan Tales", *JAF*, 32:209-210, 1919.
224. Para as versões apaches do conto da aljava de pele de urso (Wycoco 1166) e o conto das bagas silvestres tabu, cf. Morris Edward Opler, *Myths and Tales of the Chiricahua Apache Indians*, MAFS 37, New York, 1942, pp. 69-71.

sidade de alimento.'' É digno de nota que neste conto apareçam somente os motivemas Violação e Conseqüência. O motivema Interdição é compreendido a partir do contexto e não há nenhuma tentativa de fugir das conseqüências. Por isso, é interessante examinar um conto semelhante dos kathlamets. Neste último, o povo de uma aldeia é proibido de brincar com seus excrementos (Int). Um menino mau brinca com seu excremento (Viol) e na noite seguinte cai neve. O inverno vem para ficar permanentemente, e as pessoas começam a morrer de fome (Conseq). Contudo, neste conto kathlamet, as pessoas escapam das conseqüências deixando o menino no gelo, onde morre. Com sua morte, o gelo e a neve começam a derreter e o bom tempo prevalece mais uma vez (TF)[225]. É conveniente observar a considerável diferença entre os dois alomotivos do motivema Violação: passar a alga de um lado para o outro da canoa e brincar com os próprios excrementos. Alguns outros alomotivos do motivema Violação deste conto incluem: uma moça que fere um pássaro, duas mulheres que fazem observações indevidas sobre comida, um menino que zomba de uma planta marinha etc.[226] Observem que a estrutura motivêmica não é afetada pelos alomotivos específicos encontrados em qualquer versão.

Além das formas de violação: ofender um animal ou um objeto, existe também a forma do roubo. Roubar é uma violação e desencadeia freqüentemente uma perseguição. No conto sobre o roubo do fogo (Wycoco 262) ou do sol (Wycoco 24), os donos originais freqüentemente perseguem o ladrão-herói. A tentativa de escapar dos perseguidores é mais comumente um destes dois alomotivos: o ladrão-herói

---

225. John R. Swanton, *Tlingit Myths and Texts*, Washington, 1909, p. 43 (Bureau of American Ethnology Bulletin 39); Franz Boas, *Kathlamet Texts*, Washington, 1901, pp. 216-220 (Bureau of American Ethnology Bulletin 26).

226. Para o último destes alomotivos, cf. James A. Teit, "Tahltan Tales", *JAF*, 34:234, 1921; para mais alguns exemplos, cf. Franz Boas, *Tsimshian Mythology*, Washington, 1916, p. 830 (Thirty-First Annual Report of the Bureau of American Ethnology). Cf. também Motivo D 2145.1.1.

derrota seus perseguidores ou o objeto precioso é passado de um animal para outro.

Poderíamos facilmente apresentar vários outros exemplos da seqüência motivêmica Interdição/Violação, mas isso não acrescentaria coisa alguma ao que já foi dito. O padrão parece bastante claro. Em vez disso, iremos examinar rapidamente uma outra seqüência motivêmica comum.

Outra seqüência tetramotivêmica: Ardil/Engano

Um dos meios mais comuns de eliminar uma carência é através do engano. Os contos deste padrão apresentam os seguintes motivemas: Carência, Ardil, Engano e Reparação da Carência. Como já foi mencionado acima (cf. acima, p. 84), o motivema Ardil corresponde à função 6 de Propp: "O antagonista tenta ludibriar sua vítima para apoderar-se dela ou de seus bens". O motivema Engano, por outro lado, equivale à função 7 de Propp: "A vítima se deixa enganar, ajudando assim, involuntariamente, seu inimigo". Embora Propp considere que o ardil é sobretudo a obra de um vilão, não há dúvida de que é empregado muitas vezes por heróis. Como Klapp observou: "O ardil é, de fato, um recurso inestimável do herói astuto"[227]. Evidentemente, a análise de Propp se referia aos contos de fada russos, que, como muitos contos indo-europeus, contêm elementos do tradicional dualismo entre bem e mal, entre herói e vilão. Nos contos indígenas norte-americanos este dualismo como tal não aparece como regra. Infelizmente, os compiladores etnocêntricos dos contos indígenas sempre tendem a introduzir neles um dualismo tradicional. Este tipo de erro foi denunciado por Brinton já em 1868[228]. Mas ainda existem muitos estudiosos do folclore indígena dos Estados Unidos que se deixam perturbar com o fato de as personagens dos contos tradicionais não serem boas nem más, mas, ao invés, uma curiosa mistura de ambos.

227. Orrin E. Klapp, "The Clever Hero", *JAF*, 67:25, 1954.
228. Daniel G. Brinton, *The Myths of the New World*, New York, 1868, pp. 58-59.

Um dos melhores exemplos desta seqüência de motivemas é dado pelo conto em que um trapaceiro se finge de morto a fim de capturar uma caça (Wycoco 1351, Motivo K 751). O trapaceiro deseja alguma caça; por exemplo, um guaxinim deseja alguns lagostins (C). O guaxinim finge-se de morto (Ard) e os lagostins acreditam erroneamente que ele esteja morto (Eng). O guaxinim, depois de esperar algum tempo, ataca de repente os lagostins e captura a grande maioria deles (RC)[229].

Como Propp observou, o ato de enganar geralmente implica a utilização de um disfarce pelo enganador[230]. Nos contos indígenas norte-americanos, como em muitos contos europeus, o herói muitas vezes se transforma a fim de ludibriar sua vítima. Num conto quileute, um herói solteiro deseja uma esposa (C), mas nenhuma mulher o quer. Ele se transforma numa criancinha e fica esperando numa estrada (Ard). Duas jovens passam ali por acaso, sentem pena da criança que está chorando e levam-na para casa (Eng). Depois que as mulheres dormem com a criança, o herói reassume sua forma original e se casa com elas (RC)[231].

A transformação do herói em criancinha ou bebê é uma forma muito comum de ardil. Por exemplo, numa versão coeur-d'alene de "A Libertação dos Peixes Presos" ("The Release of Hoarded Fishes", Wycoco 252), quatro mulheres constroem uma barragem no rio Columbia por meio da qual aprisionam muitos salmões (C). O Coiote, transformando-se numa criança (Ard), tem acesso à casa das mulheres, por quem é adotado (Eng). Ele destrói a barragem, libertando os salmões. "Com isto o Coiote beneficiou seu povo. Até então, as tribos do interior não tinham salmão" (RC)[232].

229. Para exemplos deste conto, cf. J. Owen Dorsey, "The Myths of the Raccoon and the Crawfish Among the Dakotah Tribes", *The American Antiquarian and Oriental Journal*, 6:237-240, 1884.
230. Propp, p. 27.
231. Albert B. Reagan e L. V. W. Walters, "Tales from the Hoh and Quileute", *JAF*, 46:309-310, 1933.
232. Franz Boas (ed.), *Folk-Tales of Salishan and Sahantin Tribes*, MAFS 11, New York, 1917, p. 121.

Talvez fosse conveniente elucidar nesse momento a distinção entre a uniformidade e estabilidade da estrutura, em contraposição à variabilidade de conteúdo. Estudiosos mais antigos, percebendo que alguns elementos, como a transformação de um trapaceiro em criancinha, podem ocorrer em vários contos indígenas norte-americanos destituídos de qualquer relação histórica entre si, sustentaram que os contos ameríndios não passavam de acréscimos ou combinações casuais de motivos. Para Boas, existia "pouca coesão entre os elementos constituintes"; enquanto que, para Foster, os contos eram "uma combinação mais ou menos fortuita de episódios"; e Gunther comparou a construção de um conto indígena norte-americano com a imagem da bola de neve, "que rola e cresce cada vez mais enquanto corre"[233]. Contudo, da perspectiva fornecida pela abordagem estrutural, fica evidente que *a variabilidade dos motivos não altera a constância da estrutura motivêmica*. A seqüência Carência, Ardil, Engano e Reparação da Carência pode ser percebida independentemente do alomotivo específico do motivema Ardil. A forma do ardil pode ser a transformação do trapaceiro em criança ou a atuação de um companheiro animal em distrair o dono de um objeto para que o trapaceiro possa roubá-lo. Existe muita coesão entre os componentes motivêmicos, ao contrário do que acontece entre os motivos. Além disso, a quantidade comparativamente pequena de seqüências estruturais de motivemas encontradas nesses contos indígenas desmente a teoria casualista da "combinação fortuita". Outros exemplos da seqüência motivêmica Ardil/Engano podem ajudar a esclarecer a uniformidade e estabilidade da estrutura, em comparação com a variabilidade de conteúdo.

O popular conto dos "Dançadores de Olhos Vendados" ("Hoodwinked Dancers", Wycoco 1251, Motivo K 826), além de exemplificar a seqüência Ardil/Engano, demonstra também o que Propp denominou assimilação ou duplos sen-

---

233. Franz Boas, *Tsimshian Mythology*, p. 878; George M. Foster, "Some Characteristics of Mexican Indian Folklore", *JAF*, 58:235, 1945; Erna Gunther, "Accretion in the Folktales of the American Indians", *Folk-Lore*, 38:54, 1927.

tidos morfológicos para motivemas isolados[234]. Neste conto, o trapaceiro deseja apanhar patos ou marmotas (C). Ele ordena às vítimas que fechem os olhos enquanto dançam ao som de seu canto (Ard). Elas o fazem (Eng) e, quando passam em fila diante dele, o trapaceiro mata cada um com uma pancada na cabeça (RC). Este é um caso em que o trapaceiro age dentro do padrão Interdição/Violação. Em muitas versões, o trapaceiro diz às vítimas que, se não fecharem os olhos, lhes sucederá alguma coisa, por exemplo, seus olhos ficarão vermelhos ou inflamados para sempre. Podem dizer às vítimas que todos os que abrirem os olhos morrerão. Neste caso, se as vítimas tivessem violado a falsa interdição, poderiam ter-se salvado. Deve-se notar que esta injunção ou interdição falsa é apenas um tipo de engano, e não é um tipo muito comum. A transformação do herói, já discutida, é uma forma muito mais freqüente de ardil.

Num conto semelhante das Planícies, o Coiote quer comer carne de búfalo (C) e convence alguns búfalos a disputar uma corrida com ele. Os animais são instruídos a fechar os olhos quando chegarem a determinado local (que, na verdade, é a borda de um precipício ou rochedo). "Quando chegarmos ao lugar onde está o meu manto, todos nós fecharemos os olhos e veremos o quanto podemos correr com os olhos fechados" (Ard). Todos os búfalos fecham os olhos e pulam no precipício para a morte (Eng). O Coiote se banqueteia com carne de búfalo (RC). Acompanhando Thompson, Wycoco agrupa este conto com outro em que um pranto fingido resulta na queda de um incauto no precipício (Wycoco 1270, Motivo K 891.5.1). Em versões deste conto (cf. Texto-amostra 4, acima, p. 22) relatadas por Boas, o Corvo deseja comer o Cervo (C). Ele finge prantear o filho morto do Cervo ou seus ancestrais (Ard) e escolhe um precipício conveniente como local de seu pranto. O Cervo é enganado (Eng) e o Corvo o empurra para o precipício e o come (RC)[235]. No caso, não é importante se o conto do

234. Propp, p. 62.
235. S. C. Simms, *Traditions of the Crows*, Chicago, 1903, p. 285 (Field Columbian Museum Publication 85, Anthropological Series, vol. II,

pranto fingido ou o da corrida de búfalos são cognatos. O que importa é o fato de existirem alomotivos diferentes para os dois motivemas intermediários Ardil e Engano. São constantes os motivemas nucleares: carência de caça e eliminação dessa carência ao levar a vítima a cair num precipício. O motivema Ardil tanto pode ser expresso através de uma injunção a disputar uma corrida com olhos fechados ou a prantear os mortos. Culturalmente, levando em conta o conteúdo, pode ser significativo que, nas versões das Planícies, seja disputada uma corrida numa ribanceira íngreme, ao passo que nas versões da Costa Noroeste ocorra um pranto fingido na borda de um precipício.

Muitos outros exemplos da seqüência motivêmica Carência, Ardil, Engano, Reparação da Carência podem ser mostrados, mesmo que a carência específica seja carne de caça. Num conto arapaho, o trapaceiro insiste com os castores a que abandonem sua barragem e atravessem uma colina para irem a um riacho mais largo (Ard). Os castores seguem o conselho (Eng) e, quando estão bem longe da água, são todos mortos e comidos pelo trapaceiro (RC). Num conto dos iowas, o Gambá finge-se de morto (Ard) e o Búfalo, acreditando que ele tenha morrido, é persuadido pela esposa do Gambá a fazer a despedida final do falecido beijando-lhe as nádegas (Eng). O Gambá solta seu eflúvio que mata o Búfalo e provê assim sua família com grande quantidade de carne (RC)[236].

Estes exemplos seriam suficientes para demonstrar a natureza da seqüência motivêmica Ardil/Engano. Não se deve esquecer que minha intenção não é fornecer uma lista

---

n. 6). Cf. também George A. Dorsey, *Traditions of the Arikara*, Washington, 1904, pp. 141-142 (Carnegie Institution of Washington Publication Nº 17), e Robert H. Lowie, "Myths and Traditions of the Crow Indians", *Anthropological Papers of the American Museum of Natural History, 25, Part I*, New York, 1918, p. 19. Para as versões da Costa Noroeste, cf. Franz Boas, *Tsimshian Mythology*, p. 704.

236. George A. Dorsey e Alfred L. Kroeber, *Traditions of the Arapaho*, Chicago, 1903, p. 58 (Field Columbia Museum Publication 81, Anthropological Series, vol. V). Alanson Skinner, "Traditions of the Iowa Indians", *JAF*, 38:479, 1925.

exaustiva com todos os exemplos de um padrão motivêmico específico. Meu objetivo se limita a oferecer provas suficientes em apoio à tese de que os contos tradicionais dos índios norte-americanos são padronizados e, mais especificamente, ilustrar as características estruturais de alguns dos padrões mais difundidos.

Uma combinação de seis motivemas

Depois de descrever a seqüência motivêmica nuclear da Carência e Reparação da Carência; o padrão tetramotivêmico de Interdição, Violação, Conseqüência e Tentativa de Fuga; e a seqüência tetramotivêmica Carência, Ardil, Engano e Reparação da Carência, podemos demonstrar como estas seqüências motivêmicas se combinam para formar contos mais complexos. Já foi mostrado que contos simples podem ser constituídos por apenas um dos padrões motivêmicos. Em outras palavras, estas seqüências motivêmicas são os menores contos tradicionais. Um conto tradicional pode ser definido como uma ou mais seqüências motivêmicas. Um conto tradicional dos índios norte-americanos pode consistir apenas de Carência e Reparação da Carência. Do mesmo modo, um conto pode constituir-se de Violação e Conseqüência. Neste caso, é possível que esteja presente uma interdição, mesmo que não seja declarada explicitamente. É possível que um conto conclua com a conseqüência, isto é, sem a manifestação de qualquer esforço para fugir da conseqüência. No entanto, muitos contos indígenas norte-americanos, estruturalmente, podem ser melhor definidos como combinações de padrões motivêmicos.

Uma dessas combinações mais populares constitui-se de uma seqüência nuclear inicial (Carência e Reparação da Carência), seguida da seqüência Interdição/Violação. É eliminada uma carência inicial e sobrévém provavelmente uma situação de abundância. Perde-se a abundância na maioria das vezes por causa de violação consciente ou inconsciente de uma interdição. Como foi mencionado anteriormente (cf. acima, p. 97), a perda de abundância está relacionada com a eliminação de uma carência. No conto indígena norte-americano "Orfeu" (Wycoco 1051), um homem perde a esposa (C), mas recupera-a ou pode recuperá-la (RC) se não violar um tabu (Int). Inevitavelmente, o homem quebra o tabu (Viol) e perde a esposa pela segunda vez (Conseq). Usualmente, os contos baseados nesta combinação de motivemas terminam com uma conseqüência. No conto "Orfeu", a estória geralmente termina com o fracasso do herói em resgatar a sua esposa do reino dos mortos. Hultkrantz, em seu exaustivo estudo do conto, chega a sugerir uma tradição de "final feliz", mas aduz como provas apenas dezesseis ou dezessete versões de um total de quase cento e vinte[237]. Naturalmente, o "final feliz" poderia significar a reparação bem-sucedida da carência inicial.

O que interessa no conto "Orfeu" é a variação do modo manifestacional do motivema Interdição. Entre os tabus mais comuns incluem-se o de olhar: Orfeu não deve voltar-se para olhar a esposa (Motivo C 300); o de abrir: Orfeu não deve abrir o receptáculo no qual a morta foi trazida de volta (Motivo C 321); o das relações sexuais (Motivo C 117); o do contato (Motivo C 500) etc.[238] Mais uma vez cabe observar que a variação alomotívica não afeta a estrutura motivêmica.

No seu estudo do conto "Orfeu", Hultkrantz procura distinguir a estória de Orfeu propriamente dita de outras narrativas "construídas segundo o padrão da tradição de Orfeu (ou segundo padrão análogo), mas que não contêm seus motivos característicos (ou seus motivos mais característicos)"[239]. Hultkrantz não compreende que "Orfeu" é apenas um exemplo, entre tantos outros, de um conto indígena baseado num padrão estrutural específico. As outras narrativas que Hultkrantz discute são todas basicamente semelhantes à de "Orfeu" tanto no conteúdo quanto na forma. Não cita nenhum conto que seja estruturalmente seme-

237. Åke Hultkrantz, *The North American Indian Orpheus Tradition*, Stockholm, 1957, p. 140 (Statens Etnografiska Museum, Monograph Series, Publication n. 2).
238. *Ibid.*, pp. 131-139.
239. *Ibid.*, p. 22.

lhante ao conto "Orfeu" mas que tenha um conteúdo completamente diverso, ou seja, contos que não encerrem motivos comuns como a estória de Orfeu. Um tipo de conto que Hultkrantz menciona é a "estória de revivificação".

As estórias de revivificação estão relacionadas com a ressurreição de uma pessoa morta, mas não possuem o elemento da viagem ao reino dos mortos. Por esta razão, Hultkrantz sustenta que tais contos não pertencem à categoria das narrativas de Orfeu[240]. Contudo, do ponto de vista estrutural, é evidente que as estórias de revivificação são morfologicamente idênticas à de Orfeu. Isto pode ser constatado se examinarmos o mesmo exemplo que Hultkrantz citou. Num conto lillooet, uma mulher morre (C), mas o seu fantasma continua a amamentar o filho. Seu marido rico contrata xamãs para capturar o fantasma e restaurar a vida da mulher. Os xamãs conseguem trazer a mulher de volta à vida (RC), mas advertem o marido a "cuidar da esposa e atribuir-lhe as tarefas gradativamente, porque levaria muito tempo até que ela voltasse a ser o que fora antes de morrer. Se ficasse excitada ou assustada de alguma maneira, poderia retroceder imediatamente ao estado de espírito" (Int). Entretanto, certo dia o marido dá a ela uma tarefa nova, e a mulher fica assustada (Viol). "Imediatamente, ela retornou ao estado de espírito, voltando a ser fantasma como antes" (Conseq)[241]. Estruturalmente, pode-se perceber que o motivo da viagem ao reino dos mortos para trazer de volta um ser amado (Motivo F 81.1) foi substituído pelo motivo da ressurreição por meio de um homem santo (E 121.5). De modo semelhante, a restrição à atribuição de tarefas novas é um alomotivo do mesmo motivema Interdição que é encontrado na trama de "Orfeu". A popularidade da seqüência motivêmica que fundamenta a estória de Orfeu se tornará mais óbvia através do exame de outros contos que encerram um conteúdo radicalmente diferente.

240. *Ibid.*, p. 23.
241. James Teit, "Traditions of the Lillooet Indians of British Columbia", *JAF*, 25:330, 1912; Hultkrantz, p. 165.

Se o leitor puder deixar de pensar em termos de conteúdo, verá que não importa se a perda inicial da esposa se dá por morte ou por rapto. Num conto blackfoot, uma cobra disfarçada de homem encontra uma mulher casada e bonita a quem passa a desejar para esposa (C). Ele a rapta (RC). No entanto, a mulher deseja voltar para casa (C). O homem-cobra consente que ela volte (RC), mas é proibida de dormir com o marido e advertida a nunca carregar carne ou madeira (Int). "Ora, certa vez em que a tribo matou um búfalo muito grande, ela se esqueceu da promessa e carregou um pouco de carne nas costas (Viol). Assim que pôs a carne no ombro, lembrou-se da interdição, jogou a carne no chão e correu para a sua cabana. Adoeceu imediatamente e morreu logo (Conseq)"[242]

Num conto cahuilla, uma mulher que foi raptada cai doente (C). Deixam-na voltar para casa (RC) sob a condição de que, durante um ano, não dissesse a ninguém onde estivera (Int). Contudo, quando chegou em casa, antes de passar um ano, a mulher revela o segredo e morre (Conseq)[243]. Este tipo de estória é encontrado freqüentemente entre as tribos da Califórnia, mas o protagonista pode ser um homem. É claro que a estrutura não é afetada pelo fato de a pessoa desaparecida ser o marido em vez da mulher. Num conto luiseno, um homem entra numa nascente, mas após algum tempo começa a desejar estar em casa (C). Os donos da nascente informam que ele pode ir embora se prometer nunca dizer onde esteve (Int). Se revelar o segredo, uma cascavel o morderá imediatamente, causando-lhe a morte. O homem promete e logo em seguida está novamente em casa (RC). Sua esposa e seu irmão pedem que diga onde esteve, mas o homem se recusa. No entanto, sua esposa insiste tanto que ele acaba dizendo. Quando o faz (Viol), uma cascavel pica-o mortalmente (Conseq)[244].

242. Clark Wissler e D. C. Duvall, "Mythology of the Blackfoot Indians", *Anthropological Papers of the American Museum of Natural History*, 2, Part I, 1908, pp. 150-151.
243. David J. Woosley, "Cahuilla Tales", *JAF*, 21:239, 1908.
244. Constance Goddard Du Bois, "The Religion of the Luiseno In-

A interdição ao uso de certas palavras é muito comum. Muitas vezes as palavras-tabu se referem à origem de um cônjuge. Num conto relatado por Boas, por exemplo, o mais velho de dois irmãos desaparece (C). O irmão mais jovem encontra-o (RC) casado com uma mulher-nuvem. O irmão mais velho adverte o outro a nunca pronunciar a palavra "nuvem" na presença de sua esposa-nuvem (Int). A mulher-nuvem dá à luz um menino e uma menina. Um dia o menino diz: "Oh! mãe! Veja a nuvem em cima daquela montanha" (Viol). "Imediatamente a mulher começou a desvanecer..." (Conseq)[245]. Observem a pouca importância das personagens na estrutura deste conto. A interdição é dada ao irmão mais jovem de um homem, mas ela é violada por seu filho. Este conto, na verdade, é um exemplo de um grupo grande de contos que Stith Thompson reúne sob o título "Esposa sobrenatural ofendida" (Wycoco C 35). Nestes contos muitas vezes é proibido fazer referência à origem animal da esposa. O mesmo conto pode ser narrado com os papéis das personagens invertidos (Motivo C 421). Num conto malecite, uma mulher foi admirada e presumivelmente desejada por um cachorro (C). Naquela noite, o cachorro se transformou num homem e se casou com ela (RC). Contudo, o marido-cachorro advertiu a esposa a nunca se referir à sua origem (Int). "Durante um longo tempo, ela fez como ele disse, mas um dia ela viu alguns cachorros que corriam atrás de uma cadela no pátio da aldeia e perguntou ao marido se ele gostaria de ser um dos cachorros (Viol). 'Sim', ele respondeu, imediatamente se transformou de novo num cachorro e saiu correndo com os outros" (Conseq)[246].

Em muitos contos, a carência inicial é de comida. Num conto wintu, uma mulher e seu filho que saem à procura de comida (C) recebem de uma velha uma grande provisão

---

dians of Southern California", *University of California Publications in American Archaeology and Ethnology*, 8:155, 1908. Para uma outra versão luiseno, cf. P. S. Sparkamann, "A Luiseno Tale", *JAF*, 21:35-36, 1908.

245. Franz Boas, "Traditions of the Ts'est'a'ut", *JAF*, 9:265-267, 1896.

246. Frank G. Speck, "Malecite Tales", *JAF*, 30:482, 1917.

de bolotas (RC), mas são avisados a não levá-las para a casa de um ser humano, ou para perto de uma aldeia indígena (Int). A mulher segue as instruções e esconde as bolotas no bosque, mas por acaso uma delas cai no cesto do bebê e é levada inadvertidamente para uma casa onde alguém a descobre (Viol). Na manhã seguinte, a mulher e a criança são encontradas mortas (Conseq)[247].

No conto cheyenne "A Mulher de Capim-Amarelo até a Cabeça" ("Yellowtop-to-Head Woman") encontra-se uma versão mais longa e mais detalhada da mesma seqüência motivêmica. Havia uma grande aldeia, onde as pessoas não tinham o que comer (C). Dois chefes saíram para procurar comida. O chefe mais jovem é posto à prova por um doador, o Homem-Coiote, permanecendo imóvel num riacho sob o poder de uma serpente (T). O Homem-Coiote corta a serpente (RT) e dá ao chefe mais jovem um agente mágico, ou seja, sua filha como esposa. O casamento significa que a caça será abundante de novo (RC). Contudo, o Homem-Coiote adverte a filha a nunca manifestar simpatia por algum animal, ou dizer "Meu pobre animal" a um filhote de búfalo (Int). A mulher toma cuidado, mas um dia, ao ver alguns meninos maltratando um filhote de búfalo, manifesta o sentimento proibido (Viol). Todos os búfalos desaparecem imediatamente (Conseq). Esta situação desastrosa persiste por muito tempo, até que um herói cultural traz de volta os búfalos (TF)[248].

Quando se compara esse conto cheyenne da "Mulher de Capim-Amarelo até a Cabeça" com uma estória da Costa Noroeste, pode-se perceber como uma cultura específica determina o conteúdo dentro de uma forma transcultural. Poderia não ocorrer aos folcloristas tradicionais, muito mais interessados em contos de conteúdos cognatos e relacionados histórica e geneticamente, comparar o conto cheyenne com o da Costa Noroeste "Txä'msem e a Mulher-Salmão"

247. D. Demetracopoulou e Cora Du Bois, "A Study of Wintu Mithology", *JAF*, 45:424-429, 1932.
248. George Bird Grinnell, "Some Early Cheyenne Tales", *JAF*, 20:172-178, 1907.

("Txä'msem and the Salmon Woman"). Neste último conto, o herói encontra uma bela mulher a quem deseja desposar (C). Ele se casa com ela (RC) e descobre que a mulher controla os salmões. Mais tarde, ele insulta a esposa, usualmente fazendo alguma observação depreciativa sobre o salmão (Viol). A mulher e os salmões desaparecem (Conseq). Existem numerosos alomotivos do motivema Violação e, em diversas versões, o motivema Interdição, que na versão acima está implícito, é expresso abertamente no texto. Por exemplo, numa das versões bellacoolas, a Mulher-Salmão consente em se casar com o herói, sob a condição de que nunca olhe para outra mulher. Numa versão tlingit, o Corvo bate em sua esposa, quebrando uma promessa, e ela vai embora com todos os salmões[249]. Aliás, pode-se ver a falácia da asserção de Stern de que a equivalência funcional dos motivos depende muito mais da semelhança entre os motivos do que do entrecho (cf. acima, p. 39). Não existe qualquer semelhança específica entre motivos, como, por exemplo, mencionar o origem de uma mulher-salmão, bater numa esposa ou olhar para outra mulher, da mesma maneira como, em outro conto discutido anteriormente, há pouca ou nenhuma semelhança entre mudar um pedaço de alga de posição e brincar com excremento (cf. acima, pp. 111-112). O que torna esses motivos funcionalmente equivalentes, isto é, alomotivos, é o fato de serem manifestações de um e mesmo motivema, isto é, Violação. A equivalência funcional, portanto, depende mais da estrutura do entrecho do que da semelhança entre os motivos. Em qualquer caso, quando se compara o conto cheyenne com o da Costa Noroeste, percebe-se uma diferença significativa na natureza do elemento principal que é perdido pela violação de uma interdição. Nas Planícies, naturalmente é o búfalo, ao passo que na Costa Noroeste é o salmão. Deveria ser evidente que, numa ampla região geográfica, o mais provável é que a estrutura,

---

249. Franz Boas, *Tsimshian Mythology*, pp. 668-671; John R. Swanton, *Tlingit Myths and Texts*, Washington, 1909, p. 108 (Bureau of American Ethnology Bulletin 39).

e não o conteúdo, permaneça constante. No entanto, o conteúdo é estudado e a estrutura, não.

Poder-se-ia citar outros contos baseados no mesmo padrão motivêmico relacionados também com comida. Num conto relatado por Schoolcraft, o Espírito Bom manda milho do céu para a terra (RC). Os índios deviam cuidar do milho e cultivar apenas o estritamente necessário para o seu consumo (Int). Entretanto, um grupo de jovens miamis cultivou um imenso milharal e "a colheita foi tão grande que os jovens adultos e as crianças miamis ficaram indiferentes a ela... Os jovens adultos começaram a brincar com os sabugos de milho, jogavam-nos uns nos outros, e finalmente quebraram as espigas nos pés e brincaram com elas do mesmo modo que haviam feito com os sabugos" (Viol). Em conseqüência, quando os jovens saíam para caçar, invariavelmente não encontravam caça, resultando uma grande fome (Conseq)[250].

O padrão do entrecho mantém-se o mesmo, quer o objeto em falta seja comida, quer algo de origem celeste. Num conto do Sudoeste (Wycoco 353 B), Uretsete, a mãe dos índios, deseja fazer estrelas (C). Após ser aconselhada pelo criador, a Aranha, ela consegue fazer algumas (RC). Então entrega as estrelas num saco a um escaravelho, advertindo-o a não olhar dentro do saco (Int). Quando o escaravelho desobedeceu e abriu o saco (Viol), as estrelas desapareceram juntamente com os olhos cintilantes do escaravelho (Conseq). Uretsete achou que a cegueira do escaravelho era um castigo justo por sua desobediência, mas lhe

---

250. Henry R. Schoolcraft, *Information Respecting the History, Condition and Prospects of the Indian Tribes of the United States*, Philadelphia, 1856, Part V, pp. 193-195. A perda de um presente divino por violação de uma interdição é um padrão estrutural universal. Por exemplo, a validade de uma análise da estória do Jardim do Éden segundo nossas linhas estruturais é perceptível muito mais facilmente do que uma análise estrutural da mesma estória à maneira de Lévi-Strauss. A respeito desta última, cf. Edmund Leach, "Lévi-Strauss in the Garden of Eden: An Examination of Some Recent Developments in the Analysis of Myth", *Transactions of the New York Academy of Sciences*, Series II, 23:386-396, 1961.

concedeu dois tentáculos "para que pudesse sentir seu caminho" (TF)[251].

Um outro conto construído segundo o mesmo esquema motivêmico é "A Perna Pontuda" ("The Sharpened Leg", Wycoco 1199, Motivo J 2424). Um trapaceiro vê um homem com uma perna pontuda que consegue fincá-la contra uma árvore em dia quente, permanecendo assim na sombra fresca. O trapaceiro deseja o mesmo poder (C) e o recebe (RC), sob a condição de que o use não mais de quatro vezes (Int). Ele o utiliza com muita freqüência (Viol) e é deixado fincado numa árvore (Conseq).

Várias versões do conto "Prestidigitador de Olhos" (Wycoco 1176, J 2433) seguem também o mesmo padrão. O trapaceiro vê um homem atirar seus olhos para o ar e depois recolocá-los. O trapaceiro deseja ser capaz de fazer o mesmo (C). Ele obtém esse poder (RC), mas com uma restrição. Os olhos só podem ser atirados para o alto um certo número de vezes, por exemplo, quatro; ou não podem ser lançados muito alto, ou perto de árvores etc. (Int). O trapaceiro desobedece e perde os olhos (Conseq). A conseqüência neste caso constitui uma carência (C). Usualmente o trapaceiro consegue obter olhos substitutos ou, em algumas versões, recupera os seus próprios olhos (TF, RC). Entretanto, Elva Young Van Winkle, em seu estudo deste conto, verificou que em apenas 21 das 91 versões o herói era avisado a não fazer malabarismo com os olhos. Concluiu, portanto, que a advertência era uma peculiaridade reconhecível que aumentava o suspense, mas que a estória podia funcionar perfeitamente sem ela[252]. Ela descobriu que a perda dos olhos estava presente em todas as versões. Em suas palavras: "O fator comum a todos os 91 contos é que o herói deve de algum modo remover seus olhos e depois perdê-los, temporária ou permanentemente". Não se pode dei-

---

251. Father Noel Dumarest, "Notes on Cochiti, New Mexico", *Memoirs of the American Anthropological Association*, 6:227-228, 1919.
252. Elva Young Van Winkle, "The Eye-Juggler: A Tale Type Study", dissertação de mestrado (Indiana University, 1959), inédita, pp. 86-87.

xar de pensar na afirmação de Propp de que um elemento obrigatório em todos os contos de seu *corpus* era o dano ou a carência[253]. Van Winkle descobriu que em 27 casos, ou 30% de seu *corpus*, o trapaceiro recuperava os próprios olhos. Em 46 versões, um pouco acima de 50% do *corpus*, o trapaceiro recuperava a visão através da aquisição de olhos substitutos. Assim, em 80% do *corpus*, a visão do malabarista de olhos era restaurada. Constata-se aqui um exemplo da seqüência nuclear bimotivêmica: Carência e Reparação da Carência. Mostrei acima que a estória do "Mergulhador de Terras" pode constituir-se da carência de terra e da reparação da carência (a obtenção de terra). Por outro lado, também se viu que a carência inicial poderia ser causada pela violação de uma interdição, por exemplo, o Tordo lava sua cara (cf. acima, p. 103). Da mesma maneira, o conto "Prestidigitador de Olhos" pode ser ora uma seqüência motivêmica nuclear, ora um conto mais complexo em que a perda da visão é causada pela violação de uma interdição. Não se trata apenas de um subtipo particular de um conto particular, mas de uma questão de alternativas do padrão motivêmico estrutural geral. Este ponto é muito importante. Em outras palavras, um conto específico pode ser narrado num padrão escolhido dentre um número muito limitado de padrões estruturais. Essa quantidade limitada de padrões estruturais alternativos não vale apenas para um conto, mas para muitos contos. O "Mergulhador de Terras" pode conter apenas a seqüência Carência e Reparação da Carência. O "Prestidigitador de Olhos" também pode ser contado na forma de um conto nuclear bimotivêmico. Do mesmo modo, assim como o "Mergulhador de Terras" pode ser narrado com uma seqüência preliminar Interdição/Violação, o mesmo se pode fazer com o "Prestidigitador de Olhos". Somos tentados a conjecturar que qualquer conto baseado na seqüência nuclear bimotivêmica pode ser narrado com uma seqüência Interdição/Violação que causa a carência inicial.

253. Van Winkle, p. 93; Propp, p. 92.

Outro exemplo de combinação de seis motivemas que também revela as alternativas de um entrecho nuclear simples e uma seqüência motivêmica mais complexa é o conto em que um herói se contrapõe a uma águia predadora. Num conto montagnais, um menino é raptado por uma águia (C). Deve-se lembrar que o rapto como forma de dano é morfologicamente equivalente a um estado de carência (cf. acima, p. 83). Alguns meses depois, o menino agarra-se às pernas da águia quando ela sai voando do ninho, e a águia leva o menino de volta ao chão. O menino retorna para casa (RC). Num conto uintah ute, um homem é carregado por uma grande águia (C). No entanto, ele mata a águia e seu filhote e com as suas asas constrói um bote. Assim, volta para casa (RC). Neste exemplo, o conto se constitui dos motivemas nucleares mínimos Carência e Reparação da Carência. Contudo, no conto apache "O Ataque ao Pássaro Gigante" ("The Attack on the Giant Bird", Wycoco 971), o herói, depois de matar a águia, deseja descer do ninho (C). A Velha Mulher-Morcego concorda em descer o herói num cesto (RC), mas adverte-o a não abrir os olhos durante a descida (Int). Em muitas versões, o herói abre os olhos (Viol), fazendo com que ele e a Mulher-Morcego caiam de uma altura de cinqüenta ou sessenta metros (Conseq). Numa versão dos apaches de San Carlos, a velha é ressuscitada pelo "remédio de vida" do herói (TF)[254]. Pode-se ver que, embora haja uma seqüência nuclear mínima de rapto (C) e retorno (RC), os contos mais comuns e mais populares incluem também uma seqüência Interdição/Violação. Poder-se-ia lembrar que existem versões de "Orfeu" em que não

---

254. Frank G. Speck, "Montagnais and Naspaki Tales from the Labrador Peninsula", *JAF*, 38:9, 1925; J. Alden Mason, "Myths of the Uintah Utes", *JAF*, 23:318-319, 1910. Para as versões apaches típicas, cf. Morris Edward Opler, *Myths and Tales of the Chiricahua Apache Indians*, MAFS 37, New York, 1942, pp. 99-100; Grenville Goodwin, *Myths and Tales of the White Mountain Apache*, MAFS 33, New York, 1939, p. 15; e Pliny Earle Goddard, "Myths and Tales from the San Carlos Apache", *Anthropological Papers of the American Museum of Natural History*, 24, Part I, New York, 1918, p. 41.

ocorre tabu[255]. No entanto, está claro que a maioria das versões de "Orfeu" incluem a violação de uma interdição. Por outro lado, as versões do "Prestidigitador de Olhos" não incluem a violação de uma interdição. Isto sugere que a freqüência da ocorrência de um padrão alternativo variará conforme o conto.

Conquanto não seja a minha intenção fornecer uma lista exaustiva de todos os contos indígenas norte-americanos que se baseiam na seqüência de seis motivemas: Carência, Reparação da Carência, Interdição, Violação, Conseqüência e Tentativa de Fuga da conseqüência, serão dados vários exemplos com o objetivo de esclarecimento. Num conto muito conhecido de trapaceiro (Wycoco 1371), o protagonista deseja voar como os gansos (C). Os gansos lhe dão asas (RC), mas advertem-no a não abrir os olhos enquanto as tiver usando, ou a não olhar para baixo durante o vôo (Int). Quando o trapaceiro abre os olhos ou olha para baixo (Viol), cai imediatamente no solo (Conseq). Geralmente ele sobrevive à queda (TF). A tênue linha entre interdição e injunção é revelada por diferenças como a advertência ao trapaceiro para manter os olhos fechados ou para não os abrir. Como ilustrações da variação alomotívica, pode-se comparar a versão nez percé em que o Coiote é instruído a não cantar ou uma versão cree em que o trapaceiro é advertido a não voar sobre aldeias povoadas[256].

Este mesmo padrão é encontrado no Texto-amostra 6 (cf. acima, p. 23). É significativo que todos os motivemas estejam presentes apesar da extrema brevidade do conto. As pessoas preparam armadilhas para cervos (C) e cinco cervos são apanhados (RC). Ao cachorro não é permitido que fale (Int) mas, ao ser questionado, ele o faz (Viol). Todos morrem (Conseq), exceto uma pessoa que se arrasta para debaixo de alguma coisa (TF).

Como exemplo final da combinação de seis motivemas em discussão, mencionarei o conto zuni "A Menina e o

---

255. Hultkrantz, *op. cit.*, p. 139.
256. Herbert J. Spinden, "Myths of the Nez Percé Indians", *JAF*, 21:150, 1908; E. Ahenakew, "Cree Trickster Tales", *JAF*, 42:350-352, 1929.

Grilo" ("The Little Girl and the Cricket"). Uma menina descobre um grilo cantante e deseja levá-lo para casa (C). O grilo vai para casa com a menina (RC), mas adverte-a: "Você não pode me tocar ou fazer-me rir, porque, se você me tocar, ficarei tão ferido que posso morrer" (Int). No entanto, a menina quer brincar com o grilo e faz cócegas nele (Viol). O grilo explode e morre (Conseq)[257]. Para demonstrar como podem ocorrer conteúdos diferentes numa estrutura comum, podemos comparar este conto zuni com o "Orfeu", com que começamos a discussão da combinação de seis motivemas. Em forma de tabela, os dois contos se apresentam da seguinte forma:

Motivemas	Orfeu	A Menina e o Grilo
Carência	O homem quer trazer a esposa do reino dos mortos.	A menina quer trazer o grilo dos campos para casa.
Reparação da Carência	O homem o faz.	A menina o faz.
Interdição	O homem é advertido a não se voltar para trás.	A menina é advertida a não tocar no grilo.
Violação	O homem olha para trás.	A menina toca no grilo.
Conseqüência	A esposa morre.	O grilo morre.
Tentativa de Fuga	———	———

Conquanto possa haver uma considerável diferença estética entre estes dois contos tradicionais, parece não restar qualquer dúvida de que apresentam uma acentuada semelhança estrutural. Assim, embora os motivos sejam muito diferentes, os motivemas são idênticos.

1.5. A Estrutura de Contos mais Complexos e mais Extensos

Os esboços anteriores de várias seqüências motivêmicas mostram as características morfológicas de muitos contos tradicionais dos indígenas norte-americanos. É natural

257. Edward L. Handy, "Zuni Tales", *JAF*, 31:457-458, 1918.

que se queira saber até que ponto a presente análise morfológica se aplica a contos mais extensos e mais complexos. Embora o propósito deste estudo seja muito mais definir a morfologia de contos populares isolados do que a estrutura de quaisquer ciclos heróicos extensos, os dois problemas não deixam de ter alguma relação. Usualmente, os ciclos heróicos são constituídos de diversos contos distintos que, na realidade, ocorrem de forma independente. Como Reichard declarou em 1947, em sua análise dos mitos dos coeurs-d'alene, "ao discutir o entrecho, partirei da hipótese de que uma narrativa fluente, que pode ou não apresentar uma coesão interna, consiste de uma série de episódios, alguns dos quais podem existir independentemente da longa narrativa em que estão inseridos". Como seria de esperar, a opinião predominante é que os contos separados estão ligados entre si de forma casual, assim como se supunha que os contos individuais eram conglomerados ou justaposições aleatórias de motivos. Para citar Reichard mais uma vez: "É, no entanto, bastante comum encontrar enfileirados numa longa narrativa, que às vezes não apresentam muitos pontos aparentes, uma sucessão de episódios sem qualquer relação necessária entre si"[258]. Mesmo Dixon que, em seu estudo da mitologia maidu, sustentava que "o conjunto todo de mitos dessa tribo não constitui uma massa desordenada, mas, antes, uma série coerente de contos que se seguem uns aos outros numa seqüência fixa e definida", não explicou em detalhes como a série acabou por tornar-se coerente[259]. Ajudados pelas idéias aduzidas pela análise morfológica dos contos individuais separados, podemos voltar-nos com proveito para alguns dos contos mais complexos e extensos.

Já se observou que não é incomum a expansão daqueles contos em que ocorrem dois motivemas nucleares. O "Mergulhador de Terras" pode incluir inicialmente uma carência de terra (C), que o herói cultural mergulha para obter (RC).

---

258. Gladys A. Reichard, *An Analysis of Coeur d'Alene Indian Myths, MAFS* 41, Philadelphia, 1947, pp. 6, 10.

259. Roland B. Dixon, "System and Sequence in Maidu Mythology", *JAF*, 16:32, 1903.

No entanto, podem ocorrer também os motivemas Tarefa (T) e Realização da Tarefa (RT). Assim, o herói cultural pode pedir a um animal, ou a uma série de animais, que mergulhe e traga um pouco de lama. Pode ser que a repetição do mergulho (por exemplo, quatro vezes) seja uma característica não-estrutural. Se quatro é o número simbólico sagrado da cultura, então é bastante plausível que ocorram quatro tentativas de obter a lama necessária. Entre as tribos da Costa Noroeste, o número simbólico quase sempre é cinco. Conseqüentemente, numa versão do "Mergulhador de Terras" dos upper-chehalis, o Tordo mergulha cinco vezes[260]. Do ponto de vista estrutural, o número de tentativas de mergulho não tem importância. Do mesmo modo, não possui qualquer significado estrutural se um animal faz quatro mergulhos individuais e sucessivos, ou se quatro animais separados fazem um mergulho cada um, o último dos quais obtém sucesso. No conto laguna já discutido (cf. Texto-amostra 5, acima, p. 23), é evidente a quádrupla repetição mecânica e ritual. Estruturalmente, o conto poderia ser muito bem narrado com um exemplo único de desobediência da menina às ordens da mãe. Estilisticamente, os valores culturais exigem que a violação seja repetida quatro vezes[261]. Segundo Lévi-Strauss, a função da repetição é tornar

260. Thelma Adamson, *Folk-Tales of the Coast Salish*, MAFS 27, New York, 1934, p. 1. Para uma discussão do padrão 5 entre os clackamas chinooks, cf. Melville Jacobs, *The Content and Style of an Oral Literature*, Chicago, 1959, pp. 224-228; para um breve exame do simbolismo do número 5 na América do Norte, cf. Robert H. Lowie, "Five as a Mystic Number", *American Anthropologist*, 27:578, 1925. Os folcloristas devem estar cientes das diferenças existentes no simbolismo cultural. Stith Thompson, por exemplo, em seu estudo do conto "Marido-Estrela", afirma que "a presença de três ou cinco moças em apenas três contos talvez não passe de mera confusão, e não seja um indicativo de uma tradição legítima". No entanto, a quintuplicação é uma "tradição legítima" na Costa Noroeste e a ocorrência de cinco moças na versão puyallum relatada por Adamson (p. 356) não constitui "mera confusão". Cf. Stith Thompson, "The Star Husband Tale", *Studia Septentrionalia*, 4:118, 1953.

261. Para uma descrição detalhada do simbolismo do número 4 na cultura de uma tribo do Sudoeste, cf. Elsie Clews Parsons, "The Favorite Number of the Zuni", *Scientific Monthly*, 3:596-600, 1916.

aparente a estrutura do mito. Contudo, em sua discussão da triplicação nos contos russos, Propp observa que ela pode ocorrer com relação a um detalhe isolado (por exemplo, as três cabeças de uma serpente), a uma função isolada, a um par de funções, a um movimento inteiro[262]. Uma vez que nos contos indígenas norte-americanos existe uma situação análoga com respeito à quadruplicação ou à quintuplicação, seria melhor modificar a afirmativa de Lévi-Strauss e dizer que a repetição de *algumas* seqüências nos contos tende a tornar mais aparente a estrutura motivêmica. De qualquer maneira, parece evidente que a repetição, em e de si mesma, constitui um fenômeno não-estrutural.

Embora o "Mergulhador de Terras" não possa ser expandido estruturalmente mediante uma repetição da ação de mergulhar, ele pode estruturalmente ser ampliado por outros meios. Como já se observou, se não existe uma carência inicial de terra, a violação de uma interdição, como a do Tordo que lava a sua cara, pode acarretar uma inundação ou uma ausência de terra. Outros contos podem ser aumentados do mesmo modo. Em "Orfeu", o herói pode simplesmente receber sua esposa de volta (RC), ou pode ser obrigado a submeter-se a certas provas ou a realizar tarefas prescritas. Hultkrantz comenta que, nas versões winnebagos, kwakiutls e yokuts, "o período tabu é restringido à estada no reino dos mortos: a narrativa representa os esforços do herói para não infringir a regulamentação tabu como se se tratasse apenas de uma questão de um motivo de prova". Com efeito, Hultkrantz sugere que os motivos de prova são

262. Claude Lévi-Strauss, "The Structural Study of Myth", in Thomas Sebeok (ed.), *Myth: A Symposium*, Bloomington, 1958, p. 65 [em português, "A Estrutura dos Mitos", in *Antropologia Estrutural*, Rio de Janeiro, Tempo Brasileiro, 1985]; Vladimir Propp, *Morphology of the Folktale*, Bloomington, 1958, p. 67 (Publication 10 of the Indiana University Research Center in Anthropology, Folklore, and Linguistics) [em português, *Morfologia do Conto Maravilhoso*, Rio de Janeiro, Forense-Universitária, 1984]. O conceito de "movimento" de Propp pode ser definido como uma seqüência de motivemas que começa com uma carência ou dano inicial e termina com um motivema terminal do tipo reparação da carência. Um conto popular pode constituir-se de um movimento ou de vários movimentos. Cf. Propp, p. 83.

distorções de motivos originais de tabu anteriores[263]. Existe uma notável semelhança entre os pares de motivemas: Interdição/Violação e Tarefa/Realização da Tarefa. Ambos são formas de injunções ao herói. Na Interdição, o herói é advertido a não fazer algo; na Tarefa, exige-se do herói que faça algo. Contudo, os dois pares de motivemas são distinguidos em parte por suas características distributivas diferentes. Usualmente, entre a Carência e a Reparação da Carência se interpõe a realização de uma tarefa. Isto também é verdade no que se refere aos contos indo-europeus. Na análise dos contos de fada russos feita por Propp, encontramos vários exemplos deste fato. O herói necessita de um objeto mágico (C); um doador põe à prova o herói (T); o herói passa pela prova ou realiza a tarefa (RT); o herói recebe o objeto mágico (RC). (Cf. as funções 12 e 14 de Propp.) O final da seqüência formular da função 31 de Propp é semelhante: o herói precisa de uma noiva (C); uma tarefa lhe é prescrita (T); a tarefa é realizada (RT); o herói se casa com a princesa (RC). (Cf. as funções 25, 26 e 31 de Propp.) Este último exemplo é muito semelhante aos contos de prova de Genro entre os indígenas norte-americanos (Wycoco 901). Nestes contos, o herói realiza uma ou mais tarefas difíceis, a fim de conquistar uma determinada mulher. Em acentuado contraste com os motivemas Tarefa e Realização da Tarefa, os motivemas Interdição e Violação podem ocorrer *ou* antes *ou* depois de toda carência importante. Se ocorrerem antes, podem usualmente provocar a carência; se ocorrerem depois, costumam auxiliar materialmente na reparação da carência. Além disso, a seqüência Interdição/Violação também pode ocorrer *após* a reparação da carência, como acontece, por exemplo, na combinação de seis motivemas discutida anteriormente. A realização de

---

263. Åke Hultkrantz, *The North American Indian Orpheus Tradition*, Stockholm, 1957, p. 131 (Statens Etnografiska Museum, Monograph Series, Publication n. 2). A idéia de uma possível equivalência funcional entre a tarefa ou prova impostas e um tabu já tinha sido insinuada em 1887 por H. E. Warner, em suas observações sobre o tipo de conto 313 de Aarne-Thompson. Cf. "The Magic Flight in Folk-Lore", *Schribner's Magazine*, 1:763, 1887.

uma tarefa, por outro lado, ocorre apenas depois de uma carência inicial e antes da reparação desta carência.

Outro meio de estender um conto envolve a incorporação da seqüência Ardil/Engano à estrutura de um conto mais longo. Por exemplo, depois que o Prestidigitador de Olhos perdeu seus olhos, ele, em vez de empregar simplesmente olhos substitutos convenientes que estão à mão, pode recorrer a alguma forma de ardil para obter de volta seus próprios olhos. Numa seqüência comum do conto "Prestidigitador de Olhos", encontrada principalmente nas regiões do Pacífico Norte e no Planalto (Wycoco 1176 A), o trapaceiro se disfarça de velha, muitas vezes vestindo a pele de uma anciã que ele matou (Ard). Disfarçado dessa maneira, consegue ter acesso ao lugar onde estão guardados os seus olhos e rouba-os (RC). Uma forma alternativa de ardil, encontrada nas mesmas regiões, consiste na afirmação do trapaceiro de que os seus olhos substitutos lhe dão uma visão melhor. Uma vítima, acreditando nisto, é induzida a se aproximar bastante do trapaceiro, que lhe arranca os olhos[264].

Para ver mais claramente a morfologia de um conto complexo, examinaremos rapidamente o conto "Marido-Estrela". Stith Thompson, em seu estudo abrangente de 86 versões deste conto, chega a uma forma básica que inclui as seguintes características: duas moças, dormindo ao ar livre, desejam ter estrelas por marido. São levadas para o firmamento em seu sono e se vêem casadas com estrelas. As mulheres não dão atenção à advertência de não cavarem e acidentalmente abrem um buraco no céu. Sem ajuda, descem por uma corda e chegam em casa sãs e salvas[265]. Partindo do pressuposto de que esta forma é um arquétipo, Thompson é forçado a considerar fragmentárias as versões que terminam com o casamento das moças com estrelas. Contudo, estas versões, particularmente as do Noroeste,

264. Cf. Elva Young Van Winkle, "The Eye-Juggler: A Tale Type Study", dissertação de mestrado, inédita, Indiana University, 1950, pp. 97-106.

265. Stith Thompson, "The Star Husband Tale", *Studia Septentrionalia*, 4:135, 1953.

como as das culturas coos, wishram e upper-chehalis (cf. Texto-amostra 7, acima, p. 24), não parecem realmente ser fragmentos. Eram narradas como se fossem estórias completas. Naturalmente, se é verdade que o arquétipo é o formulado por Thompson, faz-se necessário explicar que essas versões são produtos de um processo degenerativo que culminou em narrativas incompletas e fragmentárias.

A partir do conhecimento dos padrões motivêmicos já descritos, pode-se ver sem muita dificuldade por que as versões do conto "Marido-Estrela" são, na verdade, contos completos. Todas elas começam com uma interdição implícita: não desejar por marido um ser sobrenatural, como, por exemplo, uma estrela. Em alguns contos, a interdição é acrescentada na conclusão da estória como se fosse uma moral. (Cf., por exemplo, a declaração do narrador no final da versão upper-chehalis: "As moças não devem desejar nada que seja parecido com isto — nada que esteja longe demais. Não é bom; pode lhes dar azar"[266].) Thompson está bastante ciente do fato de que o desejo de ter um marido-estrela é algo proibido. Na sua classificação de motivos, tal desejo está incluído em C (C 15.1), ou seção Tabu do *Índice de Motivos*. Se o desejo das moças de terem maridos-estrela constitui uma violação de uma interdição, é fácil perceber que o rapto das moças por homens-estrela e o seu casamento com eles são conseqüências da violação. Interdição, Violação e Conseqüência são motivemas suficientes para um conto indígena norte-americano e, portanto, não há necessidade de rotular de fragmentárias as versões compostas destes três motivemas.

Pode-se dizer ainda que, no conto "Marido-Estrela", ocorre um exemplo de assimilação morfológica. Além da seqüência Interdição/Violação, é possível perceber também indícios de uma seqüência motivêmica nuclear. O desejo de ter um marido-estrela seria a manifestação de uma carência (C), enquanto que o casamento com o marido-estrela representaria a reparação desta carência (RC). Assim, a assimilação

---

266. Thelma Adamson, *Folk-Tales of the Coast Salish*, MAFS 27, New York, 1934, p. 96.

morfológica reside no fato de que a manifestação de certas carências, por si mesma, pode constituir a violação de uma interdição[267]. De qualquer modo, versões do conto "Marido-Estrela" que terminam com o casamento da moça ou das moças com seres celestes são estruturalmente completas.

Quando discutimos a seqüência motivêmica Interdição/Violação, observamos que a fuga da conseqüência era um elemento opcional. Poderia ou não haver esta fuga, dependendo do contexto cultural específico ou do narrador particular. No conto "Marido-Estrela", é comum ocorrer esta fuga. A descida das moças do céu representa uma fuga do casamento com as estrelas (TF). Thompson observou que "o padrão geral da nossa estória, tal como é indicado por 44 versões de todas as partes da região examinada, exige que a mulher retorne para casa sã e salva"[268]. Esta manifestação da seqüência Interdição/Violação não é particularmente única. O próprio Thompson observou a semelhança entre o conto "Marido-Estrela" e o conto esquimó dos "Maridos Águia e Baleia" (Wycoco 561). Neste conto esquimó, duas jovens desejam por maridos uma águia e uma baleia (Viol). Os desejos são realizados (Conseq), mas as moças acabam fugindo (TF). Depois de comentar a semelhança, Thompson a descarta por ter pouca importância histórica. "Entretanto, parece improvável a verdadeira relação entre os contos"[269].

Se o conto "Marido-Estrela" é um exemplo da seqüência motivêmica Interdição/Violação, por que era tão freqüente no meio do conto uma interdição de cavar? Thompson admite que a proibição de cavar é uma característica original do conto que por várias razões foi deixada de lado[270]. Contudo, em seu *corpus* de 86 contos, 39 não apresentam a quebra de um tabu (exceto o do desejo inicial). Isto quer dizer quase tantos contos quantos contêm o tabu.

267. Para uma discussão da assimilação morfológica, cf. Propp, pp. 60-63.
268. Thompson, p. 131.
269. Stith Thompson, *The Folktale*, New York, 1951, p. 354.
270. Thompson, "The Star Husband Tale", *Studia Septentrionalia*, 4:124, 126, 1953.

Da perspectiva fornecida pela análise estrutural, o tabu medial pode ser considerado uma expansão opcional do conto, uma expansão que dá origem a um novo movimento[271]. No conto do "Marido-Estrela", o primeiro movimento, como foi mostrado, consiste na translação da moça para o céu. O primeiro movimento pode terminar com uma simples fuga do céu, mas pode ser que este único motivema (TF) se expanda para um movimento completo, constituído por quatro motivemas. Na eventualidade de tal expansão, haveria dois movimentos, cada um representado por uma seqüência Interdição/Violação.

De acordo com esta análise, a interdição de cavar conduz a uma conseqüência específica, ou seja, uma carência. A violação da interdição provoca o desejo de voltar para casa. Quando as moças cavam no céu, fazem um buraco através do qual vêem sua antiga casa na terra. Sentem saudades e desejam voltar (C). As moças descem sem ajuda, ou, em algumas versões, seus maridos podem ajudá-las (RC).

Motivemas	Primeiro Movimento	Segundo Movimento Opcional
Interdição:	Não desejar um marido-estrela.	
Violação:	Uma moça deseja um marido-estrela.	
Conseqüência:	A moça vai para o céu com o marido estrela.	
Tentativa de Fuga:	A moça volta para a terra.	

OU

Nova Interdição:		Não cavar.
Violação:		A moça cava.
Conseqüência:		A moça deseja voltar para casa.
Tentativa de Fuga:		A moça volta para a terra.

---

271. Para uma definição do termo "movimento", cf. Propp, p. 83, e n. 261 acima. [Na tradução brasileira da obra de Propp, "movimento" aparece como "seqüência". — N. do T.]

Em algumas versões, 15 das 86, aparece uma interdição ligada à descida. Nestes exemplos de prolongamento, encontra-se essencialmente a seqüência de seis motivemas combinados. A moça, ou as moças, desejam voltar para casa (C). Podem fazê-lo (RC), desde que não olhem para baixo ou abram os olhos (Int). Numa versão ojibwa, por exemplo, uma das moças abre os olhos enquanto está descendo (Viol) e cai imediatamente no chão, incapaz de se movimentar (Conseq). A irmã mais jovem que não abre os olhos desce em segurança e cuida da irmã (TF). Outro exemplo que pode esclarecer como ocorre um prolongamento segundo padrões virtualmente previsíveis é dado por uma versão blackfoot do "Marido-Estrela". Nesta versão, o conto apresenta uma seqüência adicional: o "Menino-Estrela". A moça deu à luz um menino durante sua estada no céu. Antes de retornar à terra, o marido-estrela adverte-a a não permitir que o menino toque o chão nos primeiros quatorze dias após a chegada à terra (Int). A moça vigia cuidadosamente o menino durante treze dias, mas no décimo-quarto sua mãe (a avó do menino-estrela) lhe pede que vá buscar água. A mãe da moça não entende a importância de vigiar a criança e, por causa dessa negligência, o menino desce para o chão onde começa a engatinhar (Viol). Quando a mãe do menino retorna, vê que o filho se transformou num fungo. Mais tarde, ele se transforma numa estrela (Conseq)[272].

Pode-se dizer, então, que as diversas versões do conto "Marido-Estrela" usualmente confirmam a análise morfológica dos contos mais simples. Os mesmos motivemas básicos são encontrados também neste conto complexo. A principal diferença entre o "Marido-Estrela" e alguns dos outros contos discutidos é o montante do prolongamento. Este breve exame do conto "Marido-Estrela" ilustra também como um conhecimento da morfologia do conto indígena norte-americano pode ser útil na elaboração e avalia-

272. Paul Radin e A. B. Reagan, "Ojibwa Myths and Tales", *JAF*, 41:116, 1928; Clark Wissler e D. C. Duvall, "Mythology of the Blackfoot Indians", *Anthropological Papers of the American Museum of Natural History*, 2, Part I, 1908, pp. 58-61.

ção de hipóteses para o estudo histórico-geográfico exaustivo de um conto particular. (Cf. acima, p. 128.)

Outro conto razoavelmente extenso e complexo é o do "Rapaz-Choupana e Jogado-Fora" ("Lodge-Boy and Thrown-Away"). Em muitas versões desta estória (Wycoco 1101 B), um caçador adverte a esposa a não falar com qualquer estranho que possa visitá-la em sua ausência (Int). Um homem, muitas vezes um monstro com duas caras, aparece e a mulher quebra o tabu (Viol). O homem mata a mulher e carrega os filhos gêmeos, jogando um deles numa choupana e o outro numa fonte ou num monte de cinzas (Conseq). É curioso observar que a seqüência Interdição/Violação inicia uma série de contos heróicos. Num conto da Califórnia do Norte, "Desenterrado" ("Dug-from-Ground", Wycoco 1103), uma moça é advertida por sua avó a não cavar uma determinada raiz (Int). A moça desobedece (Viol) e a raiz se transforma numa criança (Conseq). Do mesmo modo, Manabozho (Wycoco 1108) é concebido quando uma moça ignora a advertência da avó a não encarar o vento ou olhar o sol (Viol). A moça morre ao dar à luz Manabozho (Conseq).

Em "Rapaz-Choupana e Jogado-Fora", os gêmeos crescem separados, até que Jogado-Fora é capturado. Em termos de motivemas: o pai/caçador deseja capturar Jogado-Fora (C); o pai e Rapaz-Choupana inventam uma forma de lográ-lo: por exemplo, Rapaz-Choupana finge despiolhar o irmão (Ard); Jogado-Fora é enganado (Eng) e capturado (RC). Depois disso, o pai adverte os gêmeos a não irem a lugares perigosos (Int). Os gêmeos invariavelmente desobedecem (Viol) e encontram vários monstros e perigos (Conseq). No entanto, sempre saem vitoriosos e sobrevivem (TF). Freqüentemente, esta última seqüência é repetida quatro vezes, segundo o simbolismo quaternário encontrado na região das Planícies, onde este conto é popular. Assim, uma das principais formas de "Rapaz-Choupana e Jogado-Fora" pode ser delineada motivemicamente da seguinte maneira[273].

---

273. Para um exame da forma e conteúdo do conto "Lodge-Boy and Thrown-Away", cf. Gladys A. Reichard, "Literary Types and Dissemination of Myths", *JAF*, 34:272-273, 1921. A quádrupla repetição da última

Int:	A esposa é advertida a não olhar para estranhos.
Viol:	A esposa olha para o estranho.
Conseq:	A esposa é morta e os gêmeos levados embora.
TF:	(Em algumas versões, a esposa é ressuscitada mais tarde.)

* *

C:	O pai deseja capturar Jogado-Fora.
A:	Rapaz-Choupana finge despiolhar Jogado-Fora.
E:	Jogado-Fora concorda em ser despiolhado.
EC:	O pai e Rapaz-Choupana capturam Jogado-Fora.

* *

Int:	Os gêmeos são advertidos a não irem a certos lugares.
Viol:	Os gêmeos vão a esses lugares.
Conseq:	Os gêmeos são ameaçados por vários monstros.
TF:	Os gêmeos derrotam os monstros.

Outro conto razoavelmente extenso e complexo é o relatado sobre Manabozho (Wycoco 1108). Muitas vezes a estória começa com o nascimento do herói. Esta seqüência, que envolve a desobediência de uma moça à advertência de sua mãe a não encarar o sol ou um certo vento, já foi discutida (cf. acima, p. 109). Em muitas versões, o conto começa com a advertência de Manabozho ao irmão, que muitas vezes é um lobo, a não atravessar água (Int). O irmão inevitavelmente atravessa o rio (Viol) e, em conseqüência, é capturado e morto pelos manitus ou pelas grandes serpentes de chifres (Conseq). Esta conseqüência, a morte do irmão de Manabozho é idêntica a um estado de carência. Contudo, a próxima carência explícita é o desejo de Manabozho de se vingar dos raptores (C). Sucede então uma série de ardis. Manabozho se transforma num toco fincado perto de um rio (Ard). Os manitus se convencem de que o tronco era mesmo um tronco e não Manabozho (Eng), pelo que Manabozho atira em vários deles e consegue feri-los. Ele então assume a forma do médico que vai cuidar dos manitus feridos, usualmente vestindo a pele do (sapo) doutor (Ard). Os manitus acreditam que o médico seja autêntico (Eng) e garantem o acesso do herói aos manitus doentes. Manabozho diz então aos doentes que irá curá-los (Ard) e eles acreditam (Eng). Em vez de remover as flechas, ele as enterra mais fundo, matando os manitus (RC). Ma-

seqüência motivêmica pode constituir-se num perigo ou monstro em cada um dos pontos cardeais.

nabozho rouba então a pele de seu irmão (Viol). (O roubo pode ser encarado como uma interdição.) Os manitus remanescentes mandam uma inundação atrás de Manabozho (Conseq). O herói usualmente escapa ileso pelas ações de um Mergulhador de Terras (TF). Depois, ele sopra a pele do irmão e o ressuscita. Se considerarmos a morte do irmão de Manabozho como uma perda ou uma carência, podemos ver que este conto complexo termina com a reparação dessa carência (RC)[274].

Este conto é interessante por causa da grande quantidade de material narrativo que se interpõe entre a perda ou morte e a ressurreição do irmão de Manabozho. Na maioria dos contos indígenas norte-americanos baseados na seqüência motivêmica nuclear, são comparativamente poucos os motivemas que se intercalam entre a Carência e a Reparação da Carência. Neste aspecto, os contos indígenas diferem bastante dos contos europeus. Estes últimos apresentam com freqüência um grande número de motivemas entre uma dada carência e a reparação dessa carência. Em sua análise dos contos de fada russos, Propp observou que um novo movimento pode começar antes de terminar um movimento inicial. Além do mais, este novo movimento pode ser interrompido por sua vez por um terceiro movimento. Propp observou que, nestes casos, podem resultar esquemas razoavelmente complicados[275]. Mesmo na fórmula monolítica de Propp para todos os contos de fada russos, pode-se verificar a possibilidade de incluir as seqüências Carência/Reparação da Carência. Depois da carência ou dano inicial, o herói é muitas vezes posto à prova por um doador. O doador pode

---

274. Existem muitas versões deste conto. Para uma versão típica, cf. Alanson Skinner, "Plains Ojibwa Tales", *JAF*, 32:284-288, 1919. Para uma versão chippewa em que a seqüência inicial Interdição/Violação foi substituída pela seqüência Ardil/Engano, cf. Richard M. Dorson, *Bloodstoppers and Bearwalkers*, Cambridge, Mass., 1952, pp. 43-47. Radin, numa análise literária deste conto, dividiu o entrecho em quatro cenas. Cf. Paul Radin, *Literary Aspects of North American Mythology*, Ottawa, 1915, p. 44 (Anthropology Series of the Canada Geological Survey, Nº 6, Museum Bulletin, n. 16).

275. Propp, p. 84.

pedir ao herói que vá buscar um objeto, que em essência é um meio de reparar a carência. Esta carência deve ser reparada antes que o herói repare a carência básica inicial.

Talvez se possa compreender mais facilmente esta importante diferença estrutural entre o conto indígena norte-americano e o europeu se recorrermos a um novo modelo da teoria lingüística. Victor Yngve sugeriu recentemente que nas línguas existem limites ao número de itens que podem interpor-se entre um par de constituintes descontínuos. Segundo Yngve, a quantidade desses itens passíveis de ocorrer é uma indicação do que ele chama "profundidade gramatical" de uma língua. Em termos do leigo, é análogo ao número de vezes que a palavra *that* pode ser repetida numa sucessão em inglês e ainda assim constituir um enunciado inteligível (por exemplo: *"The teacher said that, that that 'that' that that student wrote was wrong"*). Na verdade, Yngve cita fragmentos de "A Casa que Jack Construiu" ("The House that Jack Built", Motivo Z 41.6) e observa que existem limitações gramaticais ao fraseado. Provavelmente não ocorreria uma frase como esta: *"This is the malt that the rat that the cat that the dog worried killed ate"**. Segundo Yngve, a profundidade gramatical pode estar relacionada com a extensão da memória humana, ou seja, os indivíduos podem rememorar e repetir apenas uma quantidade limitada de números ou palavras aleatórias. Yngve sugere que a profundidade gramatical do inglês é mais ou menos 7 ± 2[276].

Independentemente da validade do conceito de profundidade gramatical em lingüística, propomos aqui um conceito análogo para o folclore: o de profundidade motivêmi-

---

* Na falta de uma frase melhor em português, preferiu-se deixar a inglesa tanto nesse exemplo quanto no citado acima. O primeiro diz: "O professor disse isso, que esse 'quê' que esse estudante escreveu estava errado". Aqui na tradução literal: "Este é o malte que o rato que o gato que o cão acossou matou comeu", que equivale a: "Este é o malte comido pelo rato que foi morto pelo gato que o cão acossou". (N. do T.)

276. Victor H. Yngve, "A Model and an Hypothesis for Language Structure", *Proceedings of the American Philosophical Society*, 104:444-466, 1960.

ca. A profundidade motivêmica consiste na quantidade de motivemas que são interpostos entre os membros de um par motivêmico como Interdição/Violação, Ardil/Engano, ou especialmente Carência/Reparação da Carência. Assim, retomando a distinção feita anteriormente entre os contos tradicionais dos indígenas norte-americanos e os contos populares europeus, pode-se dizer que os primeiros têm uma profundidade motivêmica menor do que os segundos. No esquema analítico de Propp, Carência é a função 8a e a Reparação da Carência, a função 19. Na verdade, o próprio Propp chamou a atenção para a distância que separa estas duas funções (motivemas). Ele observa que ao narrador que narra um conto pode ocorrer que perca o fio da estória e, desse modo, a reparação da carência não se refira à carência inicial. Como já disse anteriormente (cf. acima, p. 85), Propp dá um exemplo: "Ivã sai em busca de um corcel, mas retorna com uma princesa". Na maioria dos contos indígenas norte-americanos aparecem poucos motivemas mediais. Na verdade, existem contos sem motivemas intermediários e outros com apenas dois motivemas mediais, por exemplo, Ardil e Engano.

A menor profundidade motivêmica dos contos tradicionais dos índios norte-americanos pode constituir uma das razões pelas quais os contos cumulativos indo-europeus nunca foram muito imitados pelas culturas indígenas dos Estados Unidos. Os contos com fórmulas em cadeia e partes interdependentes (Motivo Z 40) constituem excelentes exemplos de contos dotados de grande profundidade motivêmica. Nada mais são que uma longa série de reparações interdependentes de carências. Em "Como o Rato Recuperou a Cauda" ("How the Mouse Regained Its Tail", Motivo Z 41.5), o gato não devolverá a cauda do rato (RC) a menos que lhe dêem leite (C). A vaca não dará leite (RC) a não ser que lhe seja fornecido feno (C) e assim por diante. É igualmente significativo que não existam contos cumulativos entre os nativos norte-americanos. Uma das razões pelas quais os contos indo-europeus têm maior profundidade motivêmica pode muito bem ser a influência da tradição literária. As versões escritas de contos, comparativamente falando, independem das limitações do alcance da memória humana. Em muitas das coleções literárias de contos, existem estórias básicas (*frame stories*) dentro das quais aparecem mais de mil e um contos completos entre a carência inicial e a reparação desta carência.

A reduzida profundidade motivêmica dos contos indígenas norte-americanos se manifesta no pequeno número de contos complexos em comparação com a grande quantidade de contos extensos. Estes consistem de várias unidades de contos essencialmente completas, narradas em sucessão. Usualmente, uma carência é reparada antes que seja introduzida uma outra. Do mesmo modo, a conseqüência da violação de uma interdição ocorre freqüentemente antes que seja introduzida uma nova interdição. Propp observou que um novo dano ou uma nova carência criou um novo movimento[277]. Nos contos extensos dos índios norte-americanos, *basta uma nova interdição para que um conto possa ser expandido*. Na discussão anterior da expansão, por exemplo, do conto "Marido-Estrela", mostrou-se que a simples introdução de uma interdição deu origem a uma nova seqüência de ações. Especificamente, a substituição de uma interdição por uma simples fuga conduziu a uma elaborada aventura de descida. Do mesmo modo, a seqüência do Menino-Estrela na versão blackfoot do "Marido-Estrela" constituía um acréscimo na forma de uma seqüência Interdição/Violação.

Um exame rápido de um típico conto expandido dos índios norte-americanos mostrará que a composição desses contos é morfologicamente semelhante à dos contos mais curtos já analisados. Num conto omaha, quatro mulheres que estão passeando encontram uma pilha de ossos. Três delas chutam os ossos (Viol), mas a quarta mulher não o faz. Ao contrário, pega um crânio e coloca-o num lugar seguro à margem da estrada. No entanto, o crânio começa repentinamente a perseguir as mulheres e mata três delas (Conseq). O crânio ordena à única mulher sobrevivente que

---

277. Propp, pp. 53, 83.

o introduza numa árvore oca, onde ele mata um guaxinim.
A mulher é então instruída a fazer um buraco na árvore para
que ele possa sair (Int). (Para uma discussão da equivalência
funcional das injunções e interdições, cf. acima, pp. 108,
129.) A mulher executa a tarefa três vezes, mas na quarta
vez deixa o crânio na árvore oca (Viol). Finalmente, o crânio, por meio de mordidas na árvore, consegue sair e persegue a mulher (Conseq). Segue-se então uma complicada
tentativa de fuga (TF), durante a qual a mulher encontra na
floresta um ancião que está fazendo arcos e flechas. Ela lhe
pede que a proteja do crânio (C). Mas ela o chama de irmão,
pai, tio, que não são termos de parentesco corretos, e o homem não dá atenção ao seu pedido (T). Quando ela, finalmente, emprega o termo de parentesco apropriado, avô (C),
o ancião a esconde em seus cabelos e quebra o crânio em
pedaços (RC). Teoricamente, o conto poderia muito bem
terminar aqui, assim como poderia ter terminado na conclusão da primeira seqüência Interdição/Violação. Acontece, porém, que em seguida o ancião ensina a mulher a juntar
os pedaços do crânio e queimá-los. Ele a adverte a não tocar
em nada enquanto o crânio estiver queimando (Int). Depois
que o fogo é ateado, a mulher vê um pente e apanha-o
(Viol). O pente queima a mulher até a morte (Conseq). Num
final alternativo, obviamente um tanto aculturado, o ancião
atira o crânio para o ar em vez de quebrá-lo. Quando o crânio cai ao chão, transforma-se em facas, furadores e outros
utensílios. A mulher é advertida a não apanhar nada que
esteja no chão (Int). Ela tenta pegar uma tesoura (Viol),
mas, ao fazê-lo, as suas mãos adormecem (Conseq)[278].

Este é um exemplo de um conto expandido. O conto
poderia ter terminado em qualquer local de uma série, mas
a introdução de novas injunções ou interdições, tal como a
ordem de retirar o crânio de uma árvore ou a proibição de
não tocar em nada enquanto os pedaços do crânio estivessem queimando, leva a outra seqüência motivêmica. Observem que as seqüências motivêmicas são basicamente uni-

278. George Truman Karcheval, "An Otoe and an Omaha Tale", *JAF*, 6:201-204, 1893.

dades distintas. Não estão incluídas na estrutura de uma grande seqüência, como acontece geralmente nos contos europeus. Constituem antes um exemplo expressivo de um grupo aditivo de várias seqüências motivêmicas. Parte da engenhosidade dos narradores indígenas é evidenciada pela habilidosa capacidade de fundir seqüências motivêmicas separadas.

Como não se pretende tratar aqui exaustivamente dos ciclos de herói ou de trapaceiro — o propósito é esboçar uma morfologia dos tipos de contos separados — será pouco relevante citar outros exemplos expandidos. É suficiente dizer que alguns contos complexos e expandidos representativos confirmam a análise morfológica dos tipos de contos isolados que empreendemos nas páginas anteriores. Os mesmos motivemas são encontrados nesses contos mais extensos e parece provável que a futura análise dos vários ciclos dentro das normas morfológicas seguidas neste estudo chegue a resultados satisfatórios.

1.6. A Importância da Análise Estrutural

O folclorista desacostumado de pensar em termos de uma abordagem estrutural do folclore pode não apreender de imediato a importância desse tipo de análise. É possível que sinta, ao contrário, que o delineamento de padrões estruturais constitui uma forma erudita de prestidigitação e que, depois de feita, não tem qualquer utilidade. No entanto, é fácil mostrar que uma análise morfológica precisa pode revelar-se um recurso valioso no estudo de problemas em áreas como tipologia, predição, aculturação, análise de conteúdo, comparação entre gêneros, função e etiologia.

Algumas observações feitas por Roman Jakobson em sua apreciação da abordagem usada por Boas no estudo das línguas indígenas norte-americanas são pertinentes ao problema da tipologia. Jakobson afirmou que os preceitos de indo-europeístas ortodoxos que extraíram provas de cognação exclusivamente da semelhança *material* de palavras ou morfemas foram transgredidos por muitos observadores, que freqüentemente encontraram uma impressionante semelhança *estrutural* entre os padrões gramaticais ou fonêmicos das línguas dos ameríndios dos Estados Unidos. Contudo, nestas mesmas línguas poderia não haver quase raízes e afixos comuns. Por isso, além da noção mais familiar de cognatos materiais ou conteúdo, Jakobson propôs o princípio dos cognatos estruturais. Segundo sua observação, "certos tipos gramaticais ou fonêmicos têm uma ampla distribuição permanente sem quaisquer semelhanças léxicas correspondentes"[279]. Alguns anos mais tarde, seguindo a mesma trilha, Voegelin e Harris afirmaram quase axiomaticamente que *"a comparabilidade estrutural das línguas pode ser estabelecida independentemente de suas relações genéticas"*[280].

Afirmações tipológicas semelhantes foram feitas no campo da antropologia propriamente dita. Um dos estudos clássicos do rito é a obra de Van Gennep, *Os Ritos de Passagem*. Nesse livro, Van Gennep demonstrou que ritos dotados de conteúdo muito diverso, isto é, ritos que lidam com nascimento, puberdade, casamento, gravidez, morte etc., contêm um idêntico padrão seqüencial básico, ou seja, separação, transição e incorporação[281]. Van Gennep chamou especial atenção para o fato de que as classificações anteriores dos ritos se baseavam muito mais em semelhanças externas superficiais do que na dinâmica dos ritos, e observou que o primeiro tipo de abordagem era particularmente comum nos estudos dos folcloristas[282]. Em termos do presente estudo, poder-se-ia dizer que os esquemas de classificação anteriores se baseavam muito mais nos aspectos conteudísticos do que nos formais. Van Gennep resumiu seu propósito ao afirmar que seu interesse residia "não nos ritos específicos, mas em seu significado essencial e nas posições

---

279. Roman Jakobson, "Franz Boas' Approach to Language", *International Journal of American Linguistics*, 10:192, 193, 1939.
280. C. F. Voegelin & Z. S. Harris, "The Scope of Linguistics", *American Anthropologist*, 49:596, 1947.
281. Arnold Van Gennep, *The Rites of Passage*, transl. Monika B. Wizedom and Gabrielle L. Caffee, London, 1960, p. 11.
282. *Ibid.*, p. 10.

relativas que ocupam dentro do cerimonial como um todo — isto é, sua ordem", e concluiu que "sob a multiplicidade de formas, quer conscientemente expressas, quer apenas implícitas, um padrão típico sempre se repete: *o padrão dos ritos de passagem*"[283].

Os folcloristas ainda não fizeram afirmações tipológicas semelhantes às enunciadas pelos lingüistas e pelos antropólogos. Contudo, os resultados do presente estudo indicam que, pelo menos no que se refere aos contos indígenas norte-americanos, é justificável falar de padrões estruturais independentemente do conteúdo específico. Ou seja, existe uma seqüência de seis motivemas que pode aparecer, de um lado, em contos com conteúdos tão diferentes quanto "Orfeu" e, de outro, na estória de "A Menina e o Grilo". É possível igualmente considerar a possibilidade de cognatos de estrutura ao lado dos cognatos de conteúdo, que são mais comuns, embora, para dizer a verdade, a semelhança estrutural pouco possa dizer com respeito à intrincada questão da monogênese *versus* poligênese[284].

A determinação de padrões estruturais também permite uma predição reduzida. Num estudo da padronização da canção navajo, Watson observou que, "se se conhecesse o fraseado e padronização da primeira estrofe de uma canção, seria possível predizer com alguma exatidão o fraseado e padronização das estrofes subseqüentes"[285]. O mesmo princípio é válido para os contos tradicionais. Por exemplo, num conto dos crees das Planícies, registrado por Alanson Skinner, o trapaceiro vê um homem com uma flecha mágica que dá ao seu possuidor a capacidade de matar a caça que desejar. O trapaceiro deseja esta flecha (C), que o homem

283. *Ibid.*, p. 191.
284. Os perigos que existem em usar paralelos morfológicos como indicadores de cognação na linguagem são discutidos por Jerome A. Lackner & John H. Rowe em sua nota, "Morphological Similarity as a Criterion of Genetic Relationship Between Languages", *American Anthropologist*, 57:126-129, 1955, na qual criticam Sapir por confiar nesta prova em sua classificação das línguas indígenas norte-americanas.
285. Eda Lou Walton, "Navajo Song Patterning", *JAF*, 43:112, 1930.

lhe dá (RC). Depois de algumas experiências bem-sucedidas, a flecha falha em seu desempenho (Conseq?). Em nota de rodapé, Skinner afirma que, "provavelmente, o narrador deixou de acrescentar que Wisukejak fora aconselhado a não atirar mais de três vezes ao dia, ou a não atirar para cima"[286]. Com base na análise da seqüência de seis motivemas, pode-se concordar com a hipótese de Skinner. Por outro lado, quando se leva em conta a seqüência motivêmica nuclear, percebe-se por que a interdição não é absolutamente necessária. Em essência, o entrecho consiste na obtenção, pelo trapaceiro, de um poder mágico que conduz a um estado de abundância e à perda desse poder.

Um tipo mais estimulante de predição pode ocorrer na área dos estudos de aculturação. É quase comum entre os folcloristas a idéia de que os contos tradicionais, quando são introduzidos de fora numa cultura, geralmente sofrem uma adaptação a fim de se adequarem aos padrões locais. No entanto, quase não se encontram estudos que mostrem os detalhes desta adaptação[287]. Uma das razões é que a aná-

---

286. Alanson Skinner, "Plains Crees Tales", *JAF*, 29:351-352, 352 n. 1, 1916.

287. Uma das poucas exceções é o estudo de S. F. Nadel, no qual um conto tradicional criado artificialmente foi contado às tribos nupe e yoruba. Quando o conto foi recolhido mais tarde, os resultados mostraram que as diferenças nas diversas narrações do conto não eram tão grandes no plano do indivíduo quanto o eram no plano da tribo. Cf. "A Field Experiment in Racial Psychology", *British Journal of Psychology*, 28:195-211, 1937-38. O exemplo clássico da versão zuni de um conto europeu cumulativo, "As Barbas do Galo" ("Cock's Wiskers", tipo de conto 2032 de Aarne-Thompson, Motivo Z 43), infelizmente tornou-se uma fonte de erro no estudo da aculturação. Em 1886, Frank K. Cushing contou a três índios zunis uma versão italiana de "As Barbas do Galo". Um ano depois, Cushing se surpreendeu ao ouvir um dos três relatar uma versão zuni do conto italiano. Presume-se que o conto "original" de Cushing fora publicado na importante coleção de contos italianos de T. F. Crane. Em *Zuni Folk Tales* de Cushing, o conto de Crane e o zuni vêm impressos um depois do outro para facilitar a observação das transformações que ocorreram no período de um ano e para fornecer alguma idéia do mecanismo de formação do conto zuni. Infelizmente, fica evidente, a partir de uma observação empírica das duas versões, que Cushing provavelmente não usou de forma muito precisa o texto que é publicado na coletânea de Crane. Antes de mais nada, a ver-

lise estrutural constitui como que um pré-requisito para esses estudos. Por exemplo, Hoebel fez uma análise comparativa das versões asiáticas e das da Costa Noroeste do mito dos objetos que viajam (Motivo F 1025). Descobriu que uma das principais diferenças entre as duas versões residia no fato de que, entre os indígenas americanos, a estória começava com o Vento Sul soprando tão intensamente que o Corvo e todas as criaturas permaneciam confinadas em suas tendas. Já nas versões asiáticas, é desconhecido o impetuoso sopro inicial do vento. Além disso, as versões dos índios terminam com a conquista do Vento Sul e o bom tempo resultante. Hoebel sugere que o entrecho foi retrabalhado de acordo com os interesses culturais. Certamente, isto é verdade, porém, de maneira mais específica, pode-se ver que as versões indígenas começam com um estado de desequilíbrio: vento demais e período muito curto de bom tempo. O equilíbrio é restaurado no final quando é reparada a carência de bom tempo. Assim, este conto, que com toda a probabilidade se originou na Ásia, foi inserido na seqüência motivêmica nuclear. É significativo que os motivemas nucleares não ocorram nas versões asiáticas ou européias do conto[288].

são zuni começa com uma referência a Veneza, "a cidade das águas abundantes", o que não ocorre na versão de Crane. É possível que Cushing, ao narrar este conto para a platéia zuni, tenha introduzido uma explicação sobre a Itália e seus habitantes. Uma discrepância mais séria é a inclusão, na versão zuni, de um episódio onde o rato rói as barbas do galo. Embora este elemento ocorra nas versões européias, ele *não* aparece na versão de Crane. Outro elemento importante da versão zuni é o galo bicar o rabo do rato. Mais uma vez, este elemento ocorre nas versões européias, mas *não* na de Crane. Um leitor não-crítico, influenciado pelo comentário inicial de Cushing, poderia concluir que esses elementos foram poligeneticamente acrescentados pelo narrador zuni. Ruth Benedict, por exemplo, afirma em seu abrangente estudo da mitologia zuni que a bicada no rabo do rato representa um acréscimo literário zuni e que o roer dos pêlos do pescoço do galo pelo rato é um "incidente familiar" na tradição desse povo. O mais provável é que Cushing tenha introduzido esses elementos quando narrou o conto aos zunis. Cf. Frank Hamilton Cushing, *Zuni Folk Tales*, New York e London, 1901, pp. 413-422; Ruth Benedict, *Zuni Mythology*, New York, 1935, vol. 1, pp. xxx-xxxiii (Columbia University Contributions to Anthropology, vol. 21).

288. E. Adamson Hoebel, "The Asiatic Origin of a Myth of the Northwest Coast", *JAF*, 31:1-9, 1918.

Outros exemplos de previsível aculturação podem ser examinados à luz de várias versões zunis de contos europeus. Numa versão zuni de "Cinderela", recolhida por Elsie Clews Parsons, uma moça que cria perus sente desejo de ir a um baile (C) e os amáveis perus vestem-na de modo que ela possa ir (RC). Contudo, eles a instruem a voltar antes do pôr-do-sol (Int). Quando ela volta tarde (Viol), os perus vão embora (Conseq) e ela tenta capturá-los sem sucesso (RC). O final feliz do conto europeu foi substituído pela seqüência motivêmica nativa Interdição/Violação[289].

É igualmente instrutivo examinar as versões zunis do tipo de conto 121 de Aarne-Thompson (Motivo J 2133.6), "Os Lobos Sobem Uns nos Outros até a Árvore" ("Wolves Climb on Top One Another to Tree"). No conto europeu, alguns lobos tentam subir uns nos outros para capturar algum animal emboscado numa árvore. O lobo que está embaixo vai embora e os outros caem. Numa versão zuni deste conto (Wycoco 1175), o Coiote quer subir num rochedo para apanhar milho (C). Reúne os seus amigos coiotes e o grupo decide escalar o penhasco pendurando-se um na cauda do outro ou em espigas de milho introduzidas em seus ânus (RC). Os coiotes são advertidos a não soltar gases (Int). No entanto, o último coiote solta gases (Viol), causando a queda dos demais companheiros. Todos os coiotes morrem (Conseq)[290]. Este é mais um exemplo de um conto europeu fundido no molde da familiar seqüência motivêmica Interdição/Violação. É bastante interessante que exista outra versão zuni do mesmo conto, onde aparece a seqüência Ardil/Engano. Nesta versão, recolhida por Ruth Benedict, os gêmeos Ahaiyute queriam obter peles de coiote para que os saiyali'as usassem no pescoço (C). Conseqüentemente, disseram aos coiotes que no fundo de um precipício havia uma coisa muito desejável. Quando os coiotes perguntam como podem descer até lá, são instruídos a enfiar espigas de milho no ânus e flutuar (Ard). Os coiotes seguem o con-

289. Elsie Clews Parsons, "Pueblo-Indian Folk-Tales, Probably of Spanish Provenience", *JAF*, 31-234-235, 1918.
290. *Ibid.*, pp. 231-233; Benedict, *op. cit.*, p. 49.

selho (Eng) e morrem, de modo que os saiyali'as podem usar peles de coiote no pescoço (RC)[291]. Esses poucos exemplos deviam ser suficientes para ilustrar as possibilidades de estudar o modo como o processo de aculturação afeta os contos. É evidente que este tipo de estudo requer uma análise estrutural prévia tanto dos contos da cultura original quanto dos recontados pela cultura que os adotou. Até agora os folcloristas se contentaram em indicar a existência de contos europeus no meio indígena norte-americano. Com a ajuda da descrição morfológica dos contos nativos dos Estados Unidos, é possível explicar as mudanças que os contos europeus sofrem quando são recontados pelos grupos indígenas.

Uma outra vantagem da análise estrutural é que ela fornece meios de discernir a determinação cultural do conteúdo dentro da moldura da forma transcultural. O estudo estrutural dos contos tradicionais, ao contrário do método histórico-geográfico de estudo, analisa *mais de um conto por vez*. Em outras palavras, o estudo estrutural analisará ao mesmo tempo diversos contos. A vantagem que se pode ter com isso é que é possível examinar uma série de contos sem qualquer relação histórica entre si, mas estruturalmente idênticos, que ocorrem numa cultura particular. Se se examinar um grupo de contos de uma dada cultura, todos eles com base numa determinada seqüência motivêmica, como, por exemplo, a seqüência Interdição/Violação, descobrir-se-á de imediato quais são os motivos preferidos pela dada cultura. Ou seja, num dado contexto cultural, em quase todos os contos em que ocorrer um determinado motivema, este motivema pode manifestar-se através de um alomotivo específico. Provavelmente, este fato não poderia ser averiguado pelo estudo de um único conto. Para ilustrar esta técnica, discutirei rapidamente a forma cheyenne particular do motivema Interdição.

Em duas versões cheyennes de ''Prestidigitador de Olhos'' (Wycoco 1176), a interdição é representada por uma advertência ao trapaceiro a não jogar seus olhos acima

---

291. Benedict, p. 274.

da cabeça mais de quatro vezes[292]. Numa versão cheyenne de "Perna Afiada" (Wycoco 1199), o trapaceiro é advertido a não fincar a perna nas árvores mais de quatro vezes[293]. A versão cheyenne de "Pedra Rolante" (Wycoco 1167) é bastante singular. Não aparece a ofensa usual à rocha, como a de defecar sobre ela. Em vez disso, o entrecho é o seguinte: O trapaceiro vê um homem que consegue virar as pedras sem tocar nelas. O trapaceiro deseja possuir este poder (C) e o recebe (RC), mas é advertido a não exercitá-lo mais de quatro vezes (Int). O trapaceiro perde a conta e, ao tentar usar o poder pela quinta vez (Viol), uma enorme pedra começa a rolar atrás dele (Conseq). Um bacurau salva o trapaceiro, quebrando a pedra em pedaços (TF)[294].

É igualmente instrutivo examinar a curiosa versão cheyenne de "Anfitrião Trapalhão" (Wycoco 1210, Motivo J 2425). Neste conto, um trapaceiro vê um homem de quatro, enquanto uma mulher tira fatias de carne de suas costas com um escarnador. As tiras são depois cozidas e comidas. O trapaceiro sente desejo de poder fazer a mesma coisa (C). O homem lhe concede esse poder (RC), mas adverte-o a não repetir o fato mais de quatro vezes (Int). O trapaceiro perde a conta e, quando a mulher tenta tirar fatias pela quinta vez (Viol), sua pele é arrancada, causando-lhe grande sofrimen-

---

292. A. L. Kroeber, "Cheyenne Tales", *JAF*, 13:168, 1900; George Bird Grinnell, *By Cheyenne Campfires*, New Haven, 1926, pp. 294-295.
293. Kroeber, p. 169.
294. Grinnell, pp. 301-302. Foi Margaret W. Fischer quem chamou a atenção para esta interessante variante de "Pedra Rolante", na sua classificação das formas de mau uso do poder na mitologia algonquina. Ela observou que, entre os algonquinos orientais, o poder é dado com a condição de ser usado somente quando for realmente necessário. Em compensação, entre os algonquinos das Planícies, o uso do poder é definido de modo mecânico, geralmente associado ao número sagrado quatro. Desta maneira, o poder é dado para que se possa fazer uma coisa quatro vezes e, se ocorrer uma quinta tentativa, acabará em desastre. Fisher demonstra convincentemente que "as diferenças regionais na definição do mau uso do poder podem ser distinguidas entre si". Cf. Margaret W. Fisher, "The Mythology of the Northern and Northeastern Algonkians in Reference to Algonkian Mythology as a Whole", in Frederick Johnson (ed.), *Man in Northeastern American*, Papers of the Robert S. Peabody Foundation for Archaeology, 3:234, 234 n.17, 243 n. 8, 1946.

to (Conseq). O trapaceiro volta ao homem, que lhe cura as feridas (TF). O padrão motivêmico é repetido, então. O homem corta alguns pedaços do vestido de sua mulher e os cozinha. O trapaceiro deseja poder fazer a mesma coisa (C). O homem lhe concede o poder (RC), mas adverte-o a não tentar mais de quatro vezes (Int). De novo, o trapaceiro perde a conta e faz uma quinta tentativa (Viol). O vestido é fervido e encolhe, formando uma bola (Conseq). Entretanto, o homem que-deu-o-poder, que era convidado para esta última refeição, transforma o vestido em carne (TF) antes de ir embora[295].

Em outro conto cheyenne, ''Pescando com a Pele'' (''Skin Fishing''), o trapaceiro vê um homem que arranca tiras de pele do rosto e do corpo que usa como linha e isca para pescar. Quando o trapaceiro manifesta o desejo de ter o mesmo poder (C), o homem lho concede (RC), mas adverte-o a não usá-lo mais de quatro vezes em cada curva do riacho (Int). Como nos outros contos, o trapaceiro perde a conta e faz uma quinta tentativa (Viol). Quando isso acontece, um peixe o puxa para dentro do riacho e o engole (Conseq). No entanto, o trapaceiro é muito grande e, em seguida, o peixe sufoca até a morte e encalha num banco de areia, onde a mulher do trapaceiro o encontra, abre-o e liberta o marido (TF)[296].

Numa versão cheyenne do conto em que um objeto mágico roubado pelo trapaceiro retorna ao seu dono original, ''A Mochila Mágica'' (''Magic sack'', Wycoco 1222, Motivo D 1602.3), ocorre um padrão semelhante. O trapaceiro, em visita a homem que vive numa cabana, cobiça a sua mochila (C). Depois de várias tentativas infrutíferas de roubá-la, o trapaceiro finalmente consegue assustar o homem, que solta a mochila e corre (RC). No entanto, antes de correr, ele avisa ao trapaceiro que a mochila só deve ser aberta quatro vezes (Int). Toda vez que o trapaceiro abre a mochila,

---

295. Grinnell, pp. 292-294.
296. Grinnell, pp. 296-298. Pode-se comparar os motivemas Conseqüência e Tentativa de Fuga deste conto com as estórias dos peixes engolidores dos swampy crees e dos lillooets, discutidas anteriormente.

sai dela um búfalo; mas, quando perde a conta e abre-a pela quinta vez, saem uma manada de búfalos e esmagam a ele e a toda a sua família até a morte (Conseq)[297].

É óbvia a predileção cultural pelo motivo "não mais de quatro vezes" para preencher o motivema Interdição. Temos aqui um exemplo bem definido da determinação cultural de um alomotivo. Apesar de tudo, não existe falta de possíveis motivos que possam ser usados no motivema Interdição. Não obstante, é inegável a preferência cheyenne por um alomotivo específico. Esta descoberta, à primeira vista, constitui uma confirmação parcial do conceito de *ecótipo* formulado por Von Sydow[298]. Entretanto, costuma-se dizer que o ecótipo é uma *forma* especial de conto, equivalente mais ou menos à noção de subtipo nos estudos histórico-geográficos do conto popular[299]. O presente estudo sugere que a FORMA é quase constante em todo o continente norte-americano, mas que são evidentes certas escolhas de conteúdo determinadas culturalmente. Desse modo, ao conceito de forma ecotípica parece preferível a noção de conteúdo ecotípico. É verdade que, teoricamente, também pode haver diferenças na forma, decorrentes das regiões culturais, mas a distribuição dos tipos mais comuns de contos indígenas norte-americanos não oferece muitos exemplos a esse respeito[300].

Com referência à metodologia de estudo do conteúdo cultural nas formas transculturais, a análise estrutural pode revelar-se de grande ajuda. Por exemplo, a partir de uma leitura acurada de grande número de contos diferentes, é possível verificar a notável uniformidade, entre os cheyen-

297. Grinnell, pp. 302-305.
298. C. W. Sydow, *Selected Papers on Folklore*, Köbenhavn, 1948, p. 243 n. 15.
299. Stith Thompson, *The Folktale*, New York, 1951, p. 441.
300. Cabe aqui uma observação de Sapir: "Certamente, o conteúdo da linguagem reflete a cultura com meticulosa precisão, mas seus esboços morfológicos parecem ser essencialmente independentes dessa influência cultural". Cf. Edward Sapir, "The Relation of American Indian Linguistics to General Linguistics", *Southwestern Journal of Anthropology*, 3:3, 1947.

nes, dos motivos de interdição. No entanto, já não será mais necessária uma abordagem tão subjetiva e intuitiva. Se selecionarmos vários contos de uma dada cultura, todos com a mesma estrutura, é possível verificar, literalmente à primeira vista, as preferências culturais por determinados motivos. Por exemplo, se relacionarmos numa tabela as versões cheyenne dos seis contos discutidos acima, perceberemos sem qualquer dificuldade a uniformidade alomotívica do motivema Interdição.

Conto	*C*	*RC*	*Int* (etc.)
Prestidigitador de Olhos	deseja fazer malabarismo com os olhos	poder concedido	não usar o poder mais de quatro vezes
Perna Pontuda	deseja fincar a perna nas árvores	poder concedido	não usar o poder mais de quatro vezes
Pedra Rolante	deseja virar pedras sem tocar nelas	poder concedido	não usar o poder mais de quatro vezes
Anfitrião Trapalhão	deseja produzir comida magicamente	poder concedido	não usar o poder mais de quatro vezes
Pescando com a Pele	deseja usar a pele como linha e isca	poder concedido	não usar o poder mais de quatro vezes
Mochila Mágica	deseja uma mochila	poder concedido	não usar o poder mais de quatro vezes

Agora que constatamos a constância dos alomotivos de interdição nestes contos, não nos causará surpresa se um narrador cheyenne, ao recontar uma estória, procurar adaptá-la aos padrões de seus contos. É concebível que outros contos sejam alterados, como o foram ''Pedra Rolante'' e ''Anfitrião Trapalhão'', substituindo pelo alomotivo ''não mais de quatro vezes'' outros alomotivos que talvez fizessem parte do conto original introduzido na cultura cheyenne. É possível até mesmo ''plantar'' contos numa dada cultura, a fim de ver se, ao serem recontados, foram introduzidos na moldura estrutural dada aos alomotivos preferidos pela cultura em questão. Qualquer que seja o caso, não será surpresa descobrirem-se dados etnográficos sobre a importância da cultura cheyenne. Um informante cheyenne, por exemplo, explicou que o número quatro era a base do poder e da lei sobrenaturais. E acrescentou que, embora o homem branco tenha levado vantagem sobre o índio ao acrescentar uma unidade ao número perfeito para formar cinco, ele pagou um alto preço por isso. Os problemas econômicos do homem branco foram atribuídos ao fato de seu sistema monetário estar baseado na moeda de cinco centavos. Além disso, os desastres naturais, como enchentes e ciclones, que destruíram as casas do homem branco foram considerados castigos por sua interferência no número sagrado quatro[301]. A natureza deste tipo de pensamento etnocêntrico nativo poderia ter sido percebida a partir de um conhecimento dos contos tradicionais. De modo específico, a reunião de contos estruturalmente semelhantes, a fim de facilitar a comparação dos alomotivos de motivemas particulares, pode proporcionar idéias muito úteis sobre a *Weltanschauung* de uma cultura particular. A informação obtida por meio desta análise pode, às vezes, ser surpreendente. Entre os blackfoots, por exemplo, o alomotivo favorito do motivema Interdição é não bater numa mulher com fogo. Aparece nos contos "Esposa do Búfalo Magoada" ("Piqued Buffalo Wife", Wycoco 532, Motivo B 651.2), "Mudjiwikis: A Procura da Esposa Perdida" ("Mudjiwikis: A Quest for a Lost White", Wycoco 801, Motivo N 831.1) e "Orfeu" (Wycoco 1051, Motivo F 81.1)[302]. De qualquer modo, se

301. Stanley Campbell, "Two Cheyenne Stories", *JAF*, 29:407, 1916.
302. Sobre as versões blackfoots de "Esposa do Búfalo Magoada" com este alomotivo, cf. Clark Wissler & D. C. Duvall, "Mythology of the Blackfoot Indians", *Anthropological Papers of the American Museum of Natural History*, 2, Part I, pp. 117-119, 1908, e J. P. Josselin de Jong, *Blakfoot Texts*, Amsterdam, 1914, pp. 52-59 (Wetenschappen te Amsterdam, Afdeeling Letterkinde, Nieuwe Reeks, Deel XIV, n. 4); sobre "Mudjikiwis", cf. Wissler & Duvall, *op. cit.*, pp. 155-156; sobre "Orfeu", cf. George Bird Grinnell, *Blackfoot Lodge Tales*, New York, 1923, pp. 127-131.

na análise de conteúdo é importante estudar os desvios das normas estruturais, como Saporta e Sebeok sugeriram recentemente, é evidente então que as normas estruturais precisam ser estabelecidas[303]. Sem definir as normas estruturais, é obviamente impossível estudar os desvios dessas normas. Além disso, em função da dicotomia forma/conteúdo, não se pode analisar a variação alomotívica sem recorrer à análise motivêmica. A análise estrutural é, portanto, da maior importância e um pré-requisito indispensável para a análise de conteúdo no folclore.

Um outro uso para a análise estrutural reside no domínio inexplorado da comparação entre os diversos gêneros. Muito raramente os folcloristas tentaram comparar os diferentes gêneros folclóricos, como o provérbio, a adivinhação, o conto tradicional, a superstição etc. Na verdade, ocorre exatamente o contrário no que diz respeito aos dois gêneros do conto tradicional e da superstição: nos últimos anos tem havido uma tentativa de dividir o campo dos estudos folclóricos em duas áreas, a literatura popular (*folk literature*) e os costumes populares (*folk custom*). Herskovits, por exemplo, admite esse "mandato dual", como ele mesmo denomina. Bascom, numa inequívoca declaração feita em 1953, afirma que o folclore para o antropólogo abrange os mitos e os contos tradicionais, mas não compreende os costumes ou as crenças populares. Alguns anos antes, Marcel Rioux havia apontado esse viés do antropólogo, ao formular uma importante questão: "Será que as verdadeiras ferramentas conceituais do folclore permitem que esta disciplina avance no estudo da literatura oral até incluir as superstições entre seus temas?" A resposta de Samuel Bayard a esta pergunta asseverava que as superstições faziam parte *de facto* da matéria folclórica e sempre o tinham feito. No entanto, em vez de aduzir as razões pelas quais as superstições e a literatura oral deveriam integrar a matéria folclórica, Bayard apenas coloca a questão de Rioux com outras

---

303. Sol Saporta & Thomas A. Sebeok, "Linguistic and Content Analysis", in Ithiel de Sola Pool (ed.), *Trends in Content Analysis*, Urbana, 1959, p. 131.

palavras: "Será que os materiais do folclore podem ser definidos de maneira a se poder mostrar uma unidade fundamental do campo de estudo, a partir de uma relação genérica entre esses materiais?"[304]

Uma das razões para a tradicional separação entre os gêneros é a falta de definições adequadas desses gêneros. Herskovits, por exemplo, levanta a questão: "O que é uma superstição?" Em artigo mais recente, Francis Utley deseja saber igualmente o que fazer acerca da superstição. De modo geral, Utley tende a excluí-la de seu campo de estudo, embora diga que não pretende fazê-lo tão arbitrariamente[305]. No entanto, se os diferentes gêneros puderem ser definidos rigorosamente em termos de características morfológicas, então a comparação entre os gêneros tornar-se-á uma possibilidade valiosa. Uma comparação entre os aspectos morfológicos das superstições indígenas norte-americanas e dos seus contos tradicionais revela uma semelhança extraordinária e, reconhecidamente, inesperada entre os dois gêneros. Devemos reiterar que a comparação não teria sido possível sem uma análise estrutural dos dois gêneros. Para ilustrar esta técnica comparativa e fornecer, desse modo, outros exemplos do valor da análise estrutural, será necessário descrever muito resumidamente a estrutura das superstições dos nativos norte-americanos.

Num estudo estrutural recém-publicado, foi proposta a seguinte definição genérica: "As superstições constituem expressões tradicionais de uma ou mais condições e um ou mais resultados, sendo algumas das condições sinais e as outras, causas"[306]. Uma das categorias distinguidas de su-

---

304. Melville J. Herskovits, "Folklore After a Hundred Years", *JAF*, 59:93, 1946; William R. Bascom, "Folklore and Anthropology", *JAF*, 66:285, 1950; Samuel P. Bayard, "The Materials of Folklore", *JAF*, 66:5, 1953.

305. Herskovits, *op. cit.*, p. 99; Francis Lee Utley, "Folk Literature: An Operational Definition", *JAF*, 74:197, 1961.

306. Alan Dundes, "Brown County Superstitions", *Midwest Folklore*, 11:28, 1961. A fórmula para as superstições pode ser enunciada simplesmente como: "Se A, então B", com um opcional "a menos que C". [Cf. "A Estrutura da Superstição", neste volume, às pp. 211-223.]

perstição foi chamada "de magia" e, nela, a satisfação de uma ou mais condições *causou* um ou mais resultados. Algumas típicas superstições de magia dos índios norte-americanos compreendem desde a noção omaha de que, se uma certa linhagem comeu milho vermelho, os seus membros futuros adquirirão feridas em torno da boca, a crença chippewa de que jogar cães e gatos num lago provocará uma tempestade, até a idéia dos índios slaveys de que, se um caribu do norte do Canadá for morto com um cajado, os rebanhos deixarão de emigrar para as bordas orientais da região slavey durante o inverno[307]. Nestas, como em todas as outras superstições de magia, uma determinada condição conduz inelutavelmente a um determinado resultado.

Existe outra categoria de superstição, a chamada superstição de "conversão". Neste tipo, um resultado indesejável pode ser neutralizado, ou mesmo invertido de modo a que ocorra um desejável. Da última característica é que este tipo de superstição recebeu seu nome[308]. Duas superstições zunis de conversão são: Se uma pessoa que foi mordida de cachorro ou de cobra estiver no quarto de um recém-nascido, o bebê sofrerá um hemorragia no cordão umbilical. Para salvar a vida da criança, a pessoa que foi mordida deve lançar cinzas por quatro vezes por sobre a cabeça da mãe e da criança. A outra: Se uma mulher comer um pedaço de pão folhado que seu marido trouxe de volta da caçada de veado, terá filhos gêmeos, a menos que o pão seja passado quatro vezes em volta do degrau da escada de sua casa[309]. Não será preciso citar inúmeros outros exemplos para mostrar as linhas gerais de estrutura nessas superstições. Nas superstições de magia, existe uma ação condicional que, se for cumprida, conduz a um resultado. Nas superstições de conversão, que

---

307. J. Owen Dorsey, "Omaha Sociology", in *Third Annual Report of the Bureau of American Ethnology*, Washington, 1884, p. 231; Sister M. Inez Hilger, "Chippewa Customs", *Primitive Man*, 9:20, 1936; June Helm MacNeish, "Contemporary Folk Beliefs of a Slavey Indian Band", *JAF*, 67:189, 1954.

308. Dundes, *op. cit.*, p. 32 [neste volume, p. 221].

309. Elsie Clews Parsons, "The Favorite Number of the Zuni", *Scientific Monthly*, 3:597, 1916.

freqüentemente são neutralizadoras, um resultado indesejável é evitado ou anulado. Talvez seja possível perceber agora o curioso paralelo com a seqüência motivêmica Interdição/Violação, que está presente em muitos contos tradicionais dos indígenas norte-americanos. É importante observar também que as superstições de magia podem deixar de apresentar uma seqüência de conversão conhecida, ou seja, uma seqüência que proporcione um meio de escapar de seus resultados indesejáveis. É semelhante ao motivema Tentativa de Fuga dos contos indígenas, que pode estar presente ou não. Um conto pode terminar com uma conseqüência ou com uma fuga da conseqüência. Ocorre o mesmo com as superstições. O paralelo entre a estrutura da seqüência motivêmica Interdição/Violação e a estrutura das superstições é retratada na tabela seguinte:

Conto tradicional		*Superstição*	
Int:	Uma moça é advertida a não caçar coelhos	Condição:	Se uma mulher comer o pão trazido de uma caçada de veado.
Viol:			Ela caça coelhos.
Conseq:	Aparece um monstro canibal	Resultado:	Ela terá filhos gêmeos
TF:	Os gêmeos Ahaiyute salvam a moça	Neutralizador	a menos que se passe o pão quatro vezes em volta do degrau da escada de sua casa.

Pode-se notar que, nestes dois exemplos retirados do folclore zuni, predomina o mesmo padrão básico[310]. Não devemos ser enganados pela aparente ausência de uma analogia com o motivema Violação. Nas superstições, pressupõe-se sempre que a condição será satisfeita, ou, em outras palavras, que a interdição será violada. Contudo, como Propp

310. Sobre as fontes desse item, cf. Parsons, *loc. cit.*, e acima, p. 109, n. 219.

observou, também nos contos populares indo-europeus as interdições sempre são violadas (cf. acima, p. 85).

Assim, parece possível comparar um conto tradicional com uma superstição. Além disso, seria interessante saber se numa mesma cultura existe alguma correlação significativa entre a forma dos contos tradicionais e a das superstições, especialmente com relação ao motivema mais ou menos opcional Tentativa de Fuga e à porção neutralizadora de uma superstição. Seria o caso de pensar que, nas culturas em que havia grande preponderância, nos contos, das tentativas de fugir das conseqüências de interdições violadas, haveria, analogamente, uma alta incidência de superstições neutralizadoras ou de conversão. Inversamente, nas culturas em que a seqüência motivêmica Interdição/Violação terminava com a conseqüência, haveria presumivelmente poucas superstições de conversão. De qualquer modo, a notável semelhança estrutural entre certos contos tradicionais e certas superstições tende a indicar o possível erro da atual dicotomia dos antropólogos entre literatura popular e costumes populares. A pergunta de Bayard — ''Será que os materiais de folclore podem ser definidos de maneira a se poder mostrar uma unidade fundamental do campo de estudo através da análise e comparação estruturais?'' — deve ser respondida afirmativamente[311]. A análise morfológica dos contos

---

311. As comparações entre gêneros não se limitam aos dois gêneros dos contos populares e das superstições. A partir do momento em que outros gêneros forem submetidos à análise morfológica, serão possíveis outras comparações. Por exemplo, os jogos parecem possuir um excelente potencial comparativo. Eles são constituídos de regras e geralmente as infrações a essas regras resultam em penalidades. Além disso, em muitos jogos, o ardil desempenha um papel importante. Segundo Culin, existem muitos jogos indígenas norte-americanos em que ''um ou mais jogadores adivinham em qual dos dois ou mais lugares está escondida uma prenda casual ou especialmente marcada''. Sucesso ou fracasso implica no ganho ou perda de pontos. No ''Jogo da Mão'', que é um jogo de azar, o objetivo é ganhar tentos ou pontos (C). Os membros de uma equipe escondem a prenda marcada na mão de alguém, mas continuam a fingir que ainda a estão passando. Os movimentos são feitos de maneira a confundir os adivinhadores da equipe adversária (Ard). Se os adivinhadores forem induzidos a fazer uma adivinhação incorreta (Eng), a equipe que escondeu a prenda

tradicionais e das superstições dos indígenas norte-americanos sugere que, sendo as superstições expressões concisas e compactas de um padrão estrutural que se encontra igualmente em alguns contos tradicionais, estes dois gêneros devem ser estudados em conjunto.

Além da grande importância da análise estrutural para as questões de tipologia, predição, aculturação, análise de conteúdo e comparação entre gêneros, este tipo de análise também pode revelar-se útil no estudo da função e etiologia do folclore. Embora, como Propp observou, não faça parte da tarefa do morfologista interpretar suas descobertas ou envolver-se com origens, decerto a análise estrutural fornece uma base para o aprimoramento dos estudos funcionais do folclore e contribui para delimitar as questões tanto das origens históricas quanto das psicológicas[312].

No tocante à importância funcional de uma seqüência motivêmica como a Interdição/Violação, cada cultura deveria ser estudada separadamente. A semelhança de forma não implica de modo nenhum uma semelhança de função. Um dos objetivos do estudo da morfologia do folclore é fornecer uma descrição sincrônica precisa dos vários gêneros folclóricos, de molde a se poder perceber prontamente as diferenças culturais quer de forma quer de conteúdo. Isso revelar-se-ia útil para um estudo funcional do folclore. Se tivéssemos de discutir de forma genérica a função, ou, melhor, as funções, de uma seqüência motivêmica, poderíamos

---

ganha um tento (RC). Do ponto de vista dos perdedores, a regra é adivinhar a localização da prenda escondida sem fazer suposições erradas (Int). Uma suposição errada (Viol) resulta na perda de pontos (Conseq). Outros jogos são passíveis de análises semelhantes. Em "Esconde e Procura", que é encontrado entre os teton dakotas e os esquimós, um membro de uma equipe se esconde (C). Os membros da equipe oposta procuram-no até encontrá-lo (RC). A seqüência motivêmica nuclear é repetida indefinidamente, pois a pessoa que achou pode-se esconder para ser encontrada pelos membros do lado oposto. Cf. Stewart Culin, *Games of the North American Indians*, Washington, 1907, pp. 31, 267-327 e 715 (Twenty-Four Annual Report of the Bureau of American Ethnology).

312. Vladimir Propp, *Morphology of the Folktale*, Bloomington, 1958, p. 95 (Publication 10 of the Indiana University Research Center in Anthropology, Folklore, and Linguistics).

ser tentados a distinguir pelo menos duas funções, uma manifesta e outra latente[313]. A função manifesta da seqüência motivêmica Interdição/Violação seria enfatizar os valores culturais e um respeito sadio pelas tradições e instituições culturais. Como MacCulloch observou há muito tempo atrás, contos que falam da quebra de tabu são éticos na medida em que ilustram os perigos da desobediência[314].

A função latente pode ser definida em termos da moderna teoria da personalidade. Sem dúvida, uma das coisas mais apreciadas por uma platéia é o fato de *ter sido violada* uma interdição, isto é, ter sido quebrado um tabu. Por isso, embora os contos possam ser narrados com o propósito ostensivo de incutir respeito às regras culturais, os ouvintes também podem tirar grande prazer da experiência vicária da ousadia da parte do trapaceiro e muitas vezes do flagrante desrespeito a interdições impostas. Além disso, a freqüente alusão a comida, higiene e sexo apóia a idéia dessa função latente. Ninguém pretende que os alomotivos dos motivemas reflitam sempre a realidade. É de presumir que o que está sendo comunicado é o princípio de obediência a uma máxima cultural, independentemente do seu conteúdo específico, muitas vezes fantasioso. Não obstante, as proibições de brincar com os próprios excrementos ou de defecar em cima de uma pedra podem estar ligadas a injunções familiares com relação à higiene. As proibições de cavar determinadas raízes ou encarar um determinado vento, cuja violação causa gravidez, podem referir-se ao disciplinamento dos desejos sexuais. Certamente, a noção de injunções e interdições familiares, que produzem conseqüências quando são desobedecidas, é ensinada muito cedo ao indivíduo. Se essas duas funções forem válidas, pode-se então avaliar a justeza da declaração de Bascom, segundo a qual o paradoxo básico do folclore é que, ''embora ele desempenhe um papel vital na transmissão e preservação das

---

313. No tocante à distinção entre função latente e função manifesta, cf. Robert K. Merton, *Social Theory and Social Structure*, Glencoe, 1949, pp. 21-81.
314. J. A. MacCulloch, *The Childhood of Fiction*, London, 1905, p. 12.

instituições de uma cultura e na coação dos indivíduos a se ajustarem a elas, ele fornece ao mesmo tempo saídas socialmente aprovadas para escapar das repressões que essas mesmas instituições lhes impõem''[315].

A análise estrutural não só pode auxiliar na elucidação da origem ou *raison d'être* psicológica do folclore, como também pode ser muito útil nos problemas de origem histórica. Como já foi sugerido na discussão do conto ''Marido-Estrela'', o conhecimento das alternativas estruturais numa dada cultura pode ser vantajoso tanto na formulação de hipóteses arquetípicas quanto na avaliação dessas hipóteses. Por exemplo, supôs-se a partir da análise morfológica que pode ter sido um erro a exclusão sumária, por parte de Thompson, do que ele denominou versões fragmentárias do ''Marido-Estrela''. A morfologia dos contos indígenas norte-americanos também pode contribuir materialmente para a solução do problema da origem asiática do folclore ameríndio. Até agora, somente foram utilizados cognatos de conteúdo e estudos comparativos dos motivos. Depois de completadas as análises morfológicas dos contos populares japoneses, ainos e siberianos, estudos comparativos baseados em tais análises podem revelar os liames entre as tradições folclóricas indo-européias e as indígenas norte-americanas. Por exemplo, talvez fosse possível apoiar uma hipótese evolucionária que pretende provar que os contos ameríndios estruturalmente mais simples (*e.g.*, com menor profundidade motivêmica) seriam os precursores dos contos indo-europeus dotados de estrutura mais complexa. Talvez na época em que os ancestrais dos povos ameríndios vieram da Ásia, as formas estruturais mais simples do conto tradicional predominassem amplamente naquela parte do mundo. De qualquer maneira, para a construção dessas hipóteses históricas, é evidente que devemos estudar tanto a forma quanto o conteúdo. Conseqüentemente, as técnicas *tanto* da aná-

---

315. William R. Bascom, "Four Functions of Folklore", *JAF*, 67:349, 1954. Cf. também Melville J. Herskovits, *Man and His Works*, New York, 1948, p. 421.

lise estrutural *quanto* da análise de conteúdo deverão ser aplicadas no estudo da origem asiática do folclore ameríndio.

1.7. Conclusões

A conclusão mais importante que se pode tirar do presente estudo é a de que os contos indígenas norte-americanos são estruturados e não mais seriam conglomerados casuais e aleatórios de motivos livremente flutuantes. Isto parece claro, embora não tenham sido analisados todos os contos indígenas dos Estados Unidos e não tenham sido descritos todos os padrões estruturais.

Para a teoria do folclore é importante a descoberta de que os contos dos índios norte-americanos são passíveis de ser submetidos com sucesso a uma análise morfológica de seus componentes; e a importância dessa descoberta não diminui quando se imagina a possibilidade de que as unidades morfológicas empregadas hoje eventualmente terão de sofrer um refinamento posterior. Como observou Hadley Cantril, em qualquer campo da ciência é desejável que as unidades abstratas sejam modificadas e melhoradas a fim de que se tornem mais úteis[316].

A definição de padrões estruturais nos contos indígenas norte-americanos sugere que a abordagem por padrões pode ser estendida a outro aspecto da cultura ameríndia. Os padrões estruturais tiveram sua existência reconhecida há muito tempo na música, na poesia, nas línguas e nos rituais desses povos. Na verdade, é mais do que tempo de aplicar a abordagem por padrões a todos os materiais folclóricos dos indígenas. Como já foi observado anteriormente, todo o campo do folclore está atrasado no que se refere à aplicação da metodologia dos padrões. O atomismo pode ter sido uma etapa prévia necessária para uma análise dos padrões, mas, no folclore, o atomismo quase se tornou mais um fim em si mesmo que um instrumento para chegar a um fim.

316. Hadley Cantril, "Concerning the Nature of Perception", *Proceedings of the American Philosophical Society*, 104:468, 1960.

Outra conclusão sugerida pela presente análise é a confirmação da noção segundo a qual o mito e o conto tradicional não são gêneros estruturalmente distintos. De fato, morfologicamente falando, mitos e contos tradicionais constituem uma e mesma coisa. Isto significa que a distinção entre eles depende totalmente de critérios de conteúdo ou de fatores inteiramente externos, como crença ou função[317]. Assim, Boas estava fundamentalmente correto ao distinguir os mitos dos contos tradicionais com base em diferenças de conteúdo como cenário, tempo e personagens. Outro critério conteudístico, embora mais especulativo, de distinguir entre mito e conto tradicional pode ser proposto com base no presente estudo morfológico. A distinção depende da diferença entre uma carência individual e uma carência social.

Os antropólogos há muito se acostumaram a distinguir entre tabus individuais e tabus sociais. Os individuais afetam apenas uma pessoa e seus familiares mais próximos; os sociais abrangem um grupo, seja uma comunidade, um clã ou uma tribo. Do mesmo modo, "a distinção entre individual e social também se aplica às conseqüências da quebra dos tabus"[318]. Assim, o indivíduo que quebra tabus pode ser o único a sofrer as conseqüências do seu ato. Contudo, muitas vezes o grupo inteiro a que pertence o indivíduo pode ser forçado a sofrer as conseqüências da quebra de um tabu. Se se aplicar uma distinção semelhante aos contos baseados na seqüência motivêmica nuclear, pode-se perceber um possível critério para distinguir entre mito e conto tradicional. Se a carência a reparar for a de um indivíduo, trata-se provavelmente de um conto tradicional. Se, ao contrário, diz respeito a toda uma comunidade, ou mesmo à humanidade, é um mito. Por exemplo, numa estória dos up-

---

317. Com relação a uma definição de mito com base na crença, cf. David Bidney, *Theoretical Anthropology*, New York, 1953, pp. 293-295; no tocante a uma definição de mito com base na função, cf. Bronislav Malinowski, *Magic, Science and Religion and Other Essays*, New York, Doubleday Anchor Books, 1954, pp. 107, 146.

318. Esta discussão de tabus individuais e sociais e suas conseqüências foi extraída de Hutton Webster, *Taboo: A Sociological Study*, Stanford University, 1942, pp. 28-29.

per-chehalis, o Lince viola a interdição, estabelecida por seu irmão mais velho, de não deixar o fogo se apagar. Precisando de fogo, o Lince decide roubá-lo da feiticeira que mora no outro lado do rio. Ele o faz pondo um pouco de fogo da feiticeira na ponta da própria cauda[319]. Os mesmos detalhes aparecem em muitas versões da Costa Noroeste de "O Roubo do Fogo" (Wycoco 262). Todavia, nessas versões, ocorre usualmente uma declaração inicial que explica por que *a tribo não tinha fogo* (cf. também acima, p. 99). Numa versão tsimshian, por exemplo, a estória começa com a aflição da tribo por não ter fogo para cozinhar os alimentos ou para se aquecer no inverno. O cervo rouba fogo do seu dono colocando resina de madeira em sua cauda e introduzindo-a no fogo. Nesta versão, como em outras, o cervo, após o roubo, tem de nadar até um refúgio seguro[320]. Adotando a distinção entre carência social e carência individual, pode-se classificar a estória dos chehalis como um conto tradicional e a dos tsimshians como um mito. Não cabe interpretar esta distinção como um reflexo necessário das categorias nativas; ao contrário, pretende ser uma diferença de classificação objetiva que pode ser verificada empiricamente por qualquer observador.

Ao que tudo indica, a análise estrutural constitui uma possível base para trabalhos mais substanciais no estudo do folclore. Não é um fim em si mesmo, mas um instrumento que tem como finalidade esclarecer melhor como a mente humana se expressa numa forma singular de sua criatividade: folclore. No que se refere ao presente estudo, ele passará por sua prova definitiva quando outros folcloristas se propuserem analisar a morfologia dos contos tradicionais dos indígenas norte-americanos. A questão essencial é: Se dois ou mais folcloristas familiarizados com o método de

---

319. Thelma Adamson, *Folk-Tales of the Coast Salish*, MAFS, 27, New York, 1934, p. 60; com relação a uma versão cowlitz, cf. p. 203; e para referência a outras versões, cf. p. 401.

320. Franz Boas, *Tsimshian Mythology*, Washington, 1916, p. 16 (Thirty-First Annual Report of the Bureau of American Ethnology); para inúmeras referências a outras versões, cf. pp. 660-661.

análise empregado neste estudo analisarem um grupo de contos indígenas norte-americanos, os resultados obtidos concordarão entre si? Se a presente análise for válida, como parece, então, qualquer que seja a quantidade das análises, os resultados serão virtualmente idênticos. Isto não significa que não pode haver uma reformulação das unidades empregadas. Como Kenneth Pike indica, surgirão possivelmente outras alternativas de simbolização das unidades êmicas, mas isso não invalida a tese de que existe uma estrutura básica[321]. Essa é a tese que estamos discutindo neste trabalho, e não a singularidade ou não-singularidade das análises êmicas.

Francis Utley, recentemente, chamou a abordagem formal (isto é, estrutural) do folclore de "uma abordagem teórica promissora"[322]. Já é tempo de começar a se realizar a promessa. Contudo, para que isso ocorra, os folcloristas terão de redefinir a ciência do folclore. Terão de revisar a noção oitocentista de que o folclore é uma ciência histórica, noção que ainda hoje tem muita voga. Uma declaração de Alexander Krappe resume esta noção:

O folclore é uma ciência histórica, o que quer dizer que nunca poderemos atingir o que se pode denominar de 100% de certeza — como se consegue nas ciências naturais, principalmente na matemática. Sendo uma ciência histórica, o folclore está amplamente interessado nas origens e, secundariamente, no desenvolvimento histórico de uma idéia ou tema[323].

321. Kenneth L. Pike, *Language in Relation to a Unified Theory of the Structure of Human Behavior*, Glendale, Cal., 1954, Part I, p. 20. Cf. também acima, p. 91. Margaret Mead comentou este mesmo ponto, especificamente em relação ao estudo da linguagem. Ela afirma: "A possibilidade de emprego alternativo de diferentes unidades de análise repousa no reconhecimento de que o analista da linguagem lida com um corpo de material que contém uma estrutura, uma estrutura construída de forma tão complexa que pode ser revelada por uma série de operações comparativamente rigorosas que não são necessariamente idênticas". Cf. seu artigo "Review of Zellig S. Harris, *Methods in Structural Linguistics*", *International Journal of American Linguistics*, 18:258, 1952.

322. Francis Lee Utley, "Folk Literature: An Operational Definition", *JAF*, 74:196, 1961.

323. Alexander Krappe, "Conference on the Character and State of Studies in Folklore", *JAF*, 59:501, 1946. Esta versão da ciência do folclore data da época de Gomme e Hartland. Cf. George L. Gomme, *Folklore as*

Em compensação, a nova ciência do folclore deve incluir a análise estrutural sincrônica que conduzirá à formulação de definições precisas dos materiais folclóricos, definições baseadas em características morfológicas formais. Naturalmente, haverá lugar para estudos históricos diacrônicos, mas a necessidade primordial do folclore *enquanto ciência* são as análises estruturais descritivas de todos os gêneros folclóricos[324]. Somente assim o estudo do folclore se converterá realmente numa ciência.

an Historical Science, London, 1908, ou Edwin Sidney Hartland, *The Science of Fairy Tales*, London, 1890. Na verdade, já em 1885, Charlotte S. Burne defendia, em sua artigo "The Science of Folk-Lore", *Folk-Lore Journal*, 3:102, 1885, que "o estudo do folclore não é uma 'ciência exata'...". Uma descrição detalhada dos pontos de vista de Krappe pode ser encontrada em seu livro *The Science of Folk-Lore*, London, 1930. Cf. especialmente a introdução, pp. xv-xxi.

324. É importante reconhecer a prioridade lógica da análise estrutural sincrônica. Mais uma vez a situação na lingüística é instrutiva. "A opinião corrente com respeito a esse assunto é que implicações de qualquer tipo, quer de caráter genético quer difusionista, deverão necessariamente ser preteridas até que a estrutura de cada língua esteja descrita e isso então permita uma comparação mais controlada que casual." Cf. C. F. Voegelin & Z. S. Harris, "The Scope of Linguistics", *American Anthropologist*, 49:597, 1947. Hyman, em sua perspicaz classificação tripartida das ênfases dos estudos folclóricos: estrutura, função e origem, deixa de indicar que os estudos estruturais deveriam preceder a análise da função e da origem. Cf. Stanley Edgar Hyman, "Some Bankrupt Treasuries", *Kenyon Review*, 10:498, 1948.

2. A ESTRUTURA BINÁRIA DA "REPETIÇÃO MALSUCEDIDA" NOS CONTOS POPULARES DA LITUÂNIA[1]

Um simples exame da história do estudo da tradição oral aponta uma tendência a descobrir uniformidades estruturais nos contos populares. Quando esses contos começaram a ser recolhidos metodicamente, acreditava-se que eram únicos e peculiares a regiões geográficas específicas. Com a perspectiva do nacionalismo, era totalmente apropriado falar de contos populares alemães ou de contos populares franceses. No entanto, cedo se tornou evidente que, basicamente, o mesmo conto popular podia ser encontrado numa grande diversidade de contextos culturais. Somente depois de concluído o índice tipológico de Aarne-Thompson foi colocada alguma ordem neste caos. De acordo com este sistema, os contos tradicionais foram classificados pelo conteúdo e receberam designações numéricas arbitrárias.

1. Extraído de *Western Folklore*, XXI(3):165-174, July 1962.

Aarne dividiu os contos tradicionais em três grupos principais: contos de animais, contos populares comuns e contos humorísticos. Dentro de cada um desses grupos existem inúmeras subdivisões nas quais são relacionados os contos individuais. Assim, o tipo de conto 1, "O Roubo de Peixe", encontra-se na subdivisão "Animais Selvagens" de "Contos de Animais"; o tipo de conto 480, "As Fiandeiras da Fonte", está classificado na subdivisão "Tarefas Sobre-humanas" de "Contos Comuns de Magia"; o tipo de conto 1535, "O Camponês Rico e o Pobre", está incluído em "Estórias de Homem (Rapaz)", que é uma subdivisão de "Piadas e Anedotas", o terceiro grupo principal de Aarne. A busca de uniformidades estruturais não passou disso. De modo geral, os folcloristas têm relutado em cruzar as linhas que separam o tipo de conto individual do de grupo. Mesmo a importante contribuição de Propp ao estudo estrutural dos contos populares está supostamente confinada, por definição, aos "contos de fada", isto é, "aos contos classificados entre os números 300 e 749 de Aarne"[2]. Embora admita que este agrupamento de 300 a 749 é artificial, Propp não oferece qualquer indicação da pertinência de sua análise estrutural a outros tipos de conto de Aarne, por exemplo, os "Contos de Animais", ou "Piadas e Anedotas". O que defendo aqui é que existem tipos estruturais de contos populares e que é perfeitamente possível que contos particulares em cada um dos três grupos principais de Aarne pertençam ao mesmo tipo estrutural.

Uma outra contribuição da noção de tipo estrutural é que ela oferece maior facilidade para relacionar os contos populares com contextos culturais específicos. Quando se estuda um tipo de conto individual de Aarne-Thompson segundo o método histórico-geográfico, o máximo que se pode descobrir é um subtipo regional, digamos, um subtipo báltico, dentro do tipo em exame. Contudo, é possível que

2. Vladimir Propp, *Morphology of the Folktale*, ed. Svatava Pirkova-Jakobson, transl. Laurence Scott, Bloomington, 1958, p. 19 (Publication Ten of the Indiana University Research Center in Anthropology, Folklore, and Linguistics).

sejamos fortemente pressionados a descobrir alguma relação entre a forma especial do conto e a região em que é encontrado. Por outro lado, se todos os contos tradicionais fossem estudados pelo método histórico-geográfico e se todos os subtipos bálticos fossem comparados entre si, é bem possível que se descobrissem padrões preferenciais observáveis empiricamente nos contos da região báltica[3]. Entretanto, como é improvável que todos os contos possam ser estudados de modo tão intenso, torna-se altamente importante a alternativa de analisar apenas um tipo de conto popular definido estruturalmente. Em outras palavras, se numa região são encontrados muitos tipos de conto individual na classificação de Aarne-Thompson, todos pertencentes ao mesmo tipo estrutural, é possível que fique mais fácil e justificável relacionar este tipo estrutural ao contexto cultural. Isto não deve ser entendido como uma crítica ao valor e importância dos estudos histórico-geográficos dos tipos de conto de Aarne-Thompson, mas como uma proposta para complementar esses estudos com um exame simultâneo de vários tipos de conto. Esses diversos tipos de conto não precisam manter uma relação genética e histórica; devem apenas ser estruturalmente semelhantes, se não idênticos.

Para ilustrar este método de estudo dos contos tradicionais, será discutido em detalhe um tipo estrutural que parece bastante comum nas coleções de contos populares da Lituânia. O tipo em questão possui uma estrutura bipartida, onde a segunda parte é muito semelhante à primeira. Estas partes correspondem aos "movimentos" de Propp*, e na verdade, quando fala de um conto popular que consiste de

---

3. É digna de menção a sugestão de Stith Thompson, em *The Folktale* (New York, 1951), p. 141, segundo a qual a validade da teoria de ecótipo de Von Sydow só pode ser provada através de um estudo exaustivo de vários tipos de conto em que muitas semelhanças de subtipo coincidem coerentemente com certas regiões geograficamente delimitadas.

* Na edição brasileira do livro de Vladimir Propp, *Morfologia do Conto Maravilhoso* (Rio de Janeiro, Forense-Universitária, 1984), o termo "movimento" foi traduzido por "seqüência", que se define como uma série de funções. (N. do T.)

dois movimentos, "dos quais um termina de maneira positiva e outro, de modo negativo", Propp está-se referindo a este tipo. Ele dá um exemplo: "Primeiro movimento: uma madrasta expulsa de casa sua enteada; o pai a leva para longe; ela retorna com presentes. Segundo movimento: a madrasta escorraça as filhas; o pai as leva para longe e elas retornam punidas"[4]. Em essência, o primeiro dos dois "núcleos" — tomando um termo da teoria lingüística transformacional — envolve um ato ou uma série de atos bem-sucedidos, enquanto o segundo reproduz o mesmo ato ou uma série de atos, com a diferença de que neste o resultado não é o sucesso, mas o insucesso.

É importante ter em mente que os núcleos, dentro da concepção estrutural, podem expandir-se de maneira quase infinita. Isto quer dizer que milhares de detalhes do primeiro núcleo podem reaparecer no segundo, ou apenas que uma ação simples é tentada sem sucesso no segundo núcleo. O tipo de conto 480, "As Fiandeiras da Fonte" ("The Spinning-Woman by the Spring"), que foi estudado exaustivamente por Warren Roberts, seria um excelente exemplo de uma manipulação complexa da estrutura binária de "repetição malsucedida", enquanto que o tipo de conto 1, "O Roubo de Peixe" ("The Theft of Fish"), seria por comparação um exemplo simples do mesmo tipo estrutural. Talvez os exemplos mais simples deste tipo ocorram em contos menores inclusos ou, melhor, em contos acrescentados a outros tipos estruturais. Por exemplo, o tipo de conto 531, "O Cavalo Inteligente" ("The Clever Horse"), depois que o herói realizou as várias tarefas prescritas pelo rei inevitavelmente hostil, a conclusão usual suscita uma repetição malsucedida. A princesa pode mandar cortar a cabeça do herói para torná-lo mais bonito, caso em que o rei pede que lhe façam a mesma coisa com um resultado fatal[5]. O conto é bastante popular na Lituânia, a julgar pelas 76 versões

---

4. Propp, *op. cit.*, p. 85. Cf. abaixo a discussão do tipo de conto *482.
5. Stith Thompson, *The Folktale*, pp. 62-63. Todos os resumos dos tipos de conto de Aarne-Thompson usados neste artigo seguem os dados por Thompson em *The Folktale*.

registradas por Balys[6]. Numa versão lituana traduzida recentemente, o herói é embelezado pela imersão em leite fervente, ao passo que o rei, ao imitá-lo, é ignominiosamente escaldado até a morte[7]. Para os propósitos desta discussão, porém, examinarei apenas as análises mais detalhadas do núcleo estrutural. Também poderiam ser incluídos os contos em que o herói apenas afirma ter feito alguma coisa, o que induz o tolo a repetir a mesma ação e fracassar. Exemplos deste tipo de conto seriam: tipo de conto 2, "Pescando com o Rabo" ("The Tail-Fisher"), no qual a raposa conta ao urso ignorante que ela apanha peixes pescando com a própria cauda num buraco do gelo, e o tipo de conto 1088, "Competição de Comida" ("Eating Contest"), no qual o herói-trapaceiro abre uma sacola que contém comida escondida e induz o ogro estúpido a cometer suicídio. Entretanto, na repetição malsucedida propriamente dita, o herói realiza realmente uma série de atos que o personagem tolo tenta imitar e, presumivelmente, dá-se a ele a mesma oportunidade de sucesso que é dada ao herói. Na classificação de Aarne-Thompson existem muitos contos tradicionais deste tipo.

Os resumos, que apresento a seguir, de vários tipos de conto Aarne-Thompson têm o intuito de exemplificar a noção de estrutura binária de uma repetição malsucedida, como é encontrada comumente em contos populares internacionais. No tipo de conto 1, "O Roubo de Peixe", uma raposa, fingindo-se de morta, deita-se numa estrada por onde deve passar uma carroça carregada de peixes. A raposa é recolhida pelo condutor e, tão logo é colocada entre os peixes, começa a atirá-los para fora da carroça. Depois de haver carregado uma boa quantidade de peixe, a raposa encontra o urso e lhe relata a sua experiência. O urso tenta o mesmo estratagema, mas é agarrado e espancado ou mor-

---

6. Jonas Balys, *Motif-Index of Lithuanian Narrative Folk-Lore*, Kaunas, 1936, p. 54 (Tautosakos Darbai, vol. II, Publication of the Lithuanian Folklore Archives).

7. Stepas Zobarskas (ed.), *Lithuanian Folk Tales*, 2. ed., Brooklyn, 1959, p. 47. As notas explicativas foram elaboradas por Jonas Balys, que fornece os números de Aarne-Thompson e paralelos lituanos.

to. No tipo de conto 480, "As Fiandeiras da Fonte", a moça boa e dadivosa cuida de um ente encantado, ou de vários deles, e é recompensada, geralmente com ouro. A moça má decide imitá-la, mas, devido à sua perversidade no trato com os seres ou objetos encantados, é punida com a morte, ou com uma praga (ao falar, saem-lhe da boca sapos em vez de jóias). A propósito, o motivo "o Bom e o Mau" (Q 2) aparece em vários tipos de conto. Thompson relaciona uma dúzia deles, sem contar a óbvia ocorrência no tipo de conto 403, "O Negro e a Noiva Branca"[8].

Ao discutir as razões pelas quais os tipos de conto 480 e 403 são comumente associados, Roberts observa corretamente que "os contadores de estórias em regiões da Europa e do Oriente Próximo parecem ter juntado os dois tipos por causa da semelhança em seus entrechos"[9]. No tipo de conto 503, "Os Presentes dos Duendes" ("The Gifts of the Little People"), um corcunda é ajudante das fadas e dos anões ou se submete pacificamente aos seus caprichos. Como recompensa, tem sua bossa removida e/ou recebe ouro. Seu companheiro avarento tenta imitar os atos do herói, mas hostiliza os duendes que aplacam a sua ira dando-lhe a bossa removida do herói e/ou, em vez de ouro, uma substância sem valor, como carvão. No tipo de conto 613, "Os Dois Viajantes" ("The Two Travelers"), o herói escuta por acaso uma reunião de espíritos ou animais e aprende vários segredos valiosos, como o remédio para curar a princesa ou o rei, o lugar onde está escondido um grande tesouro etc. Com a ajuda dessas informações, o herói executa várias tarefas maravilhosas e é adequadamente recompensado. Um companheiro perverso, ao tomar conhecimento da boa sorte do herói, tenta espreitar a reunião dos animais ou espíritos, mas a sua presença é notada e ele é despedaçado, ou então recebe informações falsas que o levam a praticar atos estúpidos.

No tipo de conto 676, "Abre-te, Sésamo", ("Open Sesame"), um homem pobre observa alguns ladrões penetra-

---

8. Thompson, *op. cit.*, p. 126.
9. Warren Roberts, *The Tale of the Kind and the Unkind Girls*, Fabula, Berlin, 1958, p. 10 (Supplement-Serie B: Untersuchungen Nr. 1).

rem numa montanha, que se abre quando são pronunciadas as palavras mágicas "Abre-te, Sésamo", que ele ouve por acaso. Ele consegue entrar no esconderijo, donde sai carregado de ouro. O seu irmão rico tenta imitá-lo, mas, por ter esquecido as palavras mágicas, é apanhado pelos ladrões e mantido prisioneiro no interior da montanha. No tipo de conto 750A, "Os Desejos" ("The Wishes"), o camponês hospitaleiro trata bem um ente encantado (por exemplo, Cristo) e recebe uma recompensa de ter realizados três desejos. Mas o personagem tolo, geralmente um homem rico, trata com rudeza o mesmo ente e, embora receba também a promessa de ter realizados três desejos, ele os desperdiça insensatamente, terminando sem ganhar nada. No tipo de conto 753, "Cristo e o Ferreiro" ("Christ and the Smith"), Cristo é o protagonista. Ele retira uma das patas de um cavalo para colocar uma ferradura e depois a recoloca sem qualquer dano para o animal. É capaz também de rejuvenescer uma anciã colocando-a no fogo. O ferreiro tenta fazer as mesmas coisas, com resultados desastrosos. Finalmente, no tipo de conto 1535, "O Camponês Rico e o Pobre" ("The Rich and the Poor Peasant"), ocorre um exemplo clássico da falsa ação heróica que induz a vítima a imitar o herói e a fracassar. O herói-trapaceiro se gaba de possuir um objeto mágico, por exemplo, uma flauta com que é capaz de ressuscitar os mortos. Seu cúmplice, muitas vezes sua própria esposa, finge-se de morto e ele afirma que vai ressuscitá-lo. O camponês rico compra o objeto mágico, mata a esposa a fim de testá-lo, mas não consegue revivê-la. Em outro episódio, o camponês pobre declara que recebeu uma fortuna pela venda de um único couro de vaca, quando na verdade recebeu pouco pelo couro e obteve o dinheiro por outros meios. O camponês rico e avarento tenta aumentar a sua fortuna matando todas as suas vacas, pois espera fazer fortuna com a venda dos couros; naturalmente, é obrigado a vendê-los por um preço irrisório. Neste conto, como em todos os outros, não só o herói astuto e pobre, presumivelmente merecedor, obtém riqueza, como também o vilão tolo e rico, não sendo merecedor, é levado a perder sua fortuna. Se nos lembrarmos da técnica de Propp de extrair unidades estruturais mínimas, as funções, sem qualquer referência a personagens específicas, podemos constatar que todos estes contos pertencem estruturalmente a um único e mesmo tipo. Desta perspectiva, é irrelevante que Cristo atue como herói num conto e como doador em outro. Mesmo a seqüência do doador (Propp, funções 12 a 14) é opcional e a estrutura básica permanece a mesma com ou sem a presença desta seqüência. Quase sempre, porém, há um doador definido, embora possa ser Deus, Cristo, o diabo, um ancião, uma fada, um animal etc. Do ponto de vista estrutural, essas diferenças de detalhe de modo algum diminuem a notável uniformidade geral da maioria dos contos relacionados acima.

Todos os contos mencionados foram recolhidos na Lituânia, alguns em grande número de versões. Em 1936, a quantidade de versões lituanas era a seguinte: tipo *1*, 38; *480*, 20; *503*, 5; *613*, 40; *676*, 16; *750A*, 14; *753*, 12; e *1535*, 106[10]. No entanto, como estes contos são internacionais e muitos apresentam uma distribuição geográfica extremamente ampla, talvez não fosse prudente diminuir o fato de todos gozarem de alguma popularidade na Lituânia. Estes mesmos contos poderiam ser igualmente comuns em outras regiões do mundo, e o elevado número de versões lituanas indica apenas uma maior atividade de coleta nessa região. Entretanto, outras provas confirmam que o padrão estrutural da repetição malsucedida é particularmente popular nas narrativas folclóricas da Lituânia. Por exemplo, com base em materiais lituanos, Balys incluiu em seu *Motif-Index* vários tipos de conto que estão claramente baseados neste padrão. O tipo de conto *482, "A Moça na Casa do Urso" ("The Girl in the Bear's House") (63 versões), relata como uma madrasta obriga o marido a abandonar a filha na floresta. A moça se abriga numa casa de urso e alimenta ali um camundongo. Sua bondade é recompensada e a moça volta para casa. A filha da madrasta deseja ser igualmente recompensada, mas se esquece de alimentar o camundongo e é punida com a morte. No tipo de conto

10. Balys, *op.cit.*

*748, "Na Véspera de Natal os Animais Falam como Seres Humanos" ("On Christmas Eve Animals Talk Like Human Beeings") (25 versões), o entrecho é um tanto semelhante ao do tipo de conto 613, "Os Dois Viajantes". A boa sorte permite que algumas pessoas descubram por acaso onde está escondido um tesouro, enquanto bisbilhoteiros intencionais são informados apenas de que morrerão em breve.

No tipo de conto *729, "Um Machado Cai no Riacho" ("An Axe Falls Into the Stream") (8 versões), um espírito aquático devolve o machado que havia caído no rio com um machado de ouro, mas um homem honesto afirma que ele não lhe pertence. Um outro homem joga deliberadamente seu machado na água e reivindica o de ouro como sendo seu, mas não obtém sucesso. No tipo de conto *730, "Levando Pão para o Inferno" ("Transporting White Bread to Hell") (25 versões), o irmão pobre de um homem rico leva para este um pão de presente. O irmão rico sugere que ele vá para o inferno com seu pão. O homem pobre, no caminho para o inferno, encontra um ancião que o instrui e no final o recompensa. O irmão rico também leva pão para o inferno, mas, por causa de sua descortesia com o ancião, não recebe nenhum conselho e, conseqüentemente, torna-se vítima dos diabos. No tipo de conto *771, "O Ancião e as Brasas" ("The Old Man with the Live Coals") (15 versões), um homem pobre sai à procura de fogo e encontra um ancião que lhe dá algumas brasas. Ao chegar em casa, as brasas se transformam em ouro. O homem rico apaga o seu fogo de propósito e visita o mesmo ancião, mas é informado apenas de que sua casa está em chamas. O homem rico retorna e encontra a sua casa pegando fogo[11]. Este conto é mais ou menos se-

---

11. De modo bastante curioso, ao comentar uma coletânea de contos lituanos traduzida recentemente, Balys parece ter esquecido este tipo de conto que ele próprio propôs. Numa narrativa intitulada "Como Deus Transformou um Homem num Asno", que Balys rotula de simples lenda, a esposa de um camponês sai em busca de fogo e encontra um ancião que lhe dá fogo e uma bengala. Ela guarda a bengala no celeiro e, na manhã seguinte, este está cheio de grãos. Na véspera da Páscoa, um vizinho apaga propositadamente o fogo de sua casa e sai à procura do ancião. Este lhe diz que ele não precisa de fogo, porque sua casa está em chamas. Depois de

melhante ao tipo de conto 752A, "Cristo e Pedro no Celeiro" ("Christ and Peter in the Barn"). Neste conto, Cristo é solicitado a ajudar na debulha em pagamento de sua pousada e ele milagrosamente separa os grãos com fogo. Quando o camponês tenta imitá-lo, queima o seu celeiro. Segundo Thompson, este conto como tradição oral parece estar limitado à região do Báltico e Balys relata 22 versões lituanas[12].

No tipo de conto *713, "Um Contrato com o Diabo: Não Dormir Três Noites" ("Bargain with the Devil: Not to Sleep Three Nights"), o herói é tão pobre que vai ao bosque para se enforcar e encontra o diabo. Este concorda em dar-lhe um saco de ouro se ele ficar três dias e três noites sem dormir. Quando o diabo pergunta ao herói se está dormindo, ele responde que está tentando solucionar uma questão. A cada noite é enunciada uma questão: Existem na terra mais árvores tortas do que retas? Há mais água do que terra? O toco onde estou sentado está diretamente no centro da terra? Enquanto o diabo sai para procurar a resposta, o herói dorme. Finalmente, recebe do diabo logrado um saco de ouro. O vizinho invejoso do herói está tão ansioso para ficar rico que também decide ir ao bosque se enforcar. O diabo lhe faz a mesma proposta, mas, quando o homem admite que está com sono, o diabo torce-lhe o pescoço (11 versões)[13]. Observem que a estrutura da narrativa não é alterada pelo fato de o doador ser o diabo, em lugar de Cristo, de fadas, duendes etc.

Existem outros materiais narrativos pertinentes a esta tese. Balys menciona várias lendas interessantes que Thompson, em seu monumental *Motif-Index of Folk-Literature*, classifica sob o Motivo J 2415, "Tola Imitação do Homem Feliz" ("Foolish Imitation of Lucky Man"). Embora Thompson tenha relacionado essas lendas com um título de

---

queimar a casa do homem, o ancião — ou Deus — transforma o infeliz num asno. No entanto, a cristianização do conto alterou um pouco a sua estrutura. O conto possui um acréscimo onde se narra que Deus se apiedou do homem e o ajudou a recuperar a forma humana original (Zobarskas, *op. cit.*, pp. 133-135).

12. Thompson, *op. cit.*, p. 151; Balys, *op. cit.*, p. 75.
13. Zobarskas, *op. cit.*, pp. 209-212.

motivo, elas são narrativas estruturalmente completas, comparáveis aos contos tradicionais discutidos anteriormente. (A propósito, isto sugere que a abordagem estrutural da narrativa folclórica pode ser de grande valia para esclarecer a diferença, se é que existe alguma, entre conto popular e lenda.) Na lenda 3252 de Balys, "O Diabo e a Moça no Banheiro" ("The Devil and the Girl in the Bath-House"), a heroína que está sozinha no banheiro é convidada pelo diabo a dançar. Ela o despede, alegando que não tem sapatos, vestido etc. Mantém assim o diabo ocupado em trazer essas coisas, uma a uma, conforme ela vai pedindo, até que o galo canta. A moça tola, porém, comete o erro de pedir todas as coisas ao mesmo tempo, de modo que o diabo dança com ela até a morte (43 versões). Na lenda 3255, "As Megeras no Forno" ("The Beldams in the Kiln-barn"), uma velha encerrada num forno para ser despedaçada pelos diabos se mostra muito cortês com eles e, conseqüentemente, é poupada e recompensada. Uma outra velha deseja também receber recompensas, mas é rude com os demônios que a castigam, atormentando-a até a morte (4 versões). Na lenda 3594, "Os Rapazes Pastores e a Caverna na Colina" ("The Shepherd Boys and the Cave in the Hill"), o chapéu de um rapaz é lançado acidentalmente na caverna no topo de uma colina. Quando ele se arrasta para dentro da caverna para apanhá-lo, encontra um ancião que lhe devolve o chapéu cheio de ouro. Outro rapaz atira de propósito o chapéu dentro da caverna, mas, ao penetrar em seu interior, se machuca gravemente (19 versões). E finalmente na lenda 3691, "As Fadas e a Criança" ("Fairies and a Child"), as fadas guardam uma criança que a mãe havia deixado acidentalmente fora de casa durante a noite e lhe dão presentes. No entanto, estrangulam uma criança que fora abandonada de propósito (47 versões).

Este breve levantamento de materiais especificamente lituanos seria suficiente para mostrar que a seqüência narrativa com repetição malsucedida é de fato muito freqüente nos contos populares dessa região. Isto pode ser afirmado mesmo na ausência de um estudo exaustivo dos materiais lituanos. Ao contrário da abordagem histórico-geográfica dos contos populares, na qual a obtenção de resultados válidos requer a leitura de muitas variantes e textos, um estudo estrutural dos contos tradicionais não necessita de um *corpus* ilimitado. Na verdade, são necessários textos suficientes apenas para assegurar que não se está trabalhando com versões atípicas; mas, pelo menos teoricamente, uma afirmação estrutural com base numa dúzia ou mais de textos representativos pode ser tão precisa quanto uma análise baseada em milhares de textos. Esta é uma grande vantagem da abordagem estrutural, e é este ponto mesmo que é preciso demonstrar àqueles folcloristas que afirmam que se deve postergar a análise do folclore até que se tenha recolhido uma quantidade muito grande de textos. Por outro lado, uma análise estrutural de modo algum responde a todas as perguntas sobre os contos populares. Não indica, por exemplo, a origem histórica e geográfica do conto. Para responder a esta questão, tanto quanto ao problema das vias de difusão e dos modos de desenvolvimento dos contos individuais, são necessários os tradicionais estudos histórico-geográficos. Assim, em conseqüência do presente estudo, não se poderia afirmar que o conto popular com repetição malsucedida se originou na Lituânia, mas apenas mostrar que parece ter-se desenvolvido na região. No entanto, essa constatação apresenta alguma importância, pois é duvidoso que se pudesse deduzi-la até mesmo do mais abrangente estudo de um conto isolado entre os vários tipos mencionados por Aarne-Thompson. Em outras palavras, o propósito da abordagem estrutural é complementar, e não substituir, o método histórico-geográfico dos contos populares.

Que as exposições estruturais não são um fim em si mesmas torna-se evidente a partir das questões que elas suscitam. Se o conto popular com "repetição malsucedida" floresceu entre os lituanos, resta ainda descobrir a causa desse fato. Não basta especular, a partir de premissas psicológicas, no sentido de que a estrutura representa uma racionalização do desejo infantil. A criança, continuamente frustrada por sua incapacidade de fazer o que faz o adulto, ou por sua impossibilidade de ter tudo o que os adultos têm, poderá muito bem construir uma fantasia na qual somente ela tem sucesso na realização de um desejo íntimo, enquanto o adulto tolo e rude perderá todos os seus haveres. (É importante observar que o padrão estrutural não é apenas o ganho de riquezas por parte do herói, mas também a perda de riquezas pelo rival. Com relação a isso, o interessante é que muitas vezes os atos maléficos ou o tratamento rude é que são punidos. Além disso, embora as ações do herói sejam freqüentemente acidentais e irracionais, elas são recompensadas; mas as ações do tolo, que são quase sempre planejadas e extremamente racionais, são punidas. Num paraíso infantil, a criança nunca faz nada de errado e o adulto nunca faz nada de certo.) Por mais aceitável que ela possa ser, essa hipótese da origem psicológica da narrativa tem pouca serventia para explicar por que a estrutura floresceu na Lituânia. Essa motivação psicológica seria claramente universal. Talvez o passado da Lituânia possa conter alguma explicação para a ampla difusão do modelo. Um povo subjugado por uma servidão feudal, ou submetido a potências estrangeiras, como a Polônia, a Alemanha ou a Rússia, poderia certamente apreciar um conto em que o pobre fica rico e o rico fica pobre. Existem até aqueles que afirmariam que, como os lituanos gozaram durante algum tempo de autonomia política antes de sucumbirem à dominação estrangeira, é lógico que o folclore lituano refletisse um padrão de sucesso seguido de um fracasso. Neste caso, o fracasso do vizinho ganancioso seria muito mais a racionalização de um desejo. Então, mais uma vez, a estrutura pode ser apenas a expressão de uma filosofia de vida fatalista. A boa sorte vem quando não é buscada. Usualmente, os doadores, depois de um encontro acidental com o protagonista, recompensam-no por sua cortesia e desprendimento, enquanto que punem invariavelmente o antagonista rude e ganancioso porque descobrem que ele os procurou deliberadamente. Na verdade, essas questões conjecturais deveriam ser deixadas para um historiador da cultura que conheça profundamente a Lituânia. De certo modo, a tarefa do folclorista é apontar as estruturas básicas e os subtipos histórico-geográficos regionais. Mas não se deve esquecer que a tarefa intelectual do estudioso dos contos populares não estará totalmente esgotada até que se possa responder à questão crucial: Por quê?

A abordagem estrutural dos contos populares poderia ajudar a elucidar o fundamento lógico dos empréstimos de contos de uma cultura a outra. Por exemplo, é possível que uma cultura que disponha de elementos autóctones de um dado tipo estrutural adote com mais facilidade exemplos estrangeiros do mesmo tipo. Ou, provavelmente, adapte todos os empréstimos ao tipo estrutural preferido. Por conseguinte, de acordo com essa hipótese, as tribos indígenas norte-americanas que apreciavam contos nativos como o "Anfitrião Trapalhão" ou o "Prestidigitador de Olhos" poderiam estar mais predispostas a recontar contos europeus baseados na "repetição malsucedida" do que as demais tribos que ainda não estavam familiarizadas com esse tipo de conto. Um possível indício dessa tendência à adaptação é fornecido pelas versões lituanas do tipo de conto 715, "Semigalo" ("Demicoq"). Na forma-padrão européia do conto, um galo ou um frango, depois de algumas aventuras, consegue produzir dinheiro e enriquecer seu dono. No entanto, de acordo com os resumos propostos por Balys de 41 versões lituanas, a galinha também tenta fazer o mesmo, mas produz excremento em vez de dinheiro. Esta variação lituana por si só não tem maior significado, mas, com base em outras provas concludentes, poderá muito bem ilustrar a idéia de adaptação de um conto à forma culturalmente preferida de repetição malsucedida. Se esta hipótese se mostrar verdadeira, provavelmente servirá de apoio à noção de ecótipos nacionais ou culturais de Von Sydow[14].

Assim, a conclusão teórica mais importante a extrair do presente estudo é talvez a possibilidade, ou, melhor, a necessidade de comparar entre si os tipos de Aarne-Thompson. Ademais, a hipótese de que alguns dos chamados contos de fada podem ser estruturalmente idênticos a outros ti-

---

14. C. W. von Sydow, *Selected Papers on Folklore*, Köbenhavn, 1948, p. 243, n. 15.

pos de conto exigirá talvez uma espécie de revisão da surpreendente fórmula de Propp para os contos de fada russos. É preciso esclarecer, no entanto, que o tipo estrutural "repetição malsucedida" ainda não foi estudado exaustivamente para permitir uma conclusão rigorosa em termos de tipologia estrutural. Pode muito bem ocorrer, por exemplo, que a estrutura de repetição malsucedida esteja coordenada com uma estrutura de repetição bem-sucedida. Em outras palavras, poderia existir um tipo de conto de estrutura binária constituído de dois "movimentos", um dos quais incluía uma série de ações bem-sucedidas, enquanto o outro compreendia uma série de atos malsucedidos. As possibilidades alternativas poderiam ser: o conto começa com o fracasso do não-herói, após o quê o herói é chamado a solucionar o impasse (repetição bem-sucedida); ou começa com o sucesso do herói, vindo a seguir a imitação desastrada do não-herói (repetição malsucedida). Essa distinção poderia mostrar-se útil se fosse possível correlacionar as freqüências de ocorrência das alternativas com a atuação dos diferentes narradores de contos populares, ou com os contextos históricos específicos. No entanto, para realizar esse tipo de análise, oa historiadores da cultura e os antropólogos culturais com mentalidade estatística devem aguardar os resultados mais detalhados da nova ciência do folclore que abranja o estudo estrutural dos contos tradicionais.

3. DAS UNIDADES ÉTICAS ÀS UNIDADES ÊMICAS NO ESTUDO ESTRUTURAL DOS CONTOS TRADICIONAIS[1]

Tradicionalmente, o estudo do folclore em geral e dos contos populares em particular sempre tendeu a ser mais diacrônico que sincrônico. Deu-se ênfase, claramente, mais à gênese e desenvolvimento dos materiais folclóricos que à estrutura desses materiais. Os folcloristas do final do século XIX estavam interessados mais em saber como nasceu o folclore do que em desvendar o que era o folclore. Acreditava-se que as explicações genéticas eram suficientes para definir a natureza do folclore. Assim, os mitólogos solares sustentavam que o grosso dos materiais folclóricos constituía uma tradução poética, feita pelo homem primitivo, de fenômenos celestes como o nascer e o pôr-do-sol. Depois do "eclipse da mitologia solar", como muito bem expressou Richard M. Dor-

1. Extraído de *Journal of American Folklore*, 75:95-105, 1962.

son[2], apareceu a escola antropológica. Os membros deste grupo estavam convencidos de que o folclore se desenvolveu a partir de fatos históricos e costumes primordiais. No curso da evolução unilinear de todas as culturas, foram preservados restos vestigiais de sua origem arcaica. Esses restos foram denominados sobrevivências culturais, e o estudo dessas sobrevivências se chamou folclore. A versão moderna desta forma de estudo diacrônico é fomentada pelos defensores da teoria mito-ritualista, os quais afirmam que todos os mitos evoluíram a partir do rito. Como não se fez qualquer tentativa de explicar a origem primária do mito, essa questão foi substituída por outra: a sua evolução. Analogamente, no método mais moderno de estudo do folclore, o chamado método histórico-geográfico finlandês, são evitadas as questões referentes à origem. O objetivo deste método é delinear a "história completa de um conto particular"[3]. Os seus defensores procuram determinar as vias de disseminação e o processo de desenvolvimento dos materiais folclóricos. Reunindo todas as versões conhecidas de um conto isolado, o folclorista procura reconstituir a forma original hipotética do conto. Entretanto, não se faz qualquer tentativa de explicar, em primeiro lugar, como esta forma original pode ter-se constituído. Assim, estamos diante de uma corrente de análise que se desinteressa da gênese e da causa e se detém no processo de transmissão e desenvolvimento evolutivo dos contos. Mas, independentemente disso, o estudo do folclore continuou diacrônico.

As três abordagens do folclore — a mitológica, a antropológica e a histórico-geográfica — se assemelham entre si, não só porque são diacrônicas, mas também por serem comparativas. As três utilizam materiais oriundos de muitas culturas. Aos folcloristas sempre pareceu óbvio, independentemente da abordagem que utilizavam, que os estudos comparativos necessitam de um meio conveniente de

---

2. Richard M. Dorson, "The Eclipse of Solar Mythology", *JAF*, 68:393-416, 1955.
3. Stith Thompson, *The Folktale*, New York, 1951, p. 430.

referir-se tanto às partes e porções isoladas quanto aos temas globais do folclore. Em segundo lugar, para que a comparação fosse bem-sucedida, era preciso trabalhar com unidades apropriadas. Isso pareceu particularmente importante aos membros da escola finlandesa, uma vez que as conclusões de um estudo histórico-geográfico se baseavam exatamente nas diferenças entre algumas das menores unidades de um conto tradicional. Infelizmente, o sistema de unidades que então foi desenvolvido visou sobretudo a responder apenas à primeira necessidade, isto é, à de proporcionar um meio de nomear tanto as partes e porções isoladas quanto os constituintes maiores do folclore. A preocupação de definir unidades realmente comparáveis não entrou, por exemplo, na elaboração do índice de motivos, ou no índice de tipos de conto de Aarne-Thompson. Assim, por mais que esses dois índices possam ser úteis como auxiliares bibliográficos, ou como uma espécie de estenografia simbólica, suas unidades básicas, isto é, o motivo e o tipo de conto, não fornecem uma base adequada para estudos comparativos.

Para mostrar a inadequação dessas unidades ao estudo comparativo dos materiais folclóricos, devemos definir antes em que consiste uma unidade básica. As unidades são construtos lógicos utilitários de medida que, embora reconhecidamente relativísticos e arbitrários, permitem maior facilidade no exame e comparação dos materiais estudados pelas ciências sociais e naturais. É importante que as unidades sejam padrões de um tipo de quantidade (por exemplo, unidades de calor, de comprimento etc.). Pode-se conceber as unidades como sendo abstrações de entidades distintas que tanto podem combinar-se para formar unidades maiores quanto dividir-se em unidades menores. Existe uma infinidade de unidades, pois é com seu auxílio que o homem procura descrever a natureza da realidade objetiva. Se assumirmos uma perspectiva relativística, verificaremos que, independentemente das unidades que venhamos a adotar, outras subunidades menores podem ser postuladas. Historicamente, foi o que ocorreu no desenvolvimento do nêutron a partir do átomo que, por sua vez, se desenvolveu a partir da molécula. Uma unidade mínima, portanto, pode ser definida como a menor unidade útil para se proceder a uma análise, ficando implícito que, embora uma unidade mínima possa ser subdividida, não haveria interesse ou necessidade de fazê-lo.

Os folcloristas não são os únicos a encontrar dificuldades em definir unidades adequadas. Como indica Kluckhohn, "a maioria dos antropólogos concordariam em que até o momento nenhuma unidade elementar como átomo, célula ou gene foi determinada satisfatoriamente com relação à cultura em geral"[4]. Por outro lado, numa área da antropologia, a saber, a lingüística, foram delimitadas unidades como o fonema e o morfema. A respeito do fonema, observa Roman Jakobson que "a análise lingüística, com o conceito de entidades fonêmicas básicas, aproxima-se notavelmente da física moderna, que demonstrou ser a estrutura granular da matéria composta de partículas elementares"[5]. A maioria dos antropólogos e lingüistas, no entanto, parecem acreditar que as unidades da lingüística, embora extremamente úteis no estudo da linguagem, são de pouca ou nenhuma utilidade fora desta área[6]. Uma exceção notável é Kenneth Pike, que chegou a tentar o emprego de unidades similares às lingüísticas numa análise de todo o comportamento humano. Em seu ambicioso estudo, *Language in Relation to a Unified Theory of the Structure of Human Behavior*, Pike fez várias afirmações teóricas estimulantes que parecem aplicáveis também ao folclore. Embora não se refira explicitamente ao folclore, Pike começa seu estudo com a análise de um jogo em equipe, que pertence obviamente ao campo do folclore. Examinando a sua apresentação teórica, perceberemos que o modelo fornecido pelos lingüistas pode ser muito útil aos folcloristas. Na verdade, sempre é

---

4. Clyde Kluckhohn, "Universal Categories of Culture", in A. L. Kroeber (ed.), *Anthropology Today*, Chicago, 1953, p. 517.
5. *Ibid.*, p. 517, n. 24.
6. F. C. Voegelin & Z. S. Harris, "Training in Anthropological Linguistics", *American Anthropologist*, New Series, 54:324-325, 1952; Kluckhohn, p. 517.

perigoso usar padrões já prontos, porque se corre o risco inevitável de forçar o material a adequar-se a um modelo pré-fabricado. No entanto, é uma técnica aceitável se for capaz de realmente auxiliar na solução de um problema, como, no nosso caso, a determinação das unidades no folclore. Resta, pois, demonstrar que: primeiro, o motivo e o tipo de conto são unidades não-estruturais, ou, para usar a terminologia de Pike, unidades éticas; e, segundo, existem no folclore unidades estruturais empiricamente observáveis, ou seja, unidades êmicas, que podem ser descobertas através da aplicação de técnicas virtualmente lingüísticas.

Não se pode criticar o motivo por ser indecomponível. Como já se disse, qualquer unidade pode ser subdividida em unidades menores. Entretanto, o motivo enquanto unidade é passível de crítica por não ser um padrão de um tipo de quantidade. A discussão de Thompson sobre o motivo esclarece isso. Segundo Thompson, um motivo é "o menor elemento de um conto que não tem capacidade de persistir na tradição"[7]. É digno de nota que, nesta definição, toda a ênfase recaia no que o elemento faz (isto é, persiste na tradição), e não no que ele é. A definição, portanto, é mais diacrônica que sincrônica. Thompson fala de três classes de motivo. A primeira são os atores; a segunda são "itens do segundo plano da ação — objetos mágicos, costumes inabituais, crenças estranhas e outras coisas semelhantes"; e a terceira são "incidentes isolados", que, na opinião de Thompson, "constituem a grande maioria dos motivos". Nunca foi dito o que vem a ser exatamente um incidente. Se os motivos podem ser atores, itens e incidentes, então dificilmente seriam unidades. Não são medidas de uma única quantidade. Afinal das contas, não há classes de polegada ou de onça. Além disso, as classes de motivo não são mutuamente exclusivas. É possível conceber um incidente que não inclua um ator ou um item, quando não ambos? Tem-se insistido em que, sem unidades definidas com rigor, é quase

---

7. Sobre a discussão do motivo por Thompson, cf. *The Folktale*, pp. 415-416.

impossível a verdadeira comparação. É possível comparar um ator a um item?

A conseqüência teórica mais importante que adveio do emprego do motivo como unidade mínima foi, provavelmente, a tendência a ver nos motivos entidades totalmente livres e independentes do contexto. Além disso, a abstração superorgânica muitas vezes ganha uma vida própria. Quando Thompson, falando dos motivos, pergunta: "Será que alguns deles se combinam livremente em qualquer contexto?", o fraseado não é acidental. As unidades abstratas são o sujeito do verbo, e a questão é saber se elas se combinam. Isso fica mais claro quando Thompson se interroga: "Será que algumas se isolam e *vivem* uma vida independente como um tipo de conto de motivo único?"[8]. Contudo, a conseqüência mais crucial de dividir o folclore em motivos é a mencionada acima, ou seja, que o motivo é considerado uma unidade totalmente isolável. Além do mais, admite-se muitas vezes que tal unidade é capaz de tomar parte em combinações ilimitadas. Lowie, por exemplo, fala de um elemento do folclore "perfeitamente livre", que pode aparecer em várias combinações[9].

No entanto, se os motivos têm realmente liberdade para combinar-se, então a unidade maior, o tipo de conto, parece repousar em terreno um tanto instável. O tipo, segundo Thompson, é "um conto tradicional com existência independente". Mais uma vez, temos uma definição que não se baseia em características morfológicas. Ao contrário, tal como ocorreu no caso do motivo, adota-se aqui o critério da existência no tempo. Thompson observa que um conto completo ou tipo é "constituído de vários motivos dispostos numa ordem ou combinação relativamente fixa". Se os motivos estão numa ordem relativamente fixa, então parece improvável que "se combinem livremente em qualquer contexto". No entanto, se, a partir da descrição de um tipo de

---

8. *Ibid.*, p. 426. O grifo é meu.
9. Robert Lowie, "The Test-Theme in North American Mythology", *JAF*, 21:109, 1908.

conto, se presumir que um tipo de conto era apenas uma unidade constituída de unidades menores chamadas motivos, então ter-se-ia de considerar o fato de uma classe de motivos, a saber, os incidentes, poderem ser "verdadeiros tipos de conto". E, de fato, segundo Thompson, "a grande maioria dos tipos tradicionais se compõem destes motivos singulares"[10]. Se isso for verdade, então a distinção entre motivo e tipo de conto se torna um tanto imprecisa.

Devemos ao folclorista húngaro Hans Honti a melhor descrição talvez do tipo de conto enquanto unidade[11]. Segundo Honti, existem três modos possíveis de encarar um tipo de conto como unidade. Primeiro, o tipo de conto é um encadeamento de vários motivos; segundo, o tipo de conto é uma entidade isolada em comparação com outros tipos de conto; e, terceiro, o tipo de conto é como que uma substância que se manifesta através de múltiplas aparências, chamadas variantes. Honti mostra então que, em termos puramente morfológicos, um tipo de conto é uma unidade formal apenas quando comparado a outros tipos de conto. Depois de compará-los com a classificação botânica, ele rejeita os outros dois tipos de unidade. Honti observa que as plantas são compostas de elementos morfológicos similares: raízes, caules, folhas etc. Por mais que muitos desses elementos possam diferir em tipos diferentes, são uniformes dentro de tipos individuais. Assim, o homem pode classificar as plantas segundo um sistema estrutural, levando em conta a constituição de suas raízes, caules, folhas etc. Mas, no caso dos contos tradicionais, o tipo é formado por uma combinação variável de motivos, ou por um grande número de variantes. Em outras palavras, os elementos constituintes dos contos tradicionais, no entender de Honti, não são constantes, mas extremamente variáveis. Isto torna dificilmente realizável a classificação estritamente morfológica. Dever-se-ia observar, neste ponto, que os folcloristas tomaram

10. Thompson, pp. 415-416.
11. Hans Honti, "Märchenmorphologie und Märchentypologie", *Folk-Liv*, III:307-318, 1939.

consciência de que existe um padrão fixo na disposição dos motivos num conto tradicional, mas ao mesmo tempo reconheceram que esses motivos podem variar consideravelmente. A questão fundamental na análise do conto tradicional seria, então, determinar o que é constante e o que é variável. Isto pode envolver muito bem a distinção entre forma e conteúdo[12]. A forma seria o elemento constante, enquanto o conteúdo seria o variável. Deste ponto de vista, percebe-se que a tipologia dos contos proposta por Aarne-Thompson está baseada no conteúdo, que é o variável.

Aarne propõe três divisões principais para os contos tradicionais: Contos de Animais, Contos Tradicionais Comuns, e Piadas e Anedotas. A segunda divisão, que é a maior, tem inúmeras subdivisões, que compreendem: A. Contos de Magia; B. Contos Religiosos; C. Contos Românticos; e D. Contos do Ogro Bobo. Além disso, a subdivisão A. Contos de Magia se divide em: Adversários Sobrenaturais; Esposo(a) ou Outros Parentes Sobrenaturais, ou Encantados; Tarefas Sobre-humanas; Ajudantes Sobrenaturais; Objetos Mágicos; Poder ou Conhecimento Sobrenatural; e Outros Contos do Sobrenatural. Posteriormente, Aarne agrupa seus contos, que aliás são restritos a coleções da Europa Setentrional e Ocidental, sob esses títulos subjetivos. Somente a categoria Contos de Fórmula, incluída em Piadas e Anedotas, parece basear-se em critérios estruturais.

Percebe-se, mesmo a um exame superficial, que esta classificação não se baseia na estrutura dos próprios contos, mas na avaliação subjetiva do classificador. E, no entanto, isto é tudo o que os classificadores possuem em matéria de tipologia dos contos. Se um conto fala de um ogro bobo e de um objeto mágico, será realmente uma decisão arbitrária colocar o conto em II A. Contos de Magia (Objetos Mágicos), ou II D. Contos de Ogro Bobo. Com relação aos Con-

---

12. A forma não está sendo considerada aqui separada do sentido. É muito apropriada a idéia de Pike de um compósito forma-sentido em contraste com a forma sem sentido ou o sentido sem forma. Cf. Kenneth L. Pike, *Language in Relation to a Unified Theory of the Structure of Human Behavior*, Glendale, 1954, Part I, pp. 74, 99, 150.

tos de Magia, em que subdivisão seria classificado um conto tradicional em que uma tarefa sobre-humana é realizada por um ajudante sobrenatural que dispõe de poderes sobrenaturais? O melhor exemplo de que a tipologia de Aarne-Thompson se baseia nos elementos variáveis se encontra talvez no exame dos tipos de conto que diferem apenas com relação às personagens. Num Conto de Animal (tipo 9), "O Parceiro Injusto" ("The Unjust Partner"), existe uma versão em que, na divisão da colheita, a raposa ficou com o milho, enquanto ao urso ignorante restou o farelo, mais volumoso. Nos contos de Ogro Bobo, deparamos com o tipo 1030, "A Divisão da Colheita" ("The Crop Division"). É a mesma estória, mas as personagens são agora um homem e o ogro. Na relação de Ogro Bobo, Aarne observa que o conto é protagonizado algumas vezes por uma raposa e um urso, e de fato chega a comentar, em seu prefácio ao índice de tipos, esta duplicação de materiais: "Esta narrativa foi classificada entre os contos de ogros, porque originalmente seria este o seu lugar; mas é também encontrada, com uma nota sobre seu lugar correto, entre os contos de animais, já que narra uma transação entre uma raposa e um urso, ou entre um homem e um urso". Este não é um exemplo isolado. É possível estabelecer o mesmo tipo de distinção, no que diz respeito às diferenças das personagens, quando se comparam outros tipos de conto, como 4 e 72; 43 e 1097; 123 e 333; 153 e 1133; 250 e 275; e 38, 151 e 1159; para mencionar apenas alguns[13].

Outra séria dificuldade relacionada com o tipo de conto como unidade é o fato de muitas vezes um ou mais tipos serem incluídos em outro tipo de conto. Isso se assemelha à ocorrência dos motivos de ator ou de item em motivos de incidente. Assim, em algumas versões do tipo 1685, "O Noivo Bobo" ("The Foolish Bridegroom"), aparece o in-

---

13. Esta discussão se baseia na resenha que Thompson fez da obra de Antti Aarne, *Verzeichnis der Märchentypen*, trabalho publicado em *The Types of the Folk-Tale*, Helsinki, 1928 (FF Communications, N° 74). No entanto, nenhuma das duplicações foi eliminada na revisão do índice de tipos de conto, feita por Thompson em 1961.

cidente em que o bobo, quando lhe pedem que lance "bons olhos" à noiva, joga no prato olhos de boi ou de carneiro. Este "incidente" também aparece no tipo 1006, "Lançando Olhos" ("Casting Eyes"), incluído entre os Contos de Ogro Bobo. Essa mistura e incorporação de diferentes tipos é ainda mais evidente no fato de que, no caso de um conto complexo como o tipo 300, "Matador de Dragão" ("Dragon Slayer"), não existem menos de oito tipos de conto diferentes que os classificadores reconhecem que são às vezes misturados. É fácil então verificar que mesmo a afirmação de Honti, segundo a qual os tipos de conto eram unidades morfológicas no sentido de que um tipo de conto diferia de outros tipos de conto, não é comprovável. Na verdade, qualquer folclorista profissional engajado na pesquisa folclórica sabe muito bem que os contos tradicionais, quando recolhidos de informantes, são muitas vezes combinações de dois ou mais tipos de conto de Aarne-Thompson. O certo é que, por mais útil que possa revelar-se o índice de Aarne-Thompson na localização de estudos críticos e variantes, o tipo de conto de Aarne-Thompson deixa muito a desejar enquanto unidade estrutural do folclore. Honestamente, deve-se dizer que, para Aarne e para Thompson, o índice nada mais era que uma obra de referência.

Naturalmente, está claro que o propósito principal da classificação das narrativas tradicionais, quer por tipo quer por motivo, é proporcionar um modo exato de referência, tanto para o estudo analítico quanto para os inventários precisos de grandes corpos de material. Se os dois índices conduzirem à precisão na terminologia e serverem de chaves para abrir amplos reservatórios inacessíveis da ficção tradicional, terão cumprido o seu propósito[14].

Contudo, o que aconteceu é que este louvável índice terminológico começou a ser encarado como uma espécie de tipologia. Alguns folcloristas tendem a considerar o tipo de conto 1030, "A Divisão da Colheita", como um tipo genérico de unidade. Ainda mais, como a tipologia de Aar-

14. Thompson, *The Folktale*, p. 427.

ne-Thompson é conhecida internacionalmente e contribuiu bastante para facilitar a pesquisa dos contos populares, os folcloristas se sentem receosos de introduzir um sistema inteiramente novo. Por exemplo, Honti observa que, se os contos fossem classificados de acordo com um sistema morfológico teoricamente adequado, e não segundo um sistema lógico teoricamente inadmissível, seria sem dúvida muito mais fácil analisar os contos tradicionais. Não obstante, afirma estar convencido de que isso não constitui razão suficiente para substituir o bem elaborado sistema de Aarne-Thompson. Honti faz menção à dificuldade que se teria para reelaborar os catálogos dos diferentes arquivos folclóricos nacionais segundo um novo sistema[15]. Trata-se de um tipo de pensamento muito perigoso e que conduz à estagnação intelectual, que o campo do folclore não pode admitir. Em qualquer domínio do conhecimento, particularmente nas ciências naturais e sociais, se algo é errado, inadequado e é reconhecido como tal, deve ser mudado. Supõe-se que os folcloristas estudem a tradição, e não que sejam compelidos por ela. A tradição e a conveniência dificilmente constituem razões suficientes para que os estudiosos perpetuem um erro reconhecido. Os estudos comparativos do folclore requerem unidades cuidadosamente definidas, e, se o motivo e o tipo de conto de Aarne-Thompson não preenchem essas necessidades, deve-se então inventar novas unidades.

Já foram sugeridas novas unidades através da aplicação da metodologia lingüística aos materiais folclóricos. E isso foi feito particularmente por um folclorista russo, Vladimir Propp, que em 1928 publicou a obra *Morfologia do Conto Maravilhoso*. Neste livro, Propp paga tributo a Joseph Bédier, que foi o primeiro a reconhecer que os contos populares continham elementos variáveis e constantes. Entretanto, Bédier, cuja obra principal, *Les Fabliaux*, foi publicada em 1893, apesar de uma tentativa de expressar esquematicamente esses elementos relacionados, deixou de definir a natureza exata das unidades constantes. Propp, aproprian-

---

15. Honti, p. 317.

do-se da técnica esquemática, propôs-se a tarefa de definir as unidades constantes no conto tradicional.

O propósito de Propp era estruturar uma morfologia dos contos de fada; e por conto de fada ele entendia os classificados por Aarne entre os números 300 e 749, denominados "Contos de Magia". O estudo de Propp era sincrônico, o que contrastava de forma acentuada com a grande maioria dos estudos folclóricos de seu tempo. Propp esperava descrever o conto de fada segundo as suas partes componentes e indicar a relação que esses componentes mantinham entre si e com o todo. Começa por definir uma nova unidade mínima, a função. Ele o fez porque percebeu que os nomes das personagens e seus atributos mudavam, enquanto que as suas ações ou funções permaneciam inalteradas. Em outras palavras, para usar um exemplo já mencionado, num plano funcional o tipo de conto 1030, "A Divisão da Colheita", é o mesmo quer as personagens sejam animais quer seres humanos. A partir desta constatação, Propp afirma que "as funções das personagens de um conto popular devem ser consideradas as suas unidades básicas; e devemos em primeiro lugar extraí-las como tais"[16]. Para mostrar como essa unidade mínima constituinte (a função) pode ser extraída das personagens, Propp, depois de analisar quatro contos isolados, oferece o seguinte exemplo:

1. Um rei dá uma águia a um herói. A águia leva o herói (quem recebe) para outro reino.
2. Um ancião dá a Sutchenko um cavalo. O cavalo leva Sutchenko para outro reino.
3. Uma feiticeira dá a Ivã um pequeno barco. O barco leva-o para outro reino.

16. Vladimir Propp, *Morphology of the Folktale*, ed. Svatava Pirkova-Jakobson, transl. Laurence Scott, Bloomington, 1958, p. 19 (Publication Ten of the Indiana University Research Center in Anthropology, Folklore, and Linguistics). O estudo de Propp foi também publicado como Parte III do *International Journal of American Linguistics*, XXIV, nº 4, 1958, e como Vol. 9 da Bibliographical and Special Series da American Folklore Society. [Em português, *Morfologia do Conto Maravilhoso*, Rio de Janeiro, Forense-Universitária, 1984.]

4. A princesa dá a Ivã um anel. Vários rapazes que saem do anel carregam Ivã para outro reino, etc.

É óbvio que, embora as personagens variem, a sua função permanece a mesma. Estruturalmente falando, não importa se o objeto que transporta o herói para outro reino é uma águia, um cavalo, um barco, ou homens. A seguir, Propp passa a definir a função, e a sua função é uma das contribuições mais revolucionárias e importantes nas últimas décadas[17]. Propp afirma que "não se pode definir uma ação isolada do lugar que ocupa no processo narrativo"[18]. Esta afirmação simples revela a inegável falácia do pensamento folclórico em matéria de motivos isolados. A ação ou função só pode ser definida no lugar que ocupa no processo narrativo. Honti, que não conhecia a obra de Propp, havia dito que era difícil conceber um motivo a não ser como parte de um tipo[19], mas Propp foi mais longe. Não só a unidade mínima deve ser examinada como parte de um tipo, como também deve ser considerada com relação ao lugar que ocupa nesse tipo.

Propp não consegue estabelecer uma distinção entre elemento constante e elemento variável dos contos tradicionais. Ele observa: "As funções são os elementos estáveis e constantes nos contos populares, e independem de quem as executa e de como são executadas pelas personagens"[20]. Depois de analisar uma amostra escolhida aleatoriamente de 100 contos de fada russos, Propp pôde tirar as seguintes conclusões surpreendentes. Primeiro, o número de funções conhecidas no conto de fada é limitado. Na verdade, ele descobriu 31 funções possíveis. Além disso, a seqüência de funções é sempre idêntica. Isto não significa que todas as 31 funções ocorrem em todo conto de fada, mas apenas que

---

17. A importância deste ponto teórico não foi notada por Archer Taylor e Melville Jacobs em seus comentários à obra de Propp. Cf. *The Slavic and East European Journal*, 17:187-189, 1959; e *JAF*, 72:195-196, 1959.
18. Propp, p. 19.
19. Honti, p. 308.
20. Propp, p. 20.

"a ausência de diversas funções não altera a ordem das que permanecem". Em conseqüência de sua análise, Propp pôde sugerir uma nova unidade para substituir o tipo de conto de Aarne-Thompson.

> Pode-se asseverar que os contos que evidenciam funções idênticas pertencem ao mesmo tipo. Baseado nisto, é possível criar um índice de tipos que não se apóie nas características da trama, que são essencialmente vagas e difusas, mas, antes, em aspectos estruturais exatos[21].

Para Propp, cada um dos 100 contos de sua amostra se ajustará a uma fórmula, concluindo que "todos os contos de fada, devido à sua estrutura, pertencem a um único e mesmo tipo"[22].

Pode-se constatar facilmente a diferença entre a antiga unidade mínima, o motivo, e a nova, a função, na valiosa distinção que Kenneth Pike formulou entre ético e êmico. A abordagem ética não é estrutural, mas classificatória, já que o analista imagina categorias lógicas de sistemas, classes e unidades sem que reflitam a verdadeira estrutura em dados isolados. Para Pike, as unidades éticas são criadas pelo analista para o manuseio de dados comparativos transculturais[23]. Em compensação, a abordagem êmica é monocontextual, estrutural.

> Uma abordagem êmica deve lidar com eventos particulares enquanto partes de totalidades maiores com as quais estão relacionadas e das quais obtêm o seu significado derradeiro, ao passo que a abordagem ética pode abstrair os acontecimentos, para propósitos particulares, de seu contexto ou sistema local de acontecimentos, a fim de agrupá-los numa escala universal sem referência especial à estrutura de qualquer língua ou cultura. [...] ... as unidades êmicas, dentro desta teoria, não são absolutos que existem no vácuo, mas são pontos de um sistema que, por sua vez, são definidos como RELATIVOS ao sistema. Deve-se estudar uma unidade não isoladamente, mas como parte integrante de um sistema total de componentes que funciona dentro de uma cultura total. É este problema que, em última análise, constitui a base da necessidade de

---

21. *Ibid.*, p. 21.
22. *Ibid.*, p. 95.
23. Pike, pp. 9-10, 20.

lidar com o êmico de forma diferente daquela com que se lida com o ético...[24]

Pike acredita que a estrutura êmica é parte do padrão da realidade objetiva e não é apenas um construto do analista. Quer se acompanhe Pike nesta questão, quer se acredite que as unidades êmicas são como a beleza, que existe apenas subjetivamente, é possível perceber que a distinção entre as unidades estruturais e as não-estruturais é correta. Quem pretenda uma discussão completa da distinção entre ético e êmico (termos cunhados a partir das sílabas finais das palavras "fonético" e "fonêmico") deve consultar a obra de Pike.

Para a análise do conto popular é de grande importância a estruturação trimodal simultânea das unidades êmicas delineada por Pike. Os três modos descritos por Pike são o modo distintivo, o modo manifestacional e o modo distribucional. Com o risco de simplificar demais o esquema elaborado por Pike, poder-se-ia transpor esses modos para a análise de Propp da seguinte maneira: o modo distintivo é exemplificado pela função; o modo manifestacional, pelos vários elementos que podem satisfazer uma função; e o modo distribucional, pelas características posicionais de uma função particular, isto é, onde ela ocorre entre as 31 funções possíveis. Uma razão que justifica a transposição da terminologia de Pike para a análise de Propp é uma extraordinária coincidência de palavras. A unidade mínima de Pike do modo distintivo é o MOTIVO ÊMICO ou MOTIVEMA[25]. Em outras palavras, a função de Propp no esquema de Pike se chamaria MOTIVEMA. Como o termo função ainda não encontrou ampla aceitação entre os folcloristas, propõe-se aqui a sua substituição por MOTIVEMA.

Com a definição da unidade estrutural MOTIVEMA percebe-se a utilidade do termo ALOMOTIVO para designar aqueles motivos que ocorrem em qualquer contexto motivêmico dado. Os alomotivos estariam para o motivema as-

---

24. *Ibid.*, pp. 10, 93.
25. *Ibid.*, p. 75.

sim como os alofones estão para os fonemas e os alomorfos para os morfemas. Continuar-se-ia a usar o termo MOTIVO, mas apenas como uma unidade ética, semelhante a fone ou morfo. É muito grande a diferença entre a análise ética (análise por motivo) e a análise êmica (análise por motivema) dos contos tradicionais. Por exemplo, a função 12 de Propp ou motivema diz respeito ao fato de ser o herói submetido a uma prova, a um questionário ou a um ataque, que o preparam para receber um meio ou ajudante mágicos. Por exemplo, um doador em potencial pode pôr à prova o herói mediante a prescrição de tarefas difíceis. Por outro lado, o motivema 25 envolve a atribuição de uma tarefa difícil, comumente imposta pelo vilão. Em outras palavras, eticamente, à maneira dos motivos, o mesmo motivo pode ser usado em motivemas diferentes. Isto significa que a mera decomposição dos contos tradicionais em motivos pode ser enganosa. Os folcloristas costumam dizer que todas as ocorrências de um motivo isolado qualquer possuem importância igual ou idêntica. Na teoria de Pike, isto equivale a dizer que formas homófonas ou homomórficas têm sentido idêntico[26]. No entanto, poder-se-ia indagar com razão como se reconhece o motivema adequado para um motivo particular. Observando-se um motivo específico, como se pode determinar a que motivema ele é subserviente? Propp se fez a mesma indagação. Novamente, o problema reside na noção de função ou motivema no quadro do conteúdo seqüencial, isto é, *in situ*. Sempre é possível definir uma função ou motivema de acordo com as suas conseqüências. Portanto, se o recebedor de um meio mágico realiza uma tarefa, então o motivo pertence ao motivema 12 e constitui claramente o caso de um doador que põe à prova o herói. Se, por outro lado, resultam o recebimento de uma noiva e um casamento, então o motivo pertence ao motivema 25, a imposição de uma tarefa difícil.

Não é importante apenas saber que o mesmo motivo pode ser usado em motivemas diferentes, mas também que

---

26. *Ibid.*, p. 48.

motivos diferentes podem ser empregados no mesmo motivema. Assim, o animal que presta auxílio pode ser uma vaca, um gato, um pássaro, um peixe etc. Lembrando-se de que os motivos são atores ou itens, é óbvio que, para uma dada função ou motivema, poderia haver literalmente centenas de motivos apropriados. (É verdade que nem todos os motivos "apropriados" seriam necessariamente tradicionais, ou seja, oriundos de contos populares.) Um exemplo da alternância de motivos é dado pelas versões diferentes da estória da mulher de Putifar. O enredo fala de uma mãe que tenta seduzir o próprio filho. Quando este se recusa a realizar o ato sexual transgressivo, a mãe o acusa de tentar violentá-la e, em conseqüência, o pai impõe uma punição ao filho. Em muitas versões, a punição é a cegueira. Em outras, os pés do herói são decepados. Na versão mais antiga talvez que se conheça, "A Estória dos Dois Irmãos" ("The Story of the Two Brothers"), que data do século XIII ou XIV a.C., o filho, Baîti, se castra[27]. Pode-se dizer que, entre as conseqüências da tentativa de sedução, temos a amputação da perna ou do falo do herói, e a sua cegueira. Como essas conseqüências são distributivamente semelhantes, parecem fazer parte do mesmo motivema, isto é, as três seriam alomotivos. A castração e a cegueira não parecem ser distribuídas complementarmente, mas sim variarem livremente. De fato, é provável que um elemento possa ser substituído pelo outro sem alterar a estrutura do entrecho. Sob este aspecto, uma curiosa versão grega da estória da mulher de Putifar se torna um pouco mais compreensível. Fênix, filho de Amíntor, é acusado por Ftia, concubina de Amíntor, de tê-la violentado. O pai, fiado na falsa acusação de

---

27. Pode-se encontrar as várias versões da estória da mulher de Putifar em Maurice Bloomfield, "Joseph and Potiphar in Hindu Fiction", in *Transactions and Proceedings of the American Philological Association*, 54:141-167, 1923, e em Norman M. Penzer, *The Ocean Story: beeing C. H. Tawney's translation of Somadeva's Katha Sarit Sagara*, London, 1923 e ss., vol. II, pp. 120-121, e vol. III, pp. 109-110. A estória dos Dois Irmãos pode ser vista em G. Maspero, *Popular Stories of Ancient Egypt*, transl. C. H. W. Johns, New York, 1915.

sedução da concubina, cega o filho e o amaldiçoa com a esterilidade[28]. Se a cegueira e a castração são alomotivos, então não é improvável a ligação entre cegueira e esterilidade.

Um exemplo de alomotivos no folclore de uma cultura primitiva nos é dado pelos contos de prova dos índios norte-americanos. No importante estudo de Boas sobre as versões tsimshians do tema da prova, um tio ou irmão invejoso submete o herói a provas[29]. Para ganhar uma esposa, o herói deve superar algum dos seguintes obstáculos: uma porta que morde, cavernas que se abrem e fecham, moluscos com conchas que trituram, animais perigosos que guardam a porta, ou uma vagina dentada. Todos esses elementos parecem ser alomotivos do mesmo motivema, que, por sua vez, é muito semelhante ao motivema 25 de Propp: "É proposta ao herói uma tarefa difícil".

A noção de alomotivo tem importantes implicações teóricas para o método histórico-geográfico finlandês. Neste método, atribui-se grande importância às diferenças que ocorrem nas variantes de um conto. Pondo em gráfico o tempo (histórico) e o lugar (geográfico) de um elemento da estória, busca-se neste método reconstituir a forma original do conto e seu modo de desenvolvimento e disseminação. No entanto, quando o repertório de um contador de estórias inclui alomotivos, isto é, havendo dois ou mais motivos tradicionais que poderiam preencher um motivema particular, então o analista terá de ser extremamente cauteloso na avaliação de tais alternâncias. Isto explicaria também por que um determinado contador de estórias é capaz de contar o mesmo conto de maneira diferente em ocasiões diferentes.

---

28. *Apollodorus the Library*, transl. J. G. Frazer, London, The Loeb Classical Library, 1921, vol. II, p. 75. É interessante notar que a psicanálise admite que a cegueira pode, em certas situações, ser um equivalente simbólico da castração. Isto sugere que um exame dos alomotivos, ou das localizações diferentes, determinadas culturalmente, dos motivemas de contos com difusão internacional, pode proporcionar uma compreensão do sistema de equivalências simbólicas empregado numa dada cultura.

29. Franz Boas, *Tsimshian Mythology*, Annual Report of the Bureau of American Ethnology, XXXI:794-818, Washington, 1916.

A escolha de um alomotivo específico (por exemplo, um obsceno) poderia ser condicionada culturalmente pelo tipo de audiência. Além disso, o que os folcloristas consideraram até agora dois tipos de conto separados, ou uma mistura de dois tipos de conto, poderia ser, antes, um caso de alternância de alomotivos, ou de agrupamentos de alomotivos. Como indica Propp, embora o contador de estórias aparentemente crie dentro de uma seqüência definida de motivemas, ele tem "total liberdade de escolher os nomes e os atributos das personagens"[30].

O fenômeno da natureza limitante de uma fórmula seqüencial de motivemas merece ser estudado. Seria vantajoso, por exemplo, determinar se existe um número mínimo absoluto de motivemas necessários para a construção de um conto tradicional. Propp fala somente de um limite superior. Seria também interessante saber se a seqüência se coaduna de alguma forma com a estrutura de outros elementos culturais, como o ritual, por exemplo. Além disso, um estudo psicológico da seqüência motivêmica poderia ajudar a elucidar a etiologia do padrão. Deve-se lembrar que até o momento ainda não se fez qualquer tentativa de descobrir um padrão motivêmico de outros contos populares além dos de fada, sem falar de outros gêneros folclóricos. Além disso, tampouco foi determinado se o padrão motivêmico sofre alguma variação de uma área cultural para outra. Nem mesmo se sabe se existe ou não esta padronização nos contos tradicionais das culturas primitivas. A análise motivêmica de todos os tipos de conto tradicional em todos os tipos de cultura deve preceder qualquer trabalho comparativo confiável. Assim como a lingüística comparada se baseia na análise êmica[31], espera-se, afinal, que o mesmo ocorra com o folclore e a mitologia comparada. Em outras palavras, antes de empreender significativos estudos diacrônicos, isto é, históricos, é preciso que uma análise sincrônica sólida de-

---

30. Propp, p. 102.
31. Pike, pp. 8, 18. Cf. também Robert Lado, *Linguistics Across Cultures*, Ann Arbor, 1957, p. 10.

fina de forma conveniente as características estruturais formais dos gêneros folclóricos.

Parece seguro dizer que a unidade êmica do motivema (a função de Propp) assinala um tremendo progresso teórico sobre a unidade ética do motivo. Com relação às unidades maiores, como os tipos de conto, Propp estava certo quando disse que "os tipos existem, não no plano esboçado por Aarne, mas no plano das propriedades estruturais dos contos tradicionais..."[32]. Contudo, a opção pela unidade êmica não deve ser explicada como um meio de substituir de qualquer modo a necessidade das unidades éticas. A unidade êmica substitui a unidade ética enquanto unidade estrutural a ser empregada como base de estudos comparativos no que se refere à classificação e catalogação do material, mas certamente existe um lugar definido para as unidades éticas. Como o próprio Vladimir Propp observou, a sua tarefa básica era "claramente a extração dos *genera*"[33]. Claude Lévi-Strauss, num extenso comentário sobre a obra de Propp, observa que, antes desses estudos formalistas, os folcloristas tendiam a ignorar o que os contos populares tinham em comum, mas que, após a análise formalista, os folcloristas estão privados dos meios de ver como esses contos diferem entre si[34]. Se Propp descobriu por assim dizer uma "gramática gerativa" para os tipos de conto de Aarne-Thompson de 300 a 749, como se pode distinguir variantes isoladas do mesmo tipo de conto estrutural? O fato é que uma tipologia de conto com base estrutural não elimina de modo nenhum a necessidade de índices práticos como o de Thompson. Como Honti sugeriu, não se deveria usar a tipologia sintética e morfológica para substituir os índices e sistemas analíticos, mas para complementá-los. Admitindo que possa haver diferentes seqüências formulares de motivemas para tipos diferentes de conto, ou para

32. Propp, p. 10.
33. *Ibid.*, p. 24.
34. Claude Lévi-Strauss, "L'analyse morphologique des contes russes", *International Journal of Slavic Linguistics and Poetics*, III:122-149, 1960.

contos populares em regiões culturais diferentes, pode muito bem existir um índice de contos baseado em critérios morfológicos. Esse índice, todavia, deveria complementar o índice de tipos de Aarne-Thompson e dever-se-ia fazer uma remissão cruzada entre os dois a fim de que o estudioso dos contos tradicionais pudesse conhecer rapidamente a correspondência entre os tipos de conto de Aarne-Thompson e os tipos morfológicos. Como Pike observou, a análise ética deve preceder a análise êmica. É óbvio, portanto, que os folcloristas precisam de ambas e que não devem confundir uma com a outra.

O estudo estrutural do folclore apenas começou. Com exceção de alguns estudos dispersos como o dos encantamentos elaborado por Sebeok[35], quase nada foi tentado nesse campo até agora. Com a ajuda da definição rigorosa de unidades estruturais, o futuro dos estudos estruturais do folclore parece realmente promissor.

---

35. Thomas A. Sebeok, "The Structure and Content of Cheremis Charms", Part I, *Anthropos*, XLVIII:369-388, 1953. Infelizmente, a maioria dos lingüistas se equivoca quando considera certas unidades lingüistas, como o morfema, por exemplo, unidades estruturais do folclore. Este ponto foi mostrado recentemente por J. L. Fischer (em "Sequence and Structure in Folktales", in Anthony F. C. Wallace (ed.), *Men and Cultures*, Philadelphia, 1960, pp. 442-446), quando ele observou que, ao ser traduzido de uma língua para outra, o conto conservaria a mesma estrutura, embora mudasse obviamente a estrutura lingüística.

4. A ESTRUTURA DA SUPERSTIÇÃO[1]

Das vinte e uma definições de folclore que aparecem no *Standard Dictionary of Folklore, Mythology and Legend*, nove fazem referência a superstições. Dessas nove, duas usam indistintamente os termos "crença popular" e "superstição" para designar o mesmo gênero de folclore, ao passo que seis outras definições, inclusive a de Stith Thompson, mencionam ora crenças ora superstições, querendo dizer com isso que são itens distintos. Infelizmente, o *Dictionary* não inclui uma definição daquilo que os folcloristas profissionais entendem pelo termo superstição. Tampouco, incidentalmente, são definidos termos como "crenças", "costume" ou "prática". Na falta de definições padronizadas de materiais pertencentes inquestionavelmente ao campo do folclore, obviamente cada pesquisador

1. Extraído de *Midwest Folklore*, XI(1):25-33, 1961.

dispõe de total liberdade para denominar de superstição qualquer coisa que ele queira. Isto acarreta problemas óbvios no que se refere à classificação das superstições, e não deveria causar surpresa que existam mais ou menos tantos esquemas classificatórios quantas são as coleções de superstição.

Em 1900, Samuel Adams Drake observava que "não é fácil definir o que é superstição"[2]. Na edição de 1959 da *Encyclopaedia Britannica*, H. J. Rose, escrevendo sobre o tema, repetia as mesmas palavras. Aparentemente, cinqüenta e nove anos de estudos folclóricos não tornaram mais fácil a tarefa de definir superstição. Mesmo um exame superficial de algumas tentativas de definição revela algumas das dificuldades. Para Frazer e Tylor, as superstições constituíam sobrevivências, isto é, crenças e práticas bárbaras e selvagens que haviam sobrevivido entre os povos mais civilizados[3]. Aparentemente, essa definição exclui a possibilidade de surgirem novas superstições, como as que foram recolhidas sobre beisebol, por exemplo[4]. Uma definição proposta por Alexander H. Krappe opõe superstição a religião. Diz ele: "Superstição, em jargão comum, designa o conjunto de crenças e práticas de outros povos na medida em que diferem das nossas próprias. Aquilo em que nós mesmos acreditamos e que praticamos é, evidentemente, Religião"[5]. A definição de Krappe acarreta a seguinte conseqüência: se as superstições são praticadas apenas pelos outros povos, então, por definição, não podemos ter superstições. Na verdade, Krappe se compromete um pouco quando conclui: "Assim, seria melhor definir como 'superstição' qualquer crença ou prática que não seja recomendada nem prescrita por alguma das grandes religiões, como o Cristianismo, o Judaísmo, o Islamismo e o Budismo"[6].

---

2. *The Myth and Fables of To-Day*, Boston, 1900, p. 7.
3. James G. Frazer, *The Devil's Advocate: A Plea for Superstition*, London, 1927, p. 166; Edward B. Tylor, *The Origins of Culture*, New York, Harper Torchbook, 1958, p. 72.
4. Harry M. Hyatt, *Folk-Lore from Adams County, Illinois*, New York, 1935, pp. 432-434 (Memoirs of the Alma Egan Hyatt Foundation).
5. *The Science of Folklore*, London, 1930, p. 203.
6. *Ibid.*, p. 204.

Ao criticar a definição de Krappe, pode-se perceber a falácia básica de quase todas as outras definições do tema. Elas nunca lidam diretamente com o material em si, mas com opiniões sobre ele. Ora, em virtude de sua arbitrariedade e relatividade, a opinião ou crença tem um valor duvidoso para fins de definição. Se uma seita cristã adota a prática de fazer o sinal-da-cruz para afastar o azar, essa prática deixa de ser uma superstição? As mesmas dificuldades aparecem na definição de mitologia. Quando é acreditada ou é apoiada por alguma autoridade, a mitologia é chamada religião, ao passo que religião sem crença é mitologia. Cabe lembrar que os gregos não chamavam a sua religião de mitologia. Etnologicamente falando, pode ser muito importante observar que as narrativas religiosas que não são aceitas como verdadeiras são mitos, ao passo que as crenças religiosas que são destituídas de fé verdadeira são superstições; esta observação, porém, não constitui uma definição adequada nem de mito nem de superstição. Assim, embora o pesquisador deva certamente registrar se se acredita ou não em determinada superstição, a crença não é um critério seguro para definir superstição. É claro que, na prática, os folcloristas não se recusam a recolher um item apenas porque o informante não acreditava nele.

A maioria das definições de superstição não só dependem da noção de crença, como também, além disso, pressupõem elementos de irracionalidade e temor. Bidney, por exemplo, diz que uma superstição é "uma forma de temor baseada em alguma crença irracional ou mitológica e comumente envolve algum tabu"[7]. No seu entender, as crenças destituídas de qualquer elemento de temor irracional deveriam ser distinguidas das verdadeiras superstições. Assim, se o informante demonstra um temor irracional quando vê um gato preto cruzar o seu caminho, o pesquisador está diante de uma superstição. Se o informante apenas se lembra de alguma observação sobre gato preto que seu avô costumava fazer, o pesquisador se depara com alguma coisa mais. Definir superstição em função de medo irracional é um exemplo de

---

7. David Bidney, *Theoretical Anthropology*, New York, 1953, p. 294.

definição baseada na gênese. A definição pressupõe a origem da superstição. Contudo, mesmo admitindo como correta a idéia de que a superstição deriva de um medo irracional, não se pode pressupor que a causa genética de um item cultural é idêntica à causa da continuidade ou persistência deste item[8]. Além disso, a explicação da causa original de um objeto não explica necessariamente o que é este objeto.

Talvez a definição mais comum de superstição seja aquela que adota o critério de validade como verdade científica objetiva. Assim, H. J. Rose define a superstição como *"a aceitação de crenças e práticas infundadas em si mesmas e incompatíveis com o grau de cultura alcançado pela comunidade a que se pertence"*. A definição de Puckett é quase a mesma: "Segundo parece, as superstições, em qualquer época, correspondem àquelas crenças que não foram sancionadas pelos costumes mais avançados dessa geração"[9]. Essas duas definições se caracterizam pela relatividade, visto que não existe meio de determinar exatamente qual é o grau de cultura de uma dada comunidade, ou quais são os costumes mais avançados dessa comunidade. A falta de fundamento das práticas é irrelevante. Na verdade, algumas superstições já foram comprovadas cientificamente, em especial os sinais meteorológicos[10]. Naturalmente, descobriu-se que a magia homeopática de muitas curas da medicina popular é a base científica da imunização por inoculação. A verdade não deveria ser um critério de definição da superstição. Existem tanto superstições verdadeiras quanto falsas. No caso das curas, por exemplo, mesmo as "falsas" podem ser eficazes em muitas doenças psicossomáticas[11]. Outro fa-

---

8. É claro que Bidney tem muita consciência desta distinção. Na verdade, é à sua esclarecedora discussão da identificação de Malinowski entre função social e origem histórica (*Theoretical Anthropology*, pp. 226-230) que devo meu conhecimento desse problema teórico.

9. Newbell N. Puckett, *Folk Beliefs of the Southern Negro*, Chapel Hill, 1926, p. 571.

10. *Ibid.*, pp. 513-514.

11. W. Edson Richmon & Elva Van Winkle, "Is There a Doctor in the House?", *Indiana History Bulletin*, XXXV(9):115, sept. 1958.

tor a ser considerado é que a verdade científica é em si mesma relativa. Com efeito, grande porção da verdade científica do passado, como a astrologia, por exemplo, sobrevive hoje na forma de superstição. Quem pode dizer quais das verdades científicas atuais sobreviverão à prova do tempo?

Se a definição genética e as outras mencionadas não são confiáveis, como então se pode definir as superstições de maneira a se poder reconhecer uma superstição quando se está à frente dela? Uma definição como essa poderia ser proposta se, em vez de enfatizar como ocorrem ou se são ou não verdadeiras ou acreditadas, se refletisse sobre o que são as superstições. Em outras palavras, a definição deveria ser descritiva, utilizando muito mais critérios formais que critérios de gênese ou de crença. Uma notável tentativa de definir as superstições desta maneira foi feita por Puckett, em 1926, em sua obra *Folk Beliefs of the Southern Negro*. Puckett faz uma distinção entre "sinais de controle" e "sinais proféticos". Os sinais de controle, que podem ser positivos ou negativos, são aqueles que "se encontram sob o domínio humano"[12]. Puckett desenvolve uma fórmula para descrever esses sinais: "Se você (ou outra pessoa) se comportar desta ou daquela maneira, sucederá isto ou aquilo"[13]. Já os sinais proféticos, na opinião de Puckett, são "aquelas relações causais não-controláveis que escapam à ingerência humana". Entre os sinais proféticos Puckett inclui os augúrios de boa sorte ou de azar, os sinais meteorológicos e os sinais oníricos. Sobre esses sinais "o homem não tem qualquer controle e se submete de forma impotente aos desígnios da natureza"[14]. A fórmula de Puckett para os sinais proféticos é: "Se alguma coisa (fora do nosso controle) se comporta desta ou daquela maneira, resultará isto ou aquilo"[15]. Deve-se louvar Puckett por tentar definir as superstições em função da forma, mas sua definição e sua classificação não são totalmente aceitáveis.

12. Puckett, *op. cit.*, p. 312.
13. *Ibid.*, p. 312.
14. *Ibid.*, p. 312.
15. *Ibid.*, pp. 312, 439.

Seguindo Puckett em parte, proponho a seguinte definição experimental: *As superstições são expressões tradicionais de uma ou mais condições e um ou mais resultados, sendo algumas dessas condições sinais e as outras, causas.* Trata-se de uma definição genérica. Existem superstições em que há apenas uma condição e um resultado. Por exemplo: "Se um cão uiva, é sinal de morte". Por outro lado, as superstições que envolvem adivinhação contêm muitas vezes múltiplas condições. Por exemplo: "Quando você ouvir a primeira pomba-gemedeira arrulhar na primavera, tire uma de suas meias, vire-a do avesso e no calcanhar dela estará um fio de cabelo, a cor do cabelo da pessoa com quem você irá casar-se". De modo geral, os resultados são singulares, mas às vezes podem ser plurais. "Nos dias de canícula, os cães podem ficar loucos e as cobras ficar cegas", ou "se a pomba-gemedeira fizer seu ninho perto de sua casa, é sinal de boa sorte e de que você é uma boa pessoa". Com respeito aos aspectos formalísticos, Puckett observou corretamente que a maioria das superstições têm um elemento condicionante, a saber, "se". É importante compreender, no entanto, que a ausência desse elemento condicionante ("se" e "quando") não significa que inexista a condição. Por exemplo, condições específicas estão implícitas nas seguintes superstições: "Tarefa que se começa na sexta-feira nunca se termina"; "o nascer do sol vermelho é sinal de tempo ruim". Muitas vezes, a condição é expressa em função de uma injunção imperativa, como: "Nunca devolva o sal que tomou emprestado, traz azar"; "nunca corte as unhas aos domingos"; "nunca mude a vassoura de lugar". Naturalmente, se os resultados forem indicados, as superstições poderão ser expressas segundo a fórmula de Puckett (por exemplo: Se você devolver o sal que tomou emprestado, terá azar).

No que diz respeito à classificação, pode-se ver que, de modo geral, é possível agrupar as superstições pela condição ou pelo resultado. Ambas as classificações são totalmente insatisfatórias, e uma combinação das duas resulta na inevitável duplicação de material. Por exemplo, se todas as superstições fossem classificadas segundo as condições, um folclorista interessado particularmente em sinais de morte teria de ler todas as superstições que tratam de cães e enxadas para escolher os itens adequados. Por outro lado, se fossem classificadas pelos resultados, como é muito comum, sob categorias como nascimento, casamento, sorte etc., o folclorista interessado em superstições referentes a cães e enxadas teria de ler todas as elencadas. Naturalmente, os índices podem ser de alguma serventia, mas por eles não se poderá descobrir quais dos cinqüenta itens sobre cães se referem a superstições em que esse animal é a condição. O ideal seria que elas fossem relacionadas duas vezes: primeiramente, pela condição e, depois, pelo resultado. No entanto, está claro que isso não é prático. Uma solução possível é classificar pela condição e fornecer, em anexo, um índice de resultados. A opção pela classificação segundo a condição se justifica pelo fato de que, freqüentemente, apenas a condição é recolhida pelo pesquisador. Num exemplo já mencionado, "Nunca corte as unhas aos domingos", está presente apenas a condição. Perguntou-se à informante quais as conseqüências da desobediência à injunção, mas ela respondeu que não sabia. Puckett sugere que conseqüências indefinidas, do tipo boa sorte ou azar, constituem um enfraquecimento posterior de superstições que originalmente tinham conseqüências específicas, como casamento ou morte[16]. Se existe algum tipo de evolução das superstições, pode muito bem partir de resultados específicos, passando por resultados indefinidos, até chegar à omissão de algum resultado explícito. Se for este o caso, torna-se evidente então que a condição é de importância vital e, por conseguinte, deveria ser a base da classificação. Uma dificuldade nesse modo de classificar, porém, é a determinação da condição mais importante. Por exemplo, qual é a condição mais importante da seguinte superstição: "Na noite de são João, se você enfiar uma faca virgem à meia-noite numa bananeira, na manhã seguinte aparecerá escrito na lâmina o

---

16. *Ibid.*, p. 577.

nome da pessoa com quem você deverá casar-se"*. A condição mais importante aqui é a data, a faca, a hora, a árvore ou a colocação da faca na árvore?

Depois de formular uma definição experimental das superstições em função das condições gramaticais e dos resultados, resta-nos ainda a tarefa de estabelecer uma distinção entre as diferentes categorias de superstição. Se se analisar a relação entre as condições e os resultados, encontrar-se-ão três categorias básicas de superstição. Uma corresponde aos sinais proféticos de Puckett. Por questão de conveniência, vamos chamá-la simplesmente de "superstição de sinal", e consiste de vaticínios e augúrios que o homem é capaz de interpretar. Os sinais, geralmente, contêm condições e resultados únicos e muitas vezes servem de base para a predição. Assim, se se avistar um anel em volta da lua, pode-se predizer que vai chover. Muitos sinais provêm da atividade humana, mas é extremamente importante observar que toda atividade humana "sinal" é puramente acidental ou resulta de uma coincidência. Tal atividade pode ser derrubar facas e garfos, ter coceiras no nariz, na mão ou no pé, sonhar etc. Na verdade, a grande maioria dos sinais não são de natureza humana, e são constituídos principalmente de indicadores de origem celeste, animal ou vegetal. Uma característica dos sinais é serem inevitáveis por si mesmos, embora, em alguns casos, possam ser evitados os efeitos conseqüentes. Ninguém pode impedir que se forme um anel em volta da lua, ou que um determinado cão uive, ou que se veja um gato preto, pois são fenômenos que ocorrem acidentalmente e não estão sujeitos à vontade humana. Do mesmo modo, não se pode evitar a queda acidental de facas e garfos. No entanto, existe uma característica muito mais importante nas superstições de sinal.

---

* Optou-se por apresentar aqui um exemplo recolhido do folclore brasileiro, para demonstrar a operacionalidade do esquema analítico de Dundes. Seu exemplo norte-americano é: "Em primeiro de maio procure um caracol e coloque-o na tampa de uma caixa de sapatos e ponha-a debaixo de sua cama. Na manhã seguinte, o nome da pessoa com quem você deverá casar-se estará escrito na tampa da caixa". (N. do T.)

Puckett diz que os sinais proféticos são relações causais; com efeito, outros autores afirmaram mais ou menos a mesma coisa. Lévy-Bruhl, ao discutir as superstições dos povos primitivos, observou que os augúrios não só anunciam o sucesso desejado, como são também a condição necessária desse sucesso, a sua garantia e efetividade[17]. Depois de admitir a causalidade, Lévy-Bruhl fica confuso diante de sinais e resultados que ocorrem ao mesmo tempo. Um exemplo de uma superstição moderna que ilustra este ponto seria: "Se você vir uma estrela cadente, uma pessoa de sua família morrerá". Lévy-Bruhl é forçado a concordar em que "em tais circunstâncias o *sinal* não parece realmente implicar uma *causa*"[18]. Um exame empírico das superstições de sinal revela que a relação entre condição e resultado não é causal. O anel em volta da lua não causa chuva; indica apenas que vai chover. A causa derradeira da chuva (bem como a do anel em volta da lua) não vem expressa. Aqui, não se deve confundir antecedência com causalidade. Como bem observou W. R. Hallyday, "simples prioridade não é causalidade"[19]. Um sinal não é necessariamente uma causa eficiente. Como existem várias superstições de sinal que produzem o mesmo resultado, por exemplo, chuva, nenhum sinal é necessariamente uma *conditio sine qua non*. Pode chover mesmo que não apareça o anel em volta da lua. Na verdade, durante o dia, hora em que a lua comumente não é visível, existem outros sinais. Quando a coruja pia de dia, é sinal de chuva. Contudo, o sinal não é um indicador fixo. Se houver um anel em volta da lua, choverá.

A segunda categoria de superstição, que denominaremos "de magia", corresponde aos "Sinais de Controle Positivos e Negativos" de Puckett. Encerram geralmente condições múltiplas e propiciam mais um meio de produção ou prescrição do que de predição. Em nítido contraste com as superstições de sinal, a atividade humana nas supersti-

---

17. Lucien Lévy-Bruhl, *Primitives and the Supernatural*, transl. Lilian A. Clare, London, 1936, p. 47.
18. *Ibid.*, p. 61.
19. W. R. Hallyday, *Greek Divination*, London, 1913, p. 375.

ções de magia é intencional, não acidental. De fato, na maioria das superstições desta categoria, embora não em todas, ocorre a atividade humana intencional e, já que é intencional, também pode ser evitada. Pode-se evitar azar não passando embaixo de uma escada. Enquanto as superstições de sinal não são causais, as de magia o são. Um dado efeito ou resultado só ocorrerá se for realizada a atividade condicional. A realização da condição é causa eficiente. (Naturalmente, existe ainda a causa formal que torna possível a causa eficiente.) Também neste caso a diversidade de meios que visam ao mesmo fim sugere que nenhuma condição (ou condições) de uma superstição de magia pode ser considerada *sine qua non*. O que importa observar, quando se comparam as superstições de sinal com as de magia, é a distinção entre predizer o futuro e fazer o futuro[20]. Usando-se a superstição de magia, em lugar de predizer chuva, morte ou azar, pode-se produzir chuva, morte ou azar. Deste modo, em vez de predizer chuva ao ver um anel em volta da lua, pode-se produzir o mesmo fenômeno se se virar uma cobra morta de barriga para cima. Está implícito igualmente o contraste entre passividade e atividade. O homem é passivo com relação aos sinais, mas decididamente ativo no que se refere à magia. Mesmo quando outros agentes que não o homem aparecem nas superstições de magia, ainda existe uma atividade visível. Além disso, pode-se ainda distinguir sinal e magia em função da crença ou da prática. Uma superstição de sinal requer apenas crença, ao passo que na totalidade da superstição de magia estão envolvidas crença *e* prática. Naturalmente, como já se observou, muitas superstições de magia deixaram de ser praticadas e, em muitos casos, estão hoje desacreditadas. No entanto, pelo menos em teoria, constata-se que nenhuma prática jamais esteve associada ao resultado de uma superstição de sinal.

As superstições de magia, freqüentemente, fazem uso de ritual, fato facilmente comprovável quando se examinam as superstições relacionadas com curas e adivinha-

---

20. *Ibid.*, p. 42.

ções[21]. A adivinhação foi colocada nesta categoria porque a ação humana é que causa os resultados. De certo modo, o homem está produzindo sinais semelhantes àqueles que ocorrem naturalmente. No entanto, os sinais celestes ou acidentais, sejam vegetais, animais ou humanos, não podem ser evitados, mas os procedimentos da adivinhação o podem. Além disso, admitem serem repetidos tantas vezes quantas forem necessárias ou desejadas, isto é, tantas vezes quantas for preciso para que a adivinhação "dê certo". Não só se pode arrancar centenas de pétalas de um bem-me-quer, como também, segundo um informante, se pode interferir no sistema começando com "mal me quer". É lógico que isto constitui um controle humano. A procura de água com uma forquilha é uma forma de adivinhação que envolve um sinal produzido mais magicamente que acidentalmente. Portanto, essa adivinhação é considerada superstição de magia, e não de sinal.

A categoria mais interessante das três é talvez a que denominaremos de "superstição de conversão". Trata-se de uma categoria híbrida em que as superstições de sinal, em sua maior parte, são convertidas em superstições de magia. Algumas outras superstições de conversão não passam de superstições de magia em que uma ou algumas das preliminares são sinais. Algumas dessas superstições resultam da neutralização ou inversão de superstições de magia. Esta terceira categoria compreende sinais relativos ao plantio, desejos, ou atos neutralizadores (isto é, forma de contramagia). Só se pode plantar milho com boas possibilidades de

---

21. Em seu esclarecedor artigo "Folk Cures from Indiana", *HF*, IX:1-12, 1950, Violetta Halpert comentou a natureza mágica das curas. Em sua classificação tripartida das curas, ela observou que, "nas curas físicas, o poder de cura repousa no próprio objeto; no grupo fisiomágico, no procedimento que codifica o emprego curativo do objeto; no grupo mágico, no curandeiro". O erro de Halpert consiste em não ver que todos os segmentos de sua classificação são mágicos, uma vez que seu esquema classificatório representa, na verdade, uma separação de três elementos importantes do ritual mágico: um objeto mágico, um procedimento e o poder pessoal do mágico. (A análise do ritual mágico com três elementos foi sugerida pelo prof. David Bidney.)

sucesso se o bacurau piar. Não se deve manifestar um desejo a menos que se veja uma estrela cadente ou outro sinal equivalente. Só se conseguirá anular o azar causado pela visão de um gato preto se outro gato preto cruzar o seu caminho. É importante observar que o sinal preliminar por si só não tem qualquer efeito nem significado diferente. O pio de um bacurau por si só não causa uma boa colheita de milho, tampouco a visão de uma estrela cadente por si só acarreta a realização de um desejo. Na superstição de conversão, é necessária a atividade humana. Não é o caso, porém, nas superstições de sinal. Nenhuma atividade é requerida na "interpretação" do movimento de uma estrela cadente, ou do piar de um bacurau como sinal de morte.

Várias superstições de conversão parecem representar a luta do homem contra as superstições de sinal e de magia indesejáveis. Puckett supõe erroneamente que o negro africano, em contraste com o branco europeu, é o único a opor-se ao inevitável[22]. Contudo, naquelas regiões em que os resultados indesejáveis são temidos, isto é, resultados não-desejados ou de superstições de sinal ou de magia, foram recolhidas superstições de conversão. Por exemplo, para a superstição de sinal de que sal derramado causa azar, existem inúmeros atos neutralizadores, inclusive, naturalmente, a prática comum de jogar um punhado de sal por cima do ombro esquerdo. Para a superstição de magia em que o azar deriva do fato de alguém entrar em casa com uma enxada, o ato neutralizador consiste em sair de costas pela mesma porta por onde se entrou. Estes dois atos neutralizadores são superstições de conversão em que a ação adequada cancela o resultado indesejável. No entanto, também existem atos neutralizadores que fazem mais do que neutralizar: convertem o mal em bem. Esta conversão é realizada às vezes pelo ato de expressar um desejo. Por exemplo, dá azar retornar sobre os próprios passos em busca de um objeto esquecido. Este azar pode ser invertido de muitas maneiras, uma das quais é o simples ato de sentar-se. Mas o ato neutralizador

22. *Op. cit.*, p. 484.

às vezes faz mais que neutralizar: "Se você começa a andar para algum lugar e precisa virar-se para trás, sente-se, faça um pedido e dizem que ele se realizará". Um outro exemplo de desejo que é fator de conversão está associado também à superstição de sinal: "Se alguém derrubar um pente, logo sofrerá um desilusão". Pisar no pente neutraliza essa superstição; mas a manifestação de um desejo transforma uma situação potencialmente maléfica numa benéfica: "Se você derrubar um pente, pise nele, faça um desejo e não diga uma palavra até que alguém lhe faça uma pergunta". Embora seja imprudente generalizar a partir de uns poucos exemplos, somos tentados a ver uma espécie de evolução que parte de uma superstição com um resultado indesejável, passa por uma superstição de conversão neutralizadora e culmina numa superstição de conversão final, em que o indivíduo ganha em vez de perder. Se esta hipótese for correta, pode-se dizer que a ocorrência do elemento neutralizador (por exemplo, sentar-se, pisar no pente), na versão final da superstição, é o resultado de um processo de adição.

Embora a discussão acima esteja baseada num número de superstições comparativamente pequeno e, por isso, possa não se aplicar a todas as superstições, espera-se que outros folcloristas se sintam estimulados a formular uma definição mais precisa e um esquema de classificação mais satisfatório para as superstições. Recapitulando, definiu-se superstição a título experimental como expressões tradicionais de uma ou mais condições e um ou mais resultados, sendo algumas das condições são sinais e as outras, causas. Além disso, foram distinguidas três categorias de superstições: de sinal, de magia e de conversão.

5. PARA UMA DEFINIÇÃO ESTRUTURAL DA ADIVINHAÇÃO[1]

Um propósito imediato da análise estrutural é definir os gêneros folclóricos. Uma vez definidos tais gêneros quanto às características morfológicas internas, estaremos em melhores condições de abordar os interessantes problemas do papel das formas folclóricas em culturas particulares. Além do mais, a análise morfológica pode revelar que um dado padrão estrutural pode ser encontrado em grande variedade de gêneros folclóricos[2]. Atualmente, porém, uma

---

1. Escrito em colaboração com Robert A. Georges e publicado no *Journal of American Folklore*, 76:111-118, 1963.
2. A análise de um padrão estrutural comum a certos contos tradicionais e superstições dos índios norte-americanos comprovou, recentemente, a possibilidade de comparação dos diferentes gêneros entre si. A análise figura na tese de doutoramento (Indiana University) de Alan Dundes, "The Morphology of North American Indian Folktales", Bloomington, 1962 [reproduzida nesta coletânea às pp. 17-171]. Para um estudo da pre-

comparação entre gêneros é bastante dificultada pela ausência de definições morfológicas adequadas dos gêneros individuais. Um exemplo de gênero definido de forma inadequada é a adivinhação.

Os folcloristas são unânimes em afirmar que a adivinhação é um objeto de estudo de sua competência. No entanto, até agora nenhum deles foi capaz de oferecer uma definição da adivinhação em termos concretos e específicos. As antigas definições identificam a adivinhação com a metáfora; e Aristóteles foi talvez o primeiro a associar uma à outra[3]. Dentro desta tradição clássica, inclui-se a definição proposta por Gaston Paris. Ele caracterizou a adivinhação como "uma metáfora ou grupo de metáforas cujo emprego não passou para o uso comum e cuja explicação não é evidente por si só"[4].

Outra observação sobre a característica formal das adivinhações chamou atenção para a presença de uma contradição ou contra-senso aparentemente inconciliável. Mais uma vez, Aristóteles foi o primeiro a tecer um comentário a respeito: "Na verdade, a própria natureza de um enigma está em descrever um fato através de uma combinação impossível de palavras (o que não se poderia fazer com os nomes próprios das coisas, mas apenas com seus substitutos metafóricos)..."[5] A discussão mais abrangente desta peculiaridade dos enigmas encontra-se numa tese de doutora-

---

sença de um padrão comum nas lendas e contos tradicionais, cf. Alan Dundes, "The Binary Structure of 'Unsucessful Repetition' in Lithuanian Folk Tales" *Western Folklore*, XXI:171, 1962 [publicado nesta coletânea às pp. 173-187].

3. Em *A Retórica*, liv. III, cap. 2, Aristóteles diz: "Bons enigmas nos proporcionam, em geral, metáforas satisfatórias, pois metáforas implicam enigmas e, portanto, um bom enigma pode fornecer uma boa metáfora".

4. A definição de Paris e muitas outras anteriores foram resumidas por Frederick Tupper, Jr., na introdução a seu livro *The Riddles of the Exeter Book*, Boston, 1910, pp. xi-xiii. Para uma discussão mais recente sobre o enigma enquanto metáfora, cf. Reidar Th. Christiansen, "Myth, Metaphor, and Simile", in Thomas A. Sebeok (ed.), *Myth: A Symposium*, Bloomington, 1958.

5. *A Poética*, cap. XXII.

mento de Robert Petsch[6]. Na análise do que ele classifica como *die wirklichen Volksrätsels*, "o verdadeiro enigma popular", Petsch distingue cinco elementos: 1) o elemento introdutório da composição; 2) o elemento denominativo do núcleo; 3) o elemento descritivo do núcleo; 4) o elemento bloqueador; e 5) o elemento conclusivo da composição[7]. Petsch admite que são extremamente raros os enigmas que contêm todos os cinco elementos. Certamente, não são comuns na tradição oral inglesa. O próprio Petsch observa que, freqüentemente, faltam os elementos de introdução e de conclusão da composição. Ele imagina também que o elemento bloqueador não aparece com muita freqüência. Talvez por isso é que a análise em cinco elementos, proposta por Petsch, não tenha sido utilizada com maior amplitude.

Uma definição da adivinhação que leva em conta tanto a presença da metáfora quanto do elemento bloqueador é a de Archer Taylor, um dos folcloristas modernos que mais contribuíram para o estudo do assunto. Em 1938, Taylor declarava que as formas de adivinhação nunca haviam sido descritas devidamente[8]. Em 1943, ele propôs a seguinte definição: "O verdadeiro enigma, ou o enigma no sentido estrito, é aquele que compara um objeto a outro de natureza totalmente diferente"[9]. Numa reformulação ulterior de seu estudo, Taylor decompôs as adivinhações em dois elementos descritivos, um positivo e outro negativo. Tais elementos, segundo ele, constituem "a estrutura essencial da adivinhação". O elemento negativo de Taylor corresponde ao elemento bloqueador de Petsch. Segundo Taylor, o elemento positivo é metafórico no que se refere à resposta, mas o

---

6. A tese foi publicada com o título de "Neue Beiträge zur Kenntnis der Volksrätsels", in *Palaestra*, IV, Berlin, 1899.
7. Acerca da lista elaborada por Petsch dos cinco elementos constituintes do verdadeiro enigma e da sua discussão da freqüência com que ocorrem, cf. *ibid.*, pp. 49-50.
8. Archer Taylor, "Problems in the Study of Riddles", *Southern Folklore Quarterly*, II:3, 1938.
9. Archer Taylor, "The Riddle", *California Folklore Quarterly*, II:129, 1943. A mesma definição aparece em *English Riddles from Oral Tradition*, Berkeley and Los Angeles, 1951.

ouvinte é induzido a entendê-lo numa acepção literal. Em contraposição, o elemento descritivo negativo é interpretado, corretamente, na acepção literal. Assim, na adivinhação: "Uma coisa que tem olhos e não vê" (batata, 277a)[10], o elemento descritivo positivo, "olhos", é metafórico, quando se pensa na resposta "batata", mas o elemento descritivo negativo, "não vê", é inequivocamente literal. Verifica-se aqui que a resposta é dada implicitamente pelos detalhes do elemento descritivo positivo, que confunde o ouvinte, porque ele supõe, erroneamente, que a descrição figurativa é literal. "O elemento descritivo negativo", diz Taylor, "pode ser reconhecido de imediato, porque parece impossível". Resumindo sua definição, diz Taylor: "Em outras palavras, um verdadeiro enigma consiste de duas descrições de um objeto, uma figurativa e outra literal, e confunde o ouvinte que se esforça por identificar um objeto descrito em termos contraditórios"[11]. Numa reformulação posterior de sua definição, Taylor declara que a verdadeira adivinhação "compõe-se de uma descrição geral vaga e de um detalhe específico, que parece contrapor-se ao que foi dito antes"[12].

Uma demonstração do caráter restrito da definição de Taylor está no fato de não ser aplicável a muitos textos incluídos em seu *English Riddles from Oral Tradition*, uma das mais abrangentes compilações de adivinhações já publicadas em qualquer língua. Taylor afirma que sua coleção compreende "apenas verdadeiras adivinhações", embora registre inúmeros espécimes que não parecem satisfazer os termos da sua própria conceituação. Elementos descritivos, que positivos quer negativos, não aparecem nos seguintes textos representativos desse *corpus*: "Costa corcunda, barriga macia" (aquecedor pessoal, 45a); "Meu pai tem um

10. Todos os exemplos dados neste trabalho são tirados do livro de Archer Taylor, *English Riddles from Oral Tradition*, já citado. Os números que acompanham as respostas são os de Taylor.
11. Taylor, "The Riddle", p. 130.
12. Archer Taylor, em sua introdução a "Riddles", in *Frank C. Brown Collection of North Carolina*, Durham, 1952, vol. I, p. 286.

cavalo, ele vai aonde quer'' (rama da abóbora, 419); "O que é que anda na rua toda, volta para casa, senta-se num canto e espera um osso?" (sapato, 453c); "Um pássaro voando e outro sentado" (uma mulher casada e uma solteira, 473).

Não só existem adivinhações metafóricas sem o elemento bloqueador, como também adivinhas desprovidas ou de elemento bloqueador ou metafórico. Os exemplos seguintes são constituídos apenas por uma descrição: "O que vive no rio?" (peixe, 98); "O que voa no céu, desce muito baixo e pega as galinhas da gente?" (falcão, 360); "Vermelho por fora, branco por dentro" (maçã, 1512); "O que é o que é uma coisa nascida de árvore que é vermelha quando está madura?" (romã, 1084a); "Corre e salta, pára e chateia" (coelho, 220). Taylor tem razão quando diz que estes textos são adivinhações, mesmo que não possuam as principais características formais da verdadeira adivinhação tal como ele a define.

Alguns folcloristas já admitiram que realmente pode haver adivinhações sem a metáfora e sem o elemento bloqueador. Por exemplo, Sokolov, depois de definir a adivinhação como "uma pergunta engenhosa, expressa usualmente em forma de metáfora", observa que o seu caráter metafórico não parece obrigatório e que é possível encontrar espécimes sob a "forma de uma pergunta direta em que as palavras não possuem sentido figurativo"[13]. De maneira análoga, Taylor admite, em nota de rodapé, que as adivinhações podem apresentar-se na forma de descrições não-contraditórias e que algumas nada mais são que descrições literais[14].

O caráter restrito da definição tayloriana da verdadeira adivinhação torna-se ainda mais evidente quando se observa que, mesmo nas adivinhas dotadas de elementos descritivos, quer positivos quer negativos, o elemento positivo não é necessariamente metafórico, nem o negativo é forçosamente

---

13. Y. M. Sokolov, *Russian Folklore*, transl. Catherine Ruth Smith, New York, 1950, p. 282. Entretanto, Sokolov não parece compreender que as adivinhações podem ser constituídas tanto de metáforas destituídas de bloqueio quanto de metáforas dotadas do elemento bloqueador.

14. Taylor, *English Riddles from Oral Tradition*, pp. 697-698, n. 72.

literal. As duas adivinhações citadas a seguir contêm o elemento positivo e o negativo, mas o positivo não é metafórico: "O que é que vai ao rio e bebe e não bebe?" (a vaca com chocalho, 247b); "Quando vem, não vem; quando não vem, vem" (o rato e o cereal, 945). Pela mesma razão, no exemplo abaixo, tanto o elemento positivo quanto o negativo devem ser interpretados de forma metafórica pelo ouvinte: "Conheço uma coisa que tem mãos e não lava o rosto" (relógio com ponteiros, 301)*. Está clara, então, a necessidade de uma definição de adivinhação que seja bastante abrangente para compreender igualmente textos tradicionais, como os citados acima, os quais aparentemente não se encaixam na definição de Taylor. Ao mesmo tempo, a definição deve ser bastante restrita para excluir os materiais cujas características morfológicas indicam tratar-se de espécies de outro gênero.

O melhor meio de chegar a uma definição da adivinhação é através da análise estrutural, uma vez que as definições com base no conteúdo e no estilo se mostraram inadequadas. Embora se possa discutir o estilo das adivinhações, não se deve confundi-lo com a estrutura propriamente dita. Apenas dois dos cinco elementos de Petsch são estruturais: o elemento descritivo do núcleo e o elemento bloqueador. As fórmulas de abertura e de encerramento, como nos contos tradicionais, constituem recursos estilísticos cuja presença é opcional e cuja ausência não afeta a estrutura global do gênero. Embora alguns antropólogos se mostrem interessados em estudar muitos aspectos da cultura a partir de um ângulo estrutural — por exemplo, a linguagem e o parentesco — aqueles que se dedicam à análise das adivinhações têm evitado esse tipo de abordagem. Melville e Frances Herskovits, por exemplo, afirmam que estão interessados mais no "papel cultural que a adivinhação desempenha no complexo estrutural"[15]. Do mesmo modo, William R. Bascom, no seu estudo das adivinhações dos yoru-

---

* Em inglês, *hand* significa tanto ponteiro quanto mão. (N. do T.)
15. Melville J. & Frances S. Herskovits, *Dahomean Narrative*, Evanston, Ill., 1958, p. 55.

bas, restringe seu comentário sobre estrutura à afirmação de que "a forma básica da adivinhação yoruba é constituída por duas afirmações que parecem mutuamente contraditórias, incongruentes ou impossíveis". A seguir, propõe uma análise estilística que consiste, primordialmente, em descrever mais os padrões lingüísticos do que os estruturais do folclore. Por este motivo, é forçado a empregar um total de 29 fórmulas para as 55 adivinhações de seu *corpus*[16].

Para definir estruturalmente a adivinhação, é preciso primeiramente descobrir uma unidade mínima de análise. Minha proposta é que a unidade se chame *elemento descritivo*, seguindo a terminologia de Taylor e Petsch. Um elemento descritivo é constituído por um *tema* e um *comentário*. O tema é o referente aparente; vale dizer, é o objeto ou item que se pretende descrever. O comentário é uma asserção sobre o tema, em geral com referência à sua forma, função ou ação[17]. Na adivinhação "Vinte e quatro cavalos

16. William R. Bascom, "Literary Style in Yoruba Riddles", *Journal of American Folklore*, 62:4, 2, 1949. É interessante observar que houve outra tentativa de analisar as adivinhações dos yorubas. Referindo-se ao seu estudo inédito, Robert Plant Armstrong diz que "recorreu à natureza formal da adivinhação para conseguir um par de 'constituintes imediatos' que representasse a própria adivinhação, o que foi considerado uma metáfora complexa, onde a resposta é a solução dessa metáfora". Robert Plant Armstrong, "Content Analysis in Folkloristics", in Ithiel de Sola Pool (ed.), *Trends in Content Analysis*, Urbana, 1959, p. 161.

Pode-se ilustrar a independência da estrutura do folclore em relação à estrutura lingüística comparando duas versões da mesma adivinhação: "O que é que tem olhos e não vê?" e "Tem olhos e não vê". Sem levar em conta os padrões de entonação, que não vêm indicados na maioria das coletâneas impressas, parece existir, de uma perspectiva lingüística, uma diferença sintática entre as duas frases, quer dizer, uma é interrogativa e a outra, afirmativa. Da perspectiva dos estudos folclóricos, as duas adivinhações pertencem ao mesmo padrão estrutural delineado no presente estudo.

17. Sobre uma discussão das construções na forma de tema e comentário, cf. Yuen Ren Chao, "How Chinese Logic Operates", *Anthropological Linguistics*, I:1-8, 1959. Charles F. Hockett aplica a análise na forma de tema e comentário a sentenças inglesas em *A Course in Modern Linguistics*, New York, 1958, p. 201.

A estrutura dos provérbios também se compõe de comentário e tema. No entanto, o provérbio faz apenas uma afirmação que não requer resposta.

alinhados numa ponte" (os dentes na gengiva, 507), o tema é "vinte e quatro cavalos" e o comentário, "alinhados numa ponte". Esta adivinhação se compõe, assim, de um único elemento descritivo. Já a adivinhação: "Tem cabeça, mas não pensa" (palito de fósforos, 272) é formada por dois elementos descritivos: o primeiro, "tem cabeça", e o segundo, "mas não pensa". Em algumas adivinhações, não há uma unidade lingüística para o tema, como um pronome, por exemplo. Considerem: "Muitos olhos, nunca chora" (batata, 276). Esta adivinhação se compõe de dois elementos descritivos, mas poderia ser reescrita na forma: "Tem muitos olhos, mas nunca chora", sem mudar o sentido ou a estrutura.

Definida uma unidade mínima de análise, é possível agora propor uma definição estrutural: *A adivinhação é uma expressão verbal tradicional que contém um ou mais elementos descritivos, dos quais um par pode estar em oposição, devendo o referente dos elementos ser adivinhado pelo ouvinte*[18]. Existem duas categorias gerais de verdadeiras adivinhações. As duas categorias se diferenciam pela presença ou ausência de elementos descritivos em oposição. Aquelas destituídas de elementos descritivos opostos podem ser denominadas *adivinhações sem oposição*, enquanto as demais seriam *adivinhações com oposição*.

As adivinhações sem oposição podem ser literais ou metafóricas. Nas literais, o referente da adivinhação e o(s) tema(s) do(s) elemento(s) descritivo(s) são idênticos. Em "O que vive no rio?" (peixe, 98), o referente e o tema são

---

O referente de um provérbio geralmente é uma pessoa ou uma situação conhecida tanto do narrador quanto da platéia *antes* que seja enunciado o provérbio. Na adivinhação, presume-se que somente o seu proponente conhece a princípio o referente. Sobre uma exposição preliminar da estrutura do provérbio, cf. Alan Dundes, "Trends in Content Analysis: A Review Article", *Midwest Folklore*, XII:37, 1962.

18. No caso, *tradicional* significa que a expressão é ou foi transmitida por via oral, e que tem ou teve existência múltipla. Existência múltipla quer dizer que uma expressão aparece em mais de um período de tempo ou em mais de um lugar num determinado período. Esta existência múltipla no tempo e/ou no espaço resulta com freqüência, embora não necessariamente, na ocorrência de variação na expressão.

ambos "peixe". Do mesmo modo, o tema e o referente são idênticos nos seguintes exemplos: "O que se assenta sobre quatro blocos?" (casa, 733); "Meu pai tinha uma árvore que deu fruto, por fora verde e por dentro branco" (coco, 1085); "Conheço uma coisa que dorme de dia e anda de noite" (aranha, 255); "Diga uma coisa que é mais amarela por dentro do que verde por fora" (abóbora, 1503a).

Em adivinhações metafóricas sem oposição, o referente e o(s) tema(s) do(s) elemento(s) descritivo(s) são diferentes. Em "Duas fileiras de cavalos brancos numa colina vermelha" (dentes, 505a), o tema é cavalos, mas a resposta é dentes. Eis mais alguns exemplos de adivinhações metafóricas sem oposição: "Uma senhora num barco, com a saia amarela" (ovo, lua, 647, 648); "Dois irmãos o dia todo lado a lado que à noite descansam" (um par de botas, 992); "Uma multidão de sujeitinhos que vivem num porta-aviões" (fósforos na caixa, 907); "Meu pai tem dez árvores no quintal, e duas são mais altas do que as outras" (dedos, 1041). Cumpre enfatizar que, nas adivinhações sem oposição, sejam literais ou metafóricas, os elementos descritivos constituintes não se opõem entre si. Eventualmente pode ocorrer uma mudança num pormenor descritivo, como na adivinhação "Sobe branco, desce amarelo" (ovo, 1550a), mas isso não constitui uma contradição[19].

19. É importante distinguir entre mudança de estado e verdadeira oposição. Há mudança de estado em "Sobe a escada vermelho e desce preto" (panela de aquecer, 1556), mas não existe contradição. Em contrapartida, na adivinhação "Branco como leite, preto como carvão, salta sobre a barreira como potro recém-ferrado" (pega, 1379), existe contradição, porque é impossível um objeto ser ao mesmo totalmente branco e totalmente preto.

É essencial distinguir entre estrutura de folclore e estrutura lingüística. A presença de uma construção negativa lingüística numa adivinhação não significa que o texto contém uma oposição. Existem adivinhações oriundas da Ásia, por exemplo, que apresentam uma construção lingüística negativa, mas são claramente sem oposição. Neste caso, a construção negativa apenas elimina uma possível resposta à adivinhação. Não contradiz de modo nenhum o elemento descritivo anterior. Um exemplo típico é a seguinte adivinhação russa: "É corada [bonita], mas não é moça; é verde, mas não é um pomar" (cenoura — Sokolov, p. 282). Um exemplo proveniente de Bihar diz: "Tem crista, mas não é galo; tem dorso verde, mas não é pavão;

As adivinhações com oposição se caracterizam pela ocorrência de um confronto entre pelo menos um par de elementos descritivos. A presença da oposição está implícita no elemento bloqueador conceituado por Petsch e na noção tayloriana de duas descrições conflitantes de um objeto. Entretanto, ninguém jamais tentou efetuar uma análise morfológica mais pormenorizada das adivinhações com oposição. Uma base teórica para esse trabalho já foi esboçada por Aristóteles, que estava interessado na estrutura do enigma. Como já se disse, Aristóteles discutiu a relação entre metáfora e enigma e a freqüente presença de combinações aparentemente impossíveis[20]. Na tradição oral inglesa, existem pelo menos três tipos distintos de oposições: 1) contraditória antitética; 2) contraditória privacional; e 3) contraditória causal.

Na oposição contraditória antitética, aparentemente apenas um dos elementos descritivos em oposição pode ser verdadeiro. Muitas vezes o segundo elemento descritivo contraditório é uma negação categórica do primeiro. A adivinhação "O que é que vai ao rio, bebe e não bebe?" (vaca com chocalho, 247b) se compõe de três elementos descritivos, estando o segundo e o terceiro em oposição contraditória antitética. Outros exemplos desse tipo de oposição são: "Quando vem, não vem; quando não vem, vem" (rato e cereal, 945); "Um homem que não era homem matou um pássaro que não era pássaro numa árvore que não era árvore com uma arma que não era arma" (um menino matou uma borboleta com uma arma de brinquedo num pé de cana,

---

tem cauda longa, mas não é macaco; tem quatro pernas, mas não é cavalo" (lagarto de jardim) (Sarah Chandra Mitra, "Riddles Current in Bihar", *Journal of the Asiatic Society of Bengal*, LXX, part III, p. 36, 1901).

20. Cf. as notas 1 e 3 acima. Somos gratos a Pierre Maranda por nos haver chamado a atenção para a discussão das oposições efetuada por Aristóteles em *As Categorias*, X. Entretanto, foi de nossa iniciativa aplicar às adivinhações inglesas, de uma forma modificada, a teoria aristotélica das oposições.

Cumpre observar que uma dada adivinhação pode ser constituída de uma combinação de elementos descritivos com oposição e sem oposição. É o caso da adivinhação "O que é que é redondo como ovo, tem olhos e não vê?" (batata, 277d).

822); "Eu estava passando pela Ponte de Londres e encontrei três pessoas: não eram homens, nem mulheres, nem crianças" (um homem, uma mulher e uma criança, 837a); "Fui a Londres mas, porque não fui, voltei" (relógio, 130b). É possível igualmente que a oposição contraditória antitética não seja expressa diretamente, mas esteja implícita. Nesses casos, o segundo elemento descritivo não nega categoricamente o primeiro, mas é feita outra afirmação que contradiz a primeira. A oposição contraditória antitética está implícita nas seguintes adivinhações: "Sou áspera, sou lisa; sou molhada, sou seca; minha posição é baixa, meu título alto; meu rei é meu senhor legal, sou usada por todos, embora seja apenas dele" (auto-estrada [*highway*], 578); "Grande como uma casa, pequeno como um rato, amargo como fel e apesar de tudo doce" (nogueira-pecã e seu fruto, 1272); "Uma coisa que vive na água, embora a água a mate" (sal, 1008); "O que é que gira e nunca se move?" (uma roda, 131); "Leve como uma pena, dentro não tem nada; e um homem corajoso não pode segurar por mais de um minuto" (fôlego, 1660b). Nestas adivinhações, a resposta pode compreender mais de um objeto.

A oposição contraditória privacional ocorre quando o segundo elemento de um par de elementos descritivos é a negação de um atributo lógico ou natural do primeiro. Na maioria das vezes é negada a principal função de um objeto. É o caso dos seguintes exemplos: "Uma coisa que tem ouvido e não ouve" (espiga de cereal*, 285); "Ganhou dois olhos e não vê" (batata, 277b); "Uma coisa que tem nariz e não cheira" (bule, 286); "O que é que tem pernas mas não anda?" (cadeira, 306a); "O que é que tem dentes mas não morde?" (pente, 299b). É possível também que apareça um objeto inteiro privado de uma ou mais partes, como em: "O que é que tem mãos mas não tem dedos?" (relógio, 22); "Meu pai tem uma casa sem janela nem porta" (ovo, 1132); "O que é que tem cabeça, mas não tem cabelo?" (alfinete, 3); "Ganhei uma tina sem fundo" (anel, 1172a);

---

* Em inglês, a palavra *ear* designa ouvido e espiga. (N. do T.)

"O que é que tem quatro pernas e somente um pé?" (cama, 75d). Finalmente, existem oposições contraditórias privacionais em que é negada uma função ou uma parte do objeto. Assim, na adivinhação "Uma coisa que tem mãos mas não tem pés" (luva, 23), mão e pé estão associados um ao outro, embora ambos sejam partes do mesmo objeto, o corpo humano. No entanto, *pés*, na segunda das duas partes, estão sendo negados. Eis outros exemplos que ilustram este tipo de oposição: "Uma coisa que tem língua, mas não tem boca" (sapatos, 17); "Uma coisa que tem pernas, mas não tem corpo" (cadeira, 26); "Uma centena de janelas, mas nenhuma se fecha" (rede de pescar, 1130i); "Uma coisa que tem casco, mas não tem cabeça nem rabo" (mesa, 28). Pode também ser negada uma função associada do mesmo objeto, como nos seguintes exemplos: "O que é que mastiga o tempo todo e não engole?" (moenda de cana, 241); "O que é que fuma, mas não mastiga?" (fumaça, 244); "Debaixo da água, em cima da água, mas não toca na água?" (uma mulher atravessando o rio com um balde de água na cabeça, 165a); "Pode berrar, mas não fala" (trem, 230). A maioria das contradições em adivinhações inglesas envolve comparações com o corpo humano.

O terceiro tipo de oposição denomina-se contraditório causal. Nesta espécie de oposição, o primeiro elemento descritivo compreende uma ação efetuada ou sofrida por um objeto. Em algumas adivinhações de natureza contraditória causal com oposição, o segundo elemento do par descritivo nega explicitamente a conseqüência natural ou esperada da ação contida no primeiro elemento descritivo. Exemplos desta categoria são: "O que é que vai ao moinho todas as manhãs e não deixa rastro?" (a estrada, 181); "O que é que come e come e nunca se farta?" (um moedor de salsicha, 237); "O que é que pula na água e depois salta pra fora, mas não fica molhado?" (um ovo na barriga da pata, 170b); "Quatro garrafas de leite, destampadas, viram mas não derrama uma gota" (o ubre da vaca, 1199c); "Muitas vezes foi dividido, mas mesmo assim não se vê onde foi dividido" (um navio singrando as águas, 1666). Em outras adivinhações contraditórias causais com oposição, o segundo elemento descritivo contém uma afirmação que contradiz a conseqüência natural ou esperada. A segunda afirmação no texto "Corta-se o porco na cabeça e ele sangra no rabo" (cachimbo, 838) é contrária ao resultado esperado, isto é, que o suíno sangre na cabeça. As seguintes adivinhações constituem outros exemplos dessa oposição contraditória: "O que é que, mesmo que esteja preso, pode sair?" (fogo, 112); "Meu pai fez uma porta que era curta demais; então ele a cortou e ela ficou mais comprida" (sepultura, 1111d); "O que é que já está cheio mas ainda cabe coisa dentro?" (uma panela de batatas quando se põe água dentro, 1457); "O que é que aumenta quanto mais você contrai?" (dívida, 1698). Ao contrário da oposição contraditória antitética, a contraditória causal não se apresenta como uma negação completa de um elemento descritivo anterior. Tampouco existe a falta de uma parte, ou de uma função, de um objeto, como sucede na oposição contraditória privacional. Um dos traços mais característicos da oposição contraditória causal diz respeito à sua dimensão temporal. Os dois elementos descritivos em oposição estão separados no tempo. Ou seja, um é necessariamente anterior ao outro. Em contrapartida, as oposições contraditórias antitéticas e privacionais são sincrônicas; isto é, os elementos descritivos em oposição não aparecem separados no tempo.

Resumindo, a adivinhação foi definida como uma expressão verbal que contém um ou mais elementos descritivos, dos quais um par pode estar em oposição, devendo o referente dos elementos ser adivinhado pelo ouvinte. Duas características gerais são: 1) adivinhações sem oposição, isto é, em que não existe contradição entre os elementos descritivos, e 2) adivinhações com oposição, ou seja, em que pelo menos um par de elementos descritivos está em contradição. As adivinhações sem oposição podem ser literais ou metafóricas, mas em ambos os casos não envolvem uma contradição aparente. As adivinhações com oposição são quase sempre metafóricas, ou se apresentam como uma combinação de descrições literais e metafóricas. Há três espécies de oposição: 1) contraditória antitética; 2) contraditória privacional; e 3) contraditória causal.

As definições mais antigas que foram discutidas acima tendiam a ignorar o vasto conjunto das adivinhações sem oposição. Além do mais, os estudiosos que identificaram a presença freqüente de uma oposição nas adivinhações não distinguiram, ainda assim, os vários tipos de oposição. Todas elas devem ser incluídas numa definição abrangente. As definições baseadas apenas numa das oposições não levam em conta nem as adivinhações com várias oposições nem as destituídas de oposição. Como já assinalamos acima, Taylor concluiu erroneamente que a verdadeira adivinhação se compunha de uma descrição ao mesmo tempo figurativa e literal de um objeto, ou de uma descrição geral vaga e de um detalhe específico conflitante. Embora se aplique a adivinhações que contêm a oposição contraditória privacional, a definição de Taylor não se coaduna certamente com as adivinhações contraditórias causais e antitéticas. Como tal definição não abrange também as adivinhações não-conceituais, conclui-se que não se aplica à grande maioria das inseridas na coletânea *English Riddles from Oral Tradition*. O problema da estrutura da adivinhação pode não ter sido totalmente solucionado, mas pelo menos foi proposto um quadro de referentes.

6. SOBRE A MORFOLOGIA DO JOGO: UM ESTUDO DA ESTRUTURA DO FOLCLORE NÃO-VERBAL[1]

Serão os jogos infantis, uma forma de folclore não-verbal, estruturalmente semelhantes aos contos tradicionais, uma forma de folclore verbal? A tese que defenderei neste trabalho é que o são; e que existem muitas outras formas não-verbais análogas às formas folclóricas verbais. Por conseguinte, a definição de folclore não deve restringir-se aos materiais verbais.

Essa análise estrutural, enquanto instrumento efetivo de etnografia descritiva, foi aplicada a diversos tipos de manifestação folclórica, mas não o foi ao estudo dos jogos infantis. No entanto, os jogos em geral e os jogos competitivos em particular são obviamente padronizados. Nos jogos competitivos, os participantes têm consciência de que o jogo é governado por regras limitativas definidas. A apli-

1. Extraído de *New York Folklore Quarterly*, 20:276-288, dec. 1964.

cação e a inter-relação dessas regras resultam numa seqüência ordenada de ações executadas pelos jogadores; estas ações constituem a estrutura essencial de qualquer jogo em particular.

Para descrever a estrutura de um jogo, ou de qualquer outra forma de folclore, precisamos antes definir uma unidade estrutural mínima. Somente uma tal unidade nos permitirá segmentar com precisão o contínuo de ação do jogo. Como unidade experimental proponho usar o *motivema*, uma unidade de ação que foi empregada em estudos estruturais dos contos tradicionais[2]. Uma vantagem óbvia que advém do emprego do motivema reside no fato de que, se a ação do jogo puder realmente ser decomposta em motivemas, se torna relativamente fácil comparar a estrutura dos jogos com a dos contos tradicionais[3].

Antes de examinar as acentuadas semelhanças estruturais entre essas duas formas de folclore, precisamos enfatizar uma importante diferença que as distingue. Esta diferença diz respeito à dimensão das ações. Os contos tratam do conflito entre protagonista e antagonista, mas a seqüência das ações da trama é unidimensional. As ações do herói ou as do vilão são discutidas em qualquer momento do tempo em qualquer ponto do conto. Vladimir Propp, um folclorista russo, elaborou, em 1928, um estudo estimulante dos contos de fada e imaginou uma distribuição de funções

---

2. Cf. meu artigo "From Etic to Emic Units in the Structural Study of Folktales", *Journal of American Folklore*, 75:95-105, 1962 [reproduzido nesta coletânea às pp. 189-209]; e "Structural Typology of North American Indian Folktales", *Southwestern Journal of Anthropology*, 19:121-130, 1963.

3. Um interessante estudo de John M. Roberts, Brian Sutton-Smith & Adam Kendon, "Strategy in Games and Folk Tales", *Journal of Social Psychology*, 61:185-199, 1963, demonstra que os contos tradicionais e os jogos constituem modelos notavelmente semelhantes de situações competitivas e que os contos tradicionais com finais estratégicos têm uma correlação positiva com a ocorrência de jogos de estratégia em dados contextos culturais. Entretanto, a comparação entre jogo e conteúdo do conto popular limitou-se a um exame generalizado dos "finais". A descrição da estrutura do jogo deve facilitar este tipo de estudo entre culturas.

(motivemas) entre as personagens dos contos[4]. Ele notou, por exemplo, que as funções 8 (dano), 16 (combate) e 21 (perseguição) pertencem à esfera de ação do vilão. Sem dúvida, as funções 4 (interrogatório) e 5 (informação) da análise de Propp são ações do vilão e não do herói. Entretanto, nos jogos deparamo-nos com um contraste: existem pelo menos duas seqüências de ação que ocorrem *simultaneamente*. Quando A está jogando com B, tanto A quanto B estão atuando ao mesmo tempo o tempo todo. Teoricamente, isso também é verdadeiro nos contos tradicionais, mas num dado momento do conto são descritas somente as atividades de um oponente. O conto tradicional é, portanto, uma série bidimensional de ações expostas numa seqüência unidimensional, ou, inversamente, um jogo é, estruturalmente falando, um conto tradicional bidimensional.

Em sua notável discussão da morfologia do conto de fada, Propp dedicou atenção especial à função 8, dano. Nesta função, um vilão causa um prejuízo ou dano a um membro da família ao raptar uma pessoa ou roubar um objeto etc., criando assim o verdadeiro movimento do conto[5]. Ao mesmo tempo, observou argutamente que um conto tradicional poderia começar, como regra básica, com o desejo de possuir algo, ou com uma carência ou falta. Na análise, Propp considerou a carência (função 8a) morfologicamente equivalente a dano (função 8). Quando o conto não se inicia com uma situação de carência, esta situação pode ser criada através de um ato danoso. Esta mesma distinção é aplicável à estrutura de muitos tipos de jogo. Um jogo pode começar com a carência de um objeto, ou o objeto pode ser escon-

---

4. Vladimir Propp, *Morphology of the Folktale*, ed. Svatava Pirkova-Jakobson, transl. Laurence Scott, Bloomington, 1958, pp. 72-75 (Publication Ten of the Indiana University Research Center in Anthropology, Folklore, and Linguistics). O estudo de Propp também foi publicado como Parte III do *International Journal of American Linguistics*, XXIV(4), 1958, e como vol. 9 das Bibliographical and Special Series da American Folklore Society. [Em português, *Morfologia do Conto Maravilhoso*, Rio de Janeiro, Forense-Universitária, 1984.]

5. Propp, p. 29.

dido antes de iniciar o jogo. Em alguns casos, nada está faltando, mas o segmento inicial da ação do jogo (que corresponde à parte "inicial" ou "preparatória" do conto tradicional no esquema proppiano, funções 1-7) provoca a necessária situação de carência ou insuficiência. Nos jogos do primeiro tipo, uma pessoa pode esconder-se do grupo (como em "A Lebre e os Cães") ou o grupo pode esconder-se de uma pessoa ("Esconde e Procura")*. Nos jogos do segundo tipo, uma pessoa ou um objeto pode ser raptado ou capturado, o que resulta também numa carência. Acontece, por exemplo, no jogo de roubar crianças, "A Bruxa" ("The Witch"). Outras características que os contos tradicionais e os jogos compartilham serão mostradas a seguir na discussão de diversos jogos específicos.

Em "A Lebre e os Cães"[6], o menino escolhido para ser a Lebre (a escolha é feita por diferentes processos e pode ser interpretada como uma atividade pré-jogo) deve fugir e se esconder. Usualmente, um período de tempo fixado, um número específico de minutos, ou a contagem até algum número arbitrário, marca o começo formal da caçada, mais ou menos como a repetição de uma fórmula de abertura no início de um conto tradicional indica a passagem da realidade para a fantasia. Com efeito, alguns têm realmente fórmulas de abertura, tais como "Pronto ou não, lá vou eu". Assim, o jogo começa com uma carência, a Lebre escondida. A busca, tão popular em contos tradicionais, é igualmente popular nos jogos. Os Cães de caça tentam encontrar e apanhar a Lebre, exatamente como o herói do conto procura reparar a carência inicial (função 19).

Observem, no entanto, que no jogo estão envolvidos dois conjuntos de ação, ou seqüências motivêmicas. Um

---

* "Hare and the Hounds" ("A Lebre e os Cães") é um jogo ao ar livre em que alguns jogadores (cães de caça) perseguem outros (lebres), que vão deixando atrás de si pedaços de papel como pistas. "Hide and Seek" ("Esconde e Procura") é o equivalente do jogo brasileiro de "esconde-esconde". (N. do T.)

6. Alice Bertha Gomme, *The Traditional Games of England, Scotland, and Ireland*, New York, 1964, vol. I, p. 191.

conjunto corresponde ao ponto de vista dos Cães, o outro à perspectiva da Lebre. As seqüências compreendem os seguintes motivemas: Carência, Interdição, Violação e Conseqüência[7]. Numa seqüência motivêmica, os Cães querem apanhar a Lebre (carência). Devem apanhá-la antes que ela chegue em "casa", um lugar definido previamente (interdição). Se os Cães falharem (violação), perdem o jogo (conseqüência). Na segunda seqüência motivêmica, simultânea à primeira, a Lebre quer ir para "casa" (carência), mas tem de chegar lá sem ser apanhada pelos Cães (interdição). Se falhar (violação), perde o jogo (conseqüência). É possível vencer o jogo se reparar a carência de uma maneira ou de outra: agarrando a Lebre ou retornando para "casa" a salvo. No entanto, é impossível que a Lebre e os Cães percam ao mesmo tempo. Existe aqui outro ponto de contraste com o conto. Nestes o herói sempre vence e o vilão sempre perde. Nos jogos, entretanto, o final não é tão regular ou previsível: ora vence a Lebre, ora os Cães. Como indicou Caillois, uma característica dos jogos competitivos repousa na igualdade dos oponentes, ou seja, teoricamente a cada oponente é dada a mesma chance de vitória[8].

---

7. É oportuno lembrar que uma interdição é uma injunção negativa. Comparem, por exemplo, "Não abra os olhos" com "Mantenha os olhos fechados". Deve-se ter em mente ainda que uma forma de conseqüência pode ser uma carência, enquanto outra forma pode ser a reparação da carência (funções 8a e 19 de Propp). Brian Sutton-Smith, em "A Formal Analysis of Game-Meaning", *Western Folklore*, 18:13-24, 1959, engloba a ação dos jogos num termo geral, "O Desafio do Jogo". Embora discuta a estrutura do tempo e do espaço do jogo, na verdade Sutton-Smith não concebe os jogos como seqüências estruturais lineares de ação, nem parece ter consciência de que existem dois conjuntos distintos de seqüências de ação no jogo que analisa, "Tranque a Porta" ("Bar the Door"): um conjunto para o *it*, o jogador central, e um conjunto para as crianças que tentam superar o *it* quando se dirigem de uma base para a outra.

8. Roger Caillois, *Man, Play, and Games*, transl. Meyer Barash, New York, 1961, p. 14. O duplo conjunto de regras presente nos jogos torna a sua análise um tanto diferente da dos contos populares. Os dois padrões às vezes são distintos, porque para o jogador individual não existe uma mudança rápida de um conjunto de regras para o outro. Em beisebol, por

O jogo "A Lebre e os Cães" estraria estruturado da sequinte maneira:

	Carência	Interdição	Violação	Conseqüência
Lebre	quer voltar para casa	sem ser apanhada pelos cães	é apanhada (não é apanhada)	perde o jogo (ganha o jogo)
Cães	querem apanhar a lebre	antes que ela volte para casa	não apanham perdem o jogo	(apanham) (ganham o jogo)

A estrutura dupla também pode ser melhor compreendida se a compararmos com uma estrutura semelhante de um conto tradicional. Do ponto de vista da Lebre, poder-se-ia dizer que havia um herói perseguido (função 21) e que ele será salvo da perseguição (função 22), admitindo-se que a Lebre ganhe. A analogia conto/jogo é mais evidente naquelas versões em que se exige da Lebre que deixe sinais, como pedaços de papel, para marcar a sua trilha. Nos contos tradicionais, o herói, quando foge de seu perseguidor, muitas vezes coloca obstáculos no caminho deste. Esses objetos marcam a trilha, mas servem também para atrasar o perseguidor. Do ponto de vista dos Cães, isto é, se forem tomados como heróis, a Lebre aparece como um doador, visto que os pedaços de papel deixados são "agentes mágicos" (identificados como função 14) que auxiliam os Cães-heróis

---

exemplo, as regras de "ataque" se aplicam ao time que se encontra no ataque até que três homens sejam "queimados". Do mesmo modo, as regras de "defesa" para o time no campo se aplicam ao mesmo período. Ao final do período, os times trocam de lugar (e de regra). Em outros jogos, no entanto, como o basquetebol ou o futebol americano, as regras podem ser trocadas a qualquer momento. No futebol americano, um passe interceptado ou um lançamento recuperado pelo time que está na defesa coloca imediatamente o time no ataque, e a mesma ação coloca imediatamente na defesa o time que estava no ataque. Em "Quantas Milhas até Babilônia?" ("How many miles to Babylon?"), um jogo descrito por Paul G. Brewster, em *American Nonsinging Games*, Norman, 1953, pp. 52-53, os jogadores têm de correr de uma extremidade à outra passando pelo jogador do meio; quando são apanhados, passam a pertencer àquele jogador e ajudam-no a apanhar os outros que tentam cruzar o campo.

a reparar a carência inicial[9]. A seqüência do doador, portanto, é outro ponto de similaridade entre o jogo e o conto tradicional.

Num conhecido jogo infantil norte-americano, que Brewster chama "Steps" ("Passos")[10], o líder, ou *it*, orienta os outros a chegarem até ele (para pegá-lo), permitindo vários passos, como passos de bebê, passos de gigante ou passos de guarda-chuva. Neste jogo, um doador concede o privilégio de usar certos passos "mágicos". O fato de a ajuda mágica só ser dada depois que o herói é posto à prova pelo doador também constitui um notável paralelo com a morfologia do conto. Depois que o doador (*it*) permite certo número ou tipo de passo (por exemplo, quatro passos de bebê), o favorecido (herói) deve dizer: "Dá licença?". Se passar na prova da cortesia, terá permissão de dar os passos que o deixarão mais perto de seu objetivo. No entanto, se não disser a fórmula protocolar, o doador o punirá, ordenando-lhe que dê passos para trás, afastando-se, dessa maneira, do objetivo. Com mais freqüência do que nos contos populares, a educação ou polidez para com o doador favorece a obtenção dos agentes mágicos necessários, enquanto que a descortesia priva o pretenso herói desses mesmos objetos.

Em alguns jogos, a presença de uma seqüência de doador parece ser opcional, e não obrigatória, como ocorre também nos contos. Em "Dedal à Vista" ("Thimble in Sight")[11], é escondido um objeto, como, por exemplo, um dedal. Na verdade, supõe-se que o objeto esteja visível, mas não de maneira óbvia. As crianças tentam descobrir o objeto ou notá-lo (carência). Quando uma criança o encontra (reparação da carência), manifesta seu sucesso através de uma

---

9. É bastante provável que alguns gestos mágicos, como, por exemplo, tocar certa árvore, cruzar os dedos, ou assumir uma determinada posição "segura" (acocorar-se no jogo "Squat Tag" [semelhante ao nosso "pique"])são idênticos ao batalhão de agentes mágicos que protegem os protagonistas dos contos populares.
10. Brewster, *op. cit.*, p. 164.
11. William Wells Newell, *Games and Songs of American Children*, New York, 1963, p. 152; Brewster, *op. cit.*, p. 46.

fórmula verbal como, por exemplo, "rorum torum corum", mais ou menos como o jogador vitorioso em "Esconde e Procura" anuncia sua volta a "casa" com a palavra "livre"*. (Essas fórmulas verbais parecem ser análogas àquelas com que terminam os contos.) Nessa forma de "Dedal à Vista" não existe a seqüência de doador, mas em outras versões a pessoa que esconde o objeto ajuda os que o procuram, através de indicações como "Está gelado" ou "Está frio", para mostrar que o objeto está distante, ou "Está morno" ou "Está quente", para dizer que o objeto está próximo. Nessas versões, presume-se que aquele que procura poderia solicitar a ajuda do doador, perguntando, por exemplo, "Está esquentando?" Entretanto, como o jogo pode ser jogado sem a seqüência do doador, está claro que a seqüência não é estruturalmente obrigatória.

A freqüência da seqüência do doador em jogos e contos também requer atenção. Poder-se-ia supor, por exemplo, que, sendo a seqüência do doador comparativamente rara nos contos indígenas norte-americanos, em comparação com os indo-europeus, essa seqüência fosse pouco freqüente também nos seus jogos. A presença ou ausência de tal seqüência poderia estar relacionada com magia e religião. Numa cultura em que as pessoas podem fazer magia ou buscar uma visão religiosa pessoal, a necessidade de um doador poderia ser menor que nas culturas em que a magia ou religião é suprida através de peritos ou intermediários.

Até o momento, fizemos menção a vários jogos em que a carência inicial faz parte da regra. A ação do jogo só tem início quando um objeto ou uma pessoa foi removida ou escondida. O próprio *it* pode ausentar-se para produzir a situação de carência inicial. Entretanto, em "A Bruxa", a carência é causada por um rapto praticado pelo *it*[12]. Neste jogo, o paralelo com a estrutura do conto popular é eviden-

---

* Em inglês, *home free*, equivalente ao "pique" brasileiro. (N. do T.)

12. Gomme, *op. cit.*, vol. II, pp. 391-396. Sobre uma versão do estado de New York, chamada "Old Witch" ("Velha Bruxa"), cf. Anne Gertrude Sneller, "Growing Up", *New York Folklore Quarterly*, XX(2):89-90, jun. 1964 (Editor).

te. Uma mãe deixa seus sete filhos sozinhos, cujos nomes são os dias da semana (função 1 de Propp, "Um dos membros da família sai de casa" — tendo sempre em mente que a análise morfológica de Propp foi feita com contos populares e não com jogos). Antes de sair, a mãe diz aos filhos: "Cuidado para que a Velha Bruxa não pegue vocês" (função 2, "Impõe-se ao herói uma interdição"). A bruxa entra sem que as crianças lhe dêem atenção (função 3, "A interdição é violada"). A bruxa diz que foi enviada pela mãe das crianças para apanhar um gorro (função 6, "O vilão tenta ludibriar a vítima para apoderar-se dela ou de seus bens"). Uma criança vai pegar o gorro (função 7, "A vítima se deixa enganar, ajudando, assim, involuntariamente seu inimigo"). A bruxa rapta uma das crianças (função 8, "O vilão causa dano ou prejuízo a um dos membros da família"). A mãe retorna, chama os sete filhos e, assim, descobre que está faltando um. As crianças restantes gritam: "A Velha Bruxa o pegou" (função 9, "É divulgada a notícia do dano ou da carência"). A seqüência motivêmica se repete várias vezes, até que a bruxa consiga raptar todas as crianças. Esta ação é análoga à repetição de movimentos inteiros nos contos populares, por exemplo, os irmãos mais velhos do herói partem, um após outro, em buscas idênticas.

A mãe sai à procura dos filhos (função 10, "O herói-buscador aceita ou decide reagir", e função 11, "O herói deixa a casa"). A mãe encontra a bruxa e pede-lhe informação sobre o paradeiro dos filhos. No diálogo ritual padrão, vislumbram-se possíveis traços da seqüência-padrão do doador, como é identificada pelas funções 12-14. Neste jogo, a bruxa atua como doador. A mãe, finalmente, chega ao lugar em que seus filhos estão sendo mantidos presos (função 15, "O herói é transportado, levado ou conduzido ao lugar onde se encontra o objeto que procura"). Esta função ou motivema é de grande importância para a análise estrutural tanto dos jogos quanto dos contos populares. Propp observa (p. 46): "Geralmente, o objeto da busca está localizado num outro reino". Qualquer pessoa familiarizada com os jogos infantis poderá lembrar-se de que muitos jogos impõem o ingresso no território do oponente. Em "Capturem a Bandeira" ("Capture the Flag")[13], o objeto da busca é a bandeira do oponente, nitidamente localizada no "reino do inimigo".

Agora que a mãe reencontra os filhos perdidos (função 19, "O dano inicial ou a carência é reparado"), todos juntos, mãe e filhos, perseguem a bruxa. Aquele que conseguir apanhá-la será a bruxa na partida seguinte. Nos contos tradicionais, muitas vezes à reparação da carência inicial segue-se uma perseguição, porém o mais comum é que o vilão persiga o herói (função 21, "O herói sofre perseguição"). O herói escapa invariavelmente (função 22, "O herói é salvo da perseguição"). Propp observa que "um grande número de contos populares terminam quando o herói se salva da perseguição". O mesmo se poderia dizer dos jogos. Em muitos deles, o *it*, ou o vilão, é quem persegue os procuradores-"heróis" depois que estes tiverem obtido o objeto desejado, como a bandeira em "Capturem a Bandeira". Naturalmente, uma das razões que tornam o jogo "A Bruxa" semelhante aos contos tradicionais é a natureza fixa do final! A bruxa nunca vence, assim como o vilão dos contos populares nunca sai vitorioso.

Os críticos têm-se mostrado céticos quanto ao valor da análise morfológica de Propp, por ter ele se limitado a estudar os contos de fada russos. No entanto, os estudiosos mais conceituados do conto tradicional estão cientes de que a grande maioria dos contos, se não todos, que Propp analisou podem ser classificados segundo o sistema de tipos de conto de Aarne-Thompson. Outros se queixam de que Propp foi genérico demais e de que suas funções se aplicam tanto aos materiais literários quanto aos folclóricos. É verdade que o conceito estabelecido por Propp pode ser correlacionado tanto com a estrutura de enredo de *Beowulf* quanto com a maior parte da *Odisséia* (cf. a relação das funções 21 a 31 de Propp com o final da *Odisséia*). Vê-se claramente que o jogo da "Velha Bruxa" contém inúmeras as funções de Propp e, em

---

13. Brewster, pp. 69-70.

certo sentido, se assemelha a um conto tradicional dramatizado. Além disso, o jogo possui uma semelhança superficial com o tipo de conto 123 de Aarne-Thompson, "O Lobo e os Meninos" ("The Wolf and the Kids"). Todavia, o mais importante aqui é que a análise morfológica dos contos tradicionais parece aplicar-se muito bem a outro gênero de folclore: os jogos populares, proporcionando com isso mais uma confirmação da validade da análise proppiana.

Quando se analisa a semelhança estrutural entre os jogos e os contos tradicionais, também é possível perceber paralelos entre formas especiais dos dois gêneros. Por exemplo, um tipo de conto popular é o conto cumulativo. Nesses contos (tipos 2000-2199 de Aarne-Thompson) aparecem cadeias de ações ou de objetos. De modo geral, ocorre uma repetição com contínuas adições. Nas baladas, esse traço estilístico é denominado "repetição com acréscimo". Stith Thompson, numa discussão dos contos deste tipo, observou, mas sem aduzir qualquer comentário, que eles tinham "algo da natureza de um jogo"[14]. Esta analogia jogo/conto é óbvia em "Link Tag"*, no qual o *it* deve tocar em alguém. A pessoa que foi tocada deve segurar a mão do pegador e ajudá-lo a tocar os outros; o que for tocado em seguida junta-se aos dois primeiros e assim sucessivamente[15]. (A mesma estrutura está claramente presente naquelas danças folclóricas em que casais ou indivíduos formam cadeias cada vez mais longas.)

Outra analogia entre subgêneros poderia ser a existente entre os contos (ou artes) de trapaceiros e as brincadeiras de pregar peças. Nos contos de trapaceiro (*trickster*) e na maioria das peças ou trotes, os motivemas principais são o ardil e o engano (funções 6 e 7 de Propp), de tal sorte que pode ocorrer uma identidade exata de conteúdo e de forma entre os contos tradicionais e os jogos[16]. Por exemplo, em

---

14. *The Folktale*, New York, 1951, pp. 230 e 234.
* Um jogo infantil semelhante ao pique ou pega-pega brasileiro. (N. do T.)
15. Brewster, *op. cit.*, p. 67.
16. *Ibid.*, pp. 120-126.

algumas versões do tipo de conto 1530, "Sustentando a Rocha" ("Holding up the Rock"), a vítima é lograda ao acreditar que está sustentando um muro. Mas "Segure a Parede" ("Hold up the Wall") é um trote muito apreciado no Texas Agricultural and Mechanical College, no qual, segundo um informante, se pede a um estudante que se agache com as costas apoiadas numa parede, como se a estivesse segurando[17]. Um exemplo mais surpreendente é o trote análogo que aparece no tipo de conto 1528, "Segurando o Chapéu" ("Holding down the Hat"), no qual as vítimas são induzidas a pegar em fezes escondidas debaixo de um chapéu[18]. O maior ponto de semelhança na morfologia dos contos de trapaceiro e nas peças reside talvez na paródia que fazem da estrutura tradicional do conto popular e do jogo. Em vez de reparar uma carência real, simula-se uma falsa carência. Assim, o novato, sem suspeitar, é mandado caçar narcejas munido de um saco e uma lanterna, ou um aprendiz é persuadido a buscar algum objeto que, de acordo com a profissão do grupo, pode ser tinta listrada, encurtador de tábua, ou uma chave-inglesa para canhotos.

A semelhança morfológica entre o jogo e o conto popular deixa entrever um princípio importante que pode ser aplicado a outras formas de folclore. Basicamente, essas formas diferentes derivam da distinção entre palavras e atos. Assim, existe folclore verbal e folclore não-verbal. A distinção é feita com mais freqüência no que diz respeito a mito e rito. Mito é folclore verbal ou, nos termos de Bascom, "arte" verbal[19]. Rito, ao contrário, é folclore não-verbal ou arte não-verbal. O mito e o rito são ambos sagrados; o conto popular e o jogo são ambos seculares. (A hipótese de que os jogos derivam dos ritos é tão plausível quanto a suposição de que os contos tradicionais constituem uma evolução, ou, melhor, uma degenerescência dos mitos.) Em-

17. Fred Eikel, Jr., "An Aggie Vocabulary of Slang", *American Speech*, 18:34, 1946.
18. James R. Caldwell, "A Tale Actualized in a Game", *JAF*, 58:50, 1945.
19. William R. Bascom, "Verbal Art", *JAF*, 68:245-252, 1955.

bora não tenham ignorado por algum tempo as semelhanças entre mito e rito, os folcloristas não reconheceram, entretanto, as características igualmente comuns entre o conto tradicional e o jogo. Além disso, os folcloristas não viram que a dicotomia verbal/não-verbal se aplica à maioria dos gêneros tradicionais de folclore, se não a todos. O provérbio, que é um exemplo óbvio de folclore verbal, tem na mímica o seu correlativo não-verbal. As duas formas são funcionalmente equivalentes, na medida em que sintetizam uma situação ou a põem em julgamento. As adivinhações têm uma estrutura semelhante à dos provérbios, porque ambos se baseiam em construções do tipo tema/comentário, mas são distintas dos provérbios por sempre conterem um referente a ser decifrado[20]. Os equivalentes não-verbais compreenderiam uma grande diversidade de tarefas difíceis e quebra-cabeças. A distinção entre provérbios e adivinhações se aplica igualmente às mímicas e adivinhações não-orais. O referente da mímica é conhecido, *antes* que ela seja feita, tanto por aquele que a emprega quanto por sua platéia; presume-se que o referente das adivinhações não-orais seja conhecido apenas por quem as propõe à platéia[21].

As superstições também são elucidadas por esta distinção verbal/não-verbal. Quando discutem as superstições, os folcloristas há muito adotam termos como "crença", "costume", ou "prática". Na presente análise, práticas ou costumes seriam exemplos de folclore não-verbal, uma vez que está implícita uma atividade física real. A distinção pode

---

20. Robert A. Georges & Alan Dundes, "Toward a Structural Definition of the Riddle", *JAF*, 76-113-117, 1963 [reproduzido nesta coletânea às pp. 225-238.]

21. Sobre exemplos de adivinhações não-verbais, cf. Jan Bruvand, "More Non-Oral Riddles", *Western Folklore*, 19:132-133, 1960. Observem que esta forma de folclore é definida negativamente, em termos de forma verbal presumivelmente original: adivinhações. Do mesmo modo, o termo "brincadeira pesada" (*practical joke*) representa uma qualificação do termo principal "brincadeira", que também é verbal. Mesmo a expressão usada aqui de "folclore não-verbal" dá continuidade ao mesmo viés em favor da primazia das formas verbais. Pelo menos as mímicas não são chamadas provérbios não-orais ou não-verbais.

ser aplicada também à música folclórica. Se uma narrativa folclórica, por exemplo, fosse musicada, seria chamada então canção folclórica; se um jogo fosse adaptado à música, seria chamado de dança folclórica. (Observem que a etimologia do termo "balada" confirma esta distinção.) *Não* estou insinuando que a canção folclórica deriva da narrativa folclórica ou que a dança folclórica decorre do jogo, mas estou apenas sugerindo que esses gêneros supostamente dessemelhantes têm muita coisa em comum. Por exemplo, a seqüência básica carência e reparação da carência, encontrada nos contos e nos jogos, está presente também na dança folclórica. Em muitas danças, um casal é separado e, do ponto de vista do homem, ele perdeu a parceira (carência). O restante da dança procura reunir os parceiros separados (reparação da carência)[22]. Além disso, a ação de sair de casa e retornar ocorre igualmente em contos, jogos, danças e músicas folclóricas. Estruturalmente falando, é irrelevante se a "casa" é uma morada, uma árvore, uma posição na pista de dança ou uma nota musical.

As técnicas de análise estrutural deveriam ser aplicadas a outros gêneros folclóricos, além dos jogos e dos contos tradicionais. Essas formas, desde o desenho dos modelos de colcha aos trava-línguas, podem ser definidas estruturalmente. É previsível que tais análises revelarão um número relativamente pequeno de modelos estruturais semelhantes, que constituem a base dessas formas aparentemente diversas.

Especificamente, tentei demonstrar que pelo menos uma forma de folclore não-verbal, os jogos infantis, é estruturalmente semelhante a uma forma verbal, o conto tra-

---

22. Na estrutura da dança folclórica, encontra-se a mesma distinção entre começar por um estado de carência ou causar um estado de carência por um vilão. Algumas danças possuem um *it* que está sem parceiro (carência) e que procura obter um (reparação da carência). Sobre um estudo interessante da morfologia da dança, cf. Olga Szentpal, "Versuch einer Formanalyse der Uggarischen Volkstanze", *Acta Ethnographica*, 7:257-334, 1958; também Gyorgy Martin & Erno Pestovar, "A Structural Analysis of Hungarian Folk Dance: A Methodological Sketch", *ibid.*, 190:1-40, 1961.

dicional. Assim, se existem equivalentes não-verbais (por exemplo, jogos) para formas folclóricas verbais (por exemplo, contos tradicionais), então o folclore enquanto disciplina não pode talvez ser limitado ao estudo da arte verbal, da literatura oral, ou da literatura popular, ou de qualquer que seja o termo empregado. Kenneth Pike observou que "a atividade verbal e a não-verbal são uma totalidade unificada, e a teoria e a metodologia deveriam ser organizadas, ou criadas, para estudá-las como tal"[23]. Já é tempo de os folcloristas dedicarem ao estudo das formas folclóricas não-verbais parte da energia que aplicaram na análise do folclore verbal. Comparadas à narrativa popular e à canção folclórica, certas formas como dança folclórica, jogos e mímicas foram enormemente negligenciadas[24]. Sem dúvida alguma, existem graves problemas de transcrição, mas seguramente não são insuperáveis.

---

23. *Language in Relation to a Unified Theory of the Structure of Human Behavior*, Glendale, 1954, Part I, p. 2. Estas categorias de folclore "verbal" e "não-verbal" são distinções arbitrárias, que não refletem necessariamente uma realidade objetiva. Obviamente, versos usados para pular corda, para contar envolvem palavras e atos.

24. Alexander Haggerty Krappe, por exemplo, em sua obra *The Science of Folklore* (New York, 1930), atribui pouco valor a estas formas. Esta tendência perdura até hoje. Em vão se procurará uma menção mais extensa dessas formas nos anuários bibliográficos de folclore, nas listas de obras em andamento e nos levantamentos de pesquisa folclórica.

7. A EQUIVALÊNCIA SIMBÓLICA DE ALOMOTIVOS EM "O PASTOR DE COELHOS"[1]

Uma das dificuldades permanentes do estudo do simbolismo diz respeito à comprovação empírica das pretensas identidades simbólicas. Uma coisa é asseverar que um nariz é um símbolo fálico; outra totalmente diferente é prová-lo além de uma dúvida razoável, isto é, demonstrá-lo convincentemente àquelas pessoas que não estão necessariamente predispostas a aceitar a teoria psicanalítica. É freqüente os psicanalistas oferecerem leituras simbólicas de eventos e dados sem recorrerem aos critérios convencionais de prova. Pareceu-lhes suficiente que um paciente tenha feito espontaneamente associações livres com um símbolo que lhe ocorreu num sonho ou que um psicanalista anterior tenha proclamado a validade de uma igualdade simbólica particular. De que maneira sabemos, em suma, que A é símbolo

1. Extraído de *Scandinavian Yearbook of Folklore*, 36:91-98, 1982.

de B (ou B de A)? É apenas uma questão de aceitar piamente uma igualdade simbólica proposta ou existe realmente uma metodologia que permita determinar com certeza o(s) sentido(s) dos símbolos?

Afirmo que o conto tradicional (assim como outros gêneros de folclore) pode fornecer um *corpus* de dados capazes de fazer progredir materialmente o nosso conhecimento do simbolismo. A única razão pela qual até o momento os folcloristas deixaram de fazer uso adequado deste *corpus* prende-se ao fato de terem optado no total por uma leitura literal, e não simbólica, do conteúdo dos contos tradicionais. Os estudos histórico-geográficos de tipos de conto individuais podem ser empreendidos (e na verdade o foram) sem qualquer consideração das possíveis implicações simbólicas de qualquer um dos motivos constituintes ou traços do conto. Não obstante, estou pronto a sustentar que é exatamente através do estudo comparativo dos contos que se pode descobrir e confirmar as igualdades simbólicas. A partir da combinação do método comparativo *com* a análise estrutural, espero fornecer o esboço de uma metodologia que se revele útil no estudo dos símbolos em qualquer lugar do mundo.

Quem quer que já tenha reunido numerosas versões de um determinado conto popular sabe muito bem que pode ocorrer uma considerável variação de conteúdo dentro da estrutura do entrecho sinóptico do conto básico. Nos estudos histórico-geográficos, este fato é evidenciado pelo exame da lista de possíveis subtraços dentro de um traço escolhido. O problema existente no uso da variação do traço reside no fato de que os traços normalmente são escolhidos *a priori* pelo estudioso do conto (e comumente porque ele acredita que os traços particulares escolhidos serão úteis para determinar quer a forma original quer as vias de difusão do conto em estudo). Se adotarmos o ponto de vista estrutural do conto tradicional — e quero dizer com isso que no meu entender o conto é constituído por uma seqüência de motivemas (funções de Propp) — então estaremos mais perto da essência do conto, tal como é contado pelo narrador para uma platéia. (Traços definidos pelos adeptos do método histórico-geográfico não são necessariamente unidades estruturais. Assim, "lugar onde ocorre a ação" ou "número de personagens" não seriam considerados trilhas motivêmicas.) Se, além disso, examinarmos os vários alomotivos presentes numa trilha motivêmica específica — tal como é determinado pelo exame empírico do conteúdo das versões de um dado conto recolhidas no campo — poderemos ter acesso a formulações nativas implícitas de equivalências simbólicas. Se tanto A quanto B preenchem o mesmo motivema, então de certo modo não é razoável admitir que a cultura está tornando A igual a B? Em outras palavras, os alomotivos são equivalentes tanto funcional quanto simbolicamente. Deve-se ter em mente que são os próprios narradores que constroem por assim dizer estas igualdades simbólicas, e não algum folclorista imbuído de idéias preconcebidas e erroneamente impregnado de teorias particulares pertencentes a esta ou àquela escola simbólica. Acredito que o conceito de equivalência alomotífica pode ser válido tanto para a variação intracultural quanto para a intercultural. Dentro de uma dada cultura, a gama de alomotivos presentes numa trilha motivêmica particular mostrará equivalência funcional; e comparações do mesmo conto em duas ou mais culturas podem produzir o mesmo conjunto ou conjuntos diferentes de equivalentes funcionais. Com efeito, na medida em que os tipos de conto são transculturais (N.B. isso *não* é a mesma coisa que universal!), por exemplo, um tipo de conto indo-europeu, um tipo de conto indígena norte-americano, um tipo de conto africano, é exatamente no plano alomotívico que podemos esperar encontrar os exemplos mais notáveis de variação. O tipo de conto pode ser o mesmo, mas os alomotivos podem variar. O que estou querendo sugerir realmente aqui é que os alomotivos podem ser simbolicamente equivalentes. Uma cultura pode apropriar-se de um tipo de conto de outra, mas é possível que substitua os alomotivos por outros mais compatíveis com seu próprio sistema simbólico. Os estudos comparativos dos contos tradicionais se preocuparam, primordialmente, em estabelecer qual alomotivo é mais antigo ou mais anterior em termos da lógica, em vez de tentarem mostrar como certos alomotivos culturalmente relativos poderiam configurar ecótipos, os quais por sua vez poderiam proporcionar indicações do caráter nacional, das tendências regionais ou das idiossincrasias individuais.

Permitam-me, antes de tudo, ilustrar o princípio da equivalência simbólica mediante duas versões de um texto particular. Examinemos, por exemplo, um *blason populaire* anti-semita recolhido em Londres na primavera de 1976:

> Dois judeus estavam caminhando à beira de um lago. Um deles colocou o dedo na água e disse: "Oh! a água está fria!" O outro colocou o nariz e disse: "De fato, e é funda demais!"

Uma outra versão fala de texanos em vez de judeus:

> Dois texanos estão atravessando a ponte Golden Gate em San Francisco. No meio da ponte, ambos decidem verter água [urinar]. Um diz: "Rapaz, a água está gelada"; o outro retruca: "Mas não é muito funda".

A tradição de *blason populaire* do Texas enfatiza o tamanho e presumivelmente seu órgão é tão grande que toca embaixo. (Como o tamanho do falo é presumivelmente positivo, a água é considerada rasa. Na tradição do *blason populaire* anti-semita, o tamanho do nariz constitui um aspecto negativo e, assim, é apropriado para que o lago seja considerado profundo[2].) No entanto, o que importa aqui é que as duas versões da mesma piada sugerem que de certa maneira o nariz e o falo são equivalentes. Não será isto uma confirmação da idéia de que o nariz poderia ser um símbolo fálico em alguns contextos? Evidentemente, poder-se-ia argüir que tudo o que os textos mostram é a equivalência funcional de narizes e falos. Em teoria, é tão provável que um falo seja um nariz simbólico quanto o é que um nariz representa um falo simbólico. É totalmente verdadeiro que exa-

---

2. Para outra análise do estereótipo judeu no que diz respeito ao tamanho do nariz, cf. Alan Dundes, "A Study of Ethnic Slurs: The Jew and the Polack in the United States", *Journal of American Folklore*, 84:195, 1971.

minar a escala alomotífica dentro de uma trilha motivêmica particular revela apenas uma equivalência funcional. Podemos dizer que A e B são equivalentes funcionais ou simbólicos, mas não necessariamente que A é um símbolo de B ou que B é um símbolo de A. Por outro lado, se achássemos provas numa dada cultura de que ou A ou B é um assunto tabu, então poderíamos muito bem esperar que o assunto não-tabu fosse substituído pelo assunto tabu, muito mais do que o inverso.

Se estivermos corretos quanto à igualdade nariz-falo no folclore anglo-americano, não será surpresa encontrar o mesmo paradigma expresso numa série de gêneros. Os símbolos raramente, ou nunca, são restritos a um único gênero. Os sistemas simbólicos são pelo menos de caráter universal — sem falar da questão inevitavelmente delicada de saber se as igualdades simbólicas podem possivelmente ser transculturais. Examinemos um *limerick* registrado por Brunvand em *The Study of American Folklore*[3]:

> There was an old lady from Kent
> Whose nose was most awfully bent.
> She followed her nose,
> One day I suppose.
> And nobody know where she went*.

Embora existam inúmeros outros *limericks* que usam "Kent", sem dúvida o mais popular deles todos se refere a um homem bem-dotado[4].

---

3. Jan Harold Brunvand, *The Study of American Folklore*, 2.ed., New York, W. W. Norton, 1978, p. 93.

* *Limerick* é um poema humorístico composto de cinco versos anapestos, em que o primeiro, o segundo e o quinto rimam entre si, e o terceiro rima com o quarto. Em inglês no texto: Havia uma velha que morava em Kent / Cujo nariz era tremendamente curvo. / Suponho que certo dia / Ela deve ter seguido o seu nariz, / E nunca ninguém soube onde foi parar. (N. do T.)

4. G. Legman, *The Limerick*, New York, Bell, 1969, p. 65, nº 313. Para uma discussão psicanalítica representativa da natureza fálica do nariz, cf. Otto Fenichel, "The 'Longnose'", in *The Collected Papers of Otto Fenichel*, First Series, New York, W. W. Norton, 1953, pp. 155-157. Uma

> There was a young fellow of Kent
> Whose prick was so long that it bent,
> So to save himself trouble
> He put it in double
> And instead of coming he went*.

As rimas idênticas com "Kent", "bent" e "went" tornam possível considerar os dois poemas variantes do mesmo *limerick* básico. Mais uma vez, neste exemplo descobrimos que nariz e falo são equivalentes. Mas temos uma prova mais conclusiva da hipotética igualdade nariz-falo do que as citadas até agora. Na verdade, temos a própria articulação dessa igualdade expressa pelo povo. Uma piada antiga conta que uma jovem, no dia de seu casamento, foi mandada por seu marido à farmácia para comprar anticoncepcionais. O farmacêutico pergunta qual é o tamanho. Ela responde que acabou de casar e não tem a menor idéia. "Bem", disse o farmacêutico, "eu preciso saber o tamanho para poder vender o artigo certo". "Mas eu não sei", repetiu a noiva. "Muito bem, qual é o tamanho do nariz de seu noivo?" "Oh! mais ou menos grande", respondeu a jovem. "Muito bem, isso quer dizer que você precisa do tamanho médio." "Oh! É surpreendente. Quer dizer que você pode dizer o tamanho do órgão de um homem pelo tamanho de seu nariz?" "Isso não é tudo. Posso também dizer o tamanho da vagina de uma mulher." "Verdade? Como você pode fazer isso?" "Pelo tamanho da boca." "É assim então?" (falando com os lábios bem apertados um contra o outro, a fim de diminuir o tamanho da sua boca)[5].

---

piada que circulava em Berkeley em 1979 e que confirma de maneira notável a igualdade nariz-falo diz o seguinte: Pergunta. O que aconteceu quando Branca de Neve (ou Cinderela) saiu um dia (na Disneyland) com Pinocchio? Resposta. Ela sentou-se em sua cara e pediu: "Conta uma mentira! Conta uma mentira!"

* Havia um jovem macho que morava em Kent / Que tinha o pênis tão grande que curvava / Para evitar certos problemas / Ele o colocava dobrado / E, assim, em vez de ir, ele vinha. (N. do T.)

5. Para outra piada cujo efeito depende do mesmo aspecto lingüístico, cf. Alan Dundes, "Jokes and Covert Language Attitudes: The Curious Case of the Wide-Mouth Frog", *Language in Society*, 6:141-147, 1977.

O ponto importante a observar nestes exemplos é que a equivalência simbólica está sendo elaborada pela própria cultura popular. Pode-se argumentar que a igualdade é falaciosa ou pouco convincente, mas permanece o fato de que a igualdade se origina dentro da própria cultura, e não fora dela. Não se pode pô-la de lado como se fosse interpretação psicanalítica dos dados. A interpretação provém dos dados.

Deve-se ter em mente que não estou afirmando que um nariz sempre simboliza um falo — nem mesmo dentro das culturas ocidentais, de onde provém o material acima mencionado. Às vezes, um nariz é um nariz, apenas um nariz! Minha preocupação é essencialmente metodológica. A obra estrutural de Propp demonstrou a equivalência funcional dos alomotivos; estou sugerindo agora que os alomotivos também podem ter equivalência simbólica[6].

Gostaria de aprofundar a discussão da natureza da equivalência simbólica dos alomotivos através do exame sumário do tipo de conto 570 de Aarne-Thompson, "O Pastor de Coelhos" ("The Rabbit-Herd"). Trata-se de um conto tradicional europeu muito difundido. Kurt Ranke, em seu *Schleswig-Holsteinische Volksmärchen*, registra 25 versões, enquanto que Paul Delarue e Marie-Louise Tenèze, em *Le Conte Populaire Français*, dão os resumos de 36 versões[7]. A estória aparece também no conto 165 de Grimm, "Der Vogel Greif". Segundo as estatísticas do índice de Aarne-Thompson, existem 79 versões do conto somente na Finlândia.

O entrecho do conto fala de um herói que, depois de executar uma determinada tarefa, se casa com uma princesa. A tarefa consiste tipicamente em pastorear, em algum lugar, de um a trezentos coelhos. O herói, depois de duas tenta-

---

6. Na verdade, quando propus pela primeira vez o termo "alomotivo", havia pensado também na possibilidade de que fosse importante para o estudo da equivalência simbólica. Cf. "From Etic to Emic Units in the Structural Study of Folktales", *Journal of American Folklore*, 75:105, n. 26, 1962 [reproduzido nesta coletânea às pp. 189-209].

7. Kurt Ranke, *Schleswig-Holsteinische Volksmärchen*, Kiel, Ferdinand Hirt, 1958, pp. 264-300; Paul Delarue & Marie-Louise Tenèze, *Le Conte Populaire Français*, Paris, Maisonneuve, 1964, vol. II, pp. 454-466.

tivas frustradas de seus irmãos mais velhos, mostra-se gentil para com o doador, que lhe dá um objeto mágico, por exemplo, um apito. O sopro do apito tem o poder de reunir os coelhos espalhados. O rei, temeroso do sucesso do herói, envia emissários com instrução de obter o apito. A seqüência pode incluir uma servente, a princesa e a rainha. Cada uma, por sua vez, tenta persuadir o herói a abandonar o objeto mágico (ou coelho). Ele estabelece um preço para fazê-lo, que pode variar de um beijo ao coito. Depois de pagar o preço, a mulher leva embora o apito/coelho, mas por artes mágicas ele retorna ao herói. Então, o próprio rei tenta obter o objeto. Para ele o preço compreende desde beijar o traseiro de seu cavalo quanto cometer um ato de bestialidade com o animal. O conto termina com uma tarefa final: encher um saco ou tonel de mentiras. O herói passa a recontar o próprio conto, com a servente, a princesa, a rainha ou o rei protestando energicamente que o detalhe sobre eles não é verdadeiro (com especial referência a pagar o preço em troca do objeto mágico ou coelho). Em muitas versões, o rei consegue interromper o herói exatamente na hora em que ele está prestes a revelar o seu ato bestial e dá ao herói a mão da filha em casamento.

Este tipo de conto aparece às vezes combinado com o tipo de conto 610, "As Frutas que Curam" ("The Healing Fruits"), com o tipo de conto 621, "O Couro de Piolho" ("The Louse-Skin") e com o tipo de conto 850, "Os Sinais da Princesa" ("The Birthmarks of the Princess"). Aqui eu poderia abrir um parênteses para observar que, a menos que se acredite ingenuamente que os rapazes realmente pastoreiam coelhos com a ajuda de objetos mágicos a fim de conquistar uma noiva, não se pode aceitar uma leitura exclusivamente literal/histórica do conto. Sem dúvida, estamos diante de uma fantasia e, conseqüentemente, a abordagem apropriada é a simbólica.

Como "O Pastor de Coelhos" não foi submetido a um estudo histórico-geográfico, não tenho acesso a todas as versões do conto, que montam a mais de 350 textos. Entretanto, pude pesquisar um número suficiente de versões para, pelo menos, ilustrar o meu conceito de equivalência simbólica de alomotivos. Por exemplo, numa versão irlandesa (ou irlando-americana), o herói e seus irmãos são ameaçados pelo rei. Se fracassarem na tarefa de pastorear coelhos, serão jogados no buraco de cobras. Numa versão de North Carolina, Jack (o herói) é ameaçado de ser decapitado se fracassar na tarefa. Numa versão dos ozarks, recolhida por Vance Randolph, o rei ameaça cortar o "pinto" do herói[8]. Do ponto de vista de Propp, não importa qual motivo é usado neste motivema. O rei impõe uma tarefa ao herói. Se for bem-sucedido, ganha a princesa; se falhar, é punido. O tipo de punição não tem importância estrutural. Entretanto, quando compreendemos que os alomotivos podem ser equivalentes simbólicos, podemos perceber que ser jogado num buraco de cobras, ser decapitado e ter o "pinto" cortado são de certa maneira o mesmo ato. Mais uma vez observem que esses alegados equivalentes provêm das versões do tipo de conto, e não de algum analista freudiano de gabinete. Podemos optar ou não por acreditar num psicanalista que nos afirma que a decapitação pode ser um

---

8. A versão irlandesa (ou irlando-americana) foi contada por Josephine Gardner. Intitulada "That Was Some Whistle", foi registrada nos Thos. Tenney Records TG-4, The White Cat; That Was Some Whistle. A versão de North Carolina está registrada em "Jack Tales told by Mrs. Maud Long of Hot Springs, N.C.", Long-Playing Records AAFS L47 na série Library of Congress Music Division Recording Laboratory. O conto tem o título de "Jack e a Semeadeira" ("Jack and the Drill"). É bastante semelhante a "A Dama Encantada" ("The Lady Enchanted"), relatada por Isabel Gordon Carter, "Mountain White Folk-Lore: Tales from the Southern Blue Ridge", *Journal of American Folklore*, 38:350-351, 1925, e a "Fill, Bowl! Fill!", em Richard Chase (ed.), *The Jack Tales*, Boston, Houghton Mifflin, 1943, pp. 89-95. A versão de Vance Randolph foi publicada em *Pissing in the Snow & Other Ozark Folktales*, Urbana, University of Illinois Press, 1976, pp. 47-50. Randolph também relatou uma versão não-obscena narrada pelo mesmo informante que dizia usá-la para platéias mistas, isto é, senhoras e cavalheiros. Cf. *Who Blowed up the Church House?*, New York, Columbia University Press, 1952, pp. 17-19. Na última versão, o rei ameaça cortar a cabeça do herói, em vez do "pinto". Isto sugere que a variação alomotífica no plano individual pode algumas vezes ser semelhante à variação alomotívica geral dentro de um tipo de conto.

substituto simbólico da castração, mas não podemos simplesmente ignorar as provas relevantes contidas no próprio folclore. A tradição popular, coletivamente, nos está oferecendo uma série de alomotivos que, estruturalmente falando, devem ser considerados equivalentes funcionais.

Examinemos agora outra parte do conto. É feita uma tentativa de tomar do herói o objeto mágico ou coelho. Do ponto de vista funcional, parece não fazer diferença se é o objeto ou o coelho que o herói deve reter. Simbolicamente, então, o objeto mágico e o coelho são a mesma coisa. Usualmente, o objeto é um apito que o herói toca ou sopra para reunir os coelhos espalhados. No entanto, numa versão de North Carolina, o objeto é uma "semeadeira de mão", ou seja, um instrumento usado para facilitar o plantio. Neste exemplo o simbolismo é como que manifesto (embora decididamente não para a mulher de meia-idade pudica que narrou a estória). O herói deve manter controle sobre o seu órgão sexual, do contrário não será capaz de casar-se com a princesa. Os coelhos, nas culturas ocidentais, estão associados à fertilidade — pensem na boa sorte ligada à posse de um pé de coelho (uma extremidade!) pendurado num chaveiro! Milhares de expressões idiomáticas e piadas comprovam esta associação popular entre coelhos e coelhinhos. Na maioria das versões do conto, os coelhos são propriedade do rei, e este pede ao herói que os mantenha sob controle. Em suma, está sendo pedido ao herói que se encarregue da fertilidade do rei. Se conseguir demonstrar a sua capacidade de controlar a fertilidade do rei — e não se desfazer de sua semeadeira (ou outro objeto mágico), o herói pode triunfar sobre o rei e casar-se com a princesa. A sua conquista sexual de todas as emissárias do rei: servente, filhas e até a esposa revela a natureza do combate. O ato final de humilhação para o rei é ter relações com a sua égua. Da mesma forma que os pastores, na ausência de parceiras mulheres adequadas, são levados a praticar sexo com animais, o rei é reduzido a tal situação, sinalizando a perda das mulheres. (Em outros contos tradicionais, o rei pode até ser sodomizado pelo herói, sugerindo que ele próprio se torna afeminado, uma vítima "feminina" final para o herói priápico.)[9]

A natureza fálica da tarefa (e do objeto mágico) pode esclarecer uma versão no mais curiosa e inexplicável da seqüência do doador. Tipicamente, o doador dá o objeto mágico ao herói em troca de algum serviço prestado, por exemplo, repartir o pão. Numa versão irlandesa (ou irlando-americana), porém, o herói encontra uma mulher cujo nariz esteve pregado numa árvore por cem anos. Ele liberta o nariz da mulher que, em gratidão, lhe dá um apito mágico. Do mesmo modo, numa versão finlandesa recolhida em 1889, o herói remove uma vara de vidoeiro do nariz de uma velha bruxa, e em outra versão finlandesa recolhida em 1888, o herói remove o nariz do doador de um toco de pinheiro ao qual estava pregado[10]. Numa versão recolhida em 1892 na Carélia russa, um velho banguela se oferece para ajudar o herói na tarefa de pastorear os coelhos em troca de um ato sexual[11]. Em essência, parece que o herói tem de aprender a manejar um falo mágico. O ato de remover de um tronco o nariz de um homem ou uma mulher poderia implicar uma separação ou interrupção de uma relação sexual anterior. Acredito que o herói deve pôr um fim à atividade sexual da geração de seus pais e dar início a uma nova vida sexual para si mesmo, seduzindo a princesa e casando-se com ela. (O possível significado simbólico do nariz deveria estar claro graças à nossa discussão anterior.)

O poder mágico do apito, da semeadeira ou do coelho reside no fato de sempre retornar ao herói depois do uso.

---

9. Sobre um exemplo de um conto desse tipo, cf. Paulo de Carvalho-Neto, *Decameron Ecuatoriano*, México, Editorial V Siglos, 1975, pp. 109-119.

10. Quero agradecer a Linda Koski que foi suficientemente amável para traduzir trinta versões de AT 570 que me foram enviadas pelos Arquivos de Folclore da Finlândia. As versões citadas aqui foram recolhidas, uma por Maria Österberg em 1889, em Lohja, narrada por Oskar Öhlund da aldeia Muijala, e a outra por K. F. Heideman e K. W. Palmroth em 1888, em Joutsa, narrada por Taavi Urpi que ouviu o conto em Hartola.

11. Esta versão foi recolhida por E. F. Rautell em 1892, em Vuokkiniemi, narrada por Miihkali Mäkeläinen.

A princesa ou a rainha "compra" o objeto com um ato sexual — seja um beijo ou o coito — mas ela possui o objeto mágico apenas temporariamente. Somos tentados a sugerir que isso constitui uma tradução fantástica de uma versão infantil do ato sexual, na medida em que o macho parece por um instante "perder" seu objeto mágico quando se envolve numa relação sexual. O retorno mágico do objeto depois de cada ato sexual afirma o controle/posse pelo macho de seu órgão sexual.

Não era minha intenção oferecer uma interpretação integral de "O Pastor de Coelhos" (AT 570). Para fazê-lo, precisaria ter feito um estudo histórico-geográfico do tipo e examinado todas as versões disponíveis antes de analisar milhares de variações de detalhe que ocorrem. Por exemplo, nas versões alemãs, o herói usualmente recebe a tarefa preliminar de cortar a grama antes do café da manhã. O herói vence se cortar a grama mais longe do que a princesa pode urinar[12].

A minha preocupação neste ensaio era essencialmente metodológica. Tentei demonstrar de que maneira os folcloristas interessados no simbolismo poderiam utilizar-se com proveito dos minuciosos estudos comparativos existentes de contos individuais. Aplicando uma matriz estrutural (motivêmica) a um tipo de conto, pode-se observar a gama de variações alomotívicas que ocorrem dentro de um determinado motivema. Se admitirmos que os motivos que preenchem a mesma trilha estrutural devem ser equivalentes — e além disso que essa equivalência decorre muito mais de um processo popular irrefletido e inconsciente do que de um esquema analítico *a priori* imposto de fora por um analista freudiano, então acredito que dispomos de uma nova fonte ou recurso para o estudo científico dos símbolos. O

---

12. Ranke, pp. 274-277, 282-283. Somos tentados a sugerir que a grama pode ser um símbolo dos pêlos pubianos. A princesa deseja urinar sem molhar a "grama" que está à sua volta. O domínio simbólico do herói sobre os pêlos pubianos da princesa seria apropriado à luz da luta geral entre macho e fêmea também implícita no tipo de conto. Da mesma maneira, o alomotivo "buraco de cobra" mencionado anteriormente poderia representar a ameaça do "veneno da donzela".

reconhecimento da equivalência simbólica de alomotivos, não apenas no tipo de conto 570, "O Pastor de Coelhos", mas em todos os contos tradicionais (e lendas e canções populares etc.), permitirá aos folcloristas colher uma messe insuspeitada de conhecimento dos milhares de análises comparativas monográficas de tipos de conto, monografias que comumente se mantêm todas ignoradas nas empoeiradas prateleiras das bibliotecas. Poder-se-ia, por exemplo, eventualmente elaborar uma lista de grande número de conjuntos de equivalentes simbólicos que aparecem num grupo inteiro de contos que foram objeto de estudos histórico-geográficos intensos. Assim, os equivalentes simbólicos de um tipo de conto poderiam muito bem ser encontrados em outro tipo de conto. A morfologia de Propp, ao sugerir, como o fez, que os contos de fada indo-europeus compartilham mais ou menos a mesma estrutura, constitui um argumento seguro da plausibilidade da elaboração de uma lista cumulativa de equivalentes simbólicos que ocorrem em tipos individuais de conto. Essa riqueza de dados comparativos também serviria para indicar se uma determinada igualdade simbólica era ecotípica, isto é, encontrada exclusivamente numa área geográfica ou cultural particular, ou se era mais disseminada, por exemplo, encontrada em todas as culturas indo-européias ou indígenas norte-americanas. Ainda está por verificar até que ponto esta noção de equivalência simbólica de alomotivos se revelará útil em futuras investigações do simbolismo folclórico.

8. O PRIMEIRO-DE-ABRIL: PARA UMA TEORIA DOS TROTES RITUAIS[1]

O estudo do humor abrange o estudo das piadas. O estudo das piadas compreende o estudo dos trotes, do logro, embora tenha havido uma tendência entre os antropólogos e os folcloristas a negligenciar este tema.

Na Europa, os logros parecem estar associados a dias especiais, particularmente ao primeiro dia de abril. Nos Estados Unidos, este tipo de peça também é freqüente em primeiro de abril (*April Fool's day*) e no dia das bruxas (*Halloween*). Em geral é também um importante componente do tradicional trote de calouros ou das cerimônias de iniciação. O charivari, um costume que submete os recém-casados a vários trotes ou indignidades por parte da família ou de toda a comunidade, é mais um exemplo de ocasião ritualística desse tipo de comportamento.

1. Extraído de *Etnofoor*, I(1):4-14, 1988.

Caracteristicamente, a primeiro de abril, uma vítima simplória, geralmente uma criança, é enviada numa chamada missão de bobo ou, segundo a gíria norte-americana, "numa caçada ao pato". Corso observa que os objetos procurados nessa jornada são os mais diversos e "de existência impossível, inverossímil, quimérica" (*di esistenza impossibile, inverosimile, chimerica*)[2]. Algumas vezes os objetos dessa busca fictícia estão associados a profissões. Assim, um aprendiz de carpinteiro será enviado a buscar um esticador de tábua (ou, em algumas versões, um encurtador de tábua); a um pintor pede-se um balde com tinta listrada; a um mecânico, uma chave-inglesa para canhotos. Uma auxiliar de enfermagem novata pode ser mandada em busca de uma trompa de Falópio. Outras missões de bobo tradicionais compreendem leite de pombo, graxa de cotovelo, lata de vapor etc. No meado do século XIX, uma versão norueguesa deste costume consistia em mandar as crianças ao vizinho, no primeiro de abril, para pedir emprestado um pouco de calor de cama[3].

O costume de pregar peças no primeiro de abril é bastante popular na Europa. Uma grande parte do verbete "Abril", de autoria de Jungbauer, no *Handwörterbuch des Deutschen Aberglaubens* documenta a prática, entre outros países, na Alemanha, na França, na Inglaterra, na Polônia, em Portugal e na Rússia. A denominação dada à vítima varia de região para região. Por exemplo, em muitos países de língua românica, principalmente França e Itália, o termo

---

2. Raffaele Corso, "Il pesce d'aprile", *Tutto*, II, 14:58-59, 4 aprile 1920, *apud* Antonio Basile, "Il pesce d'aprile in Tripolitania", *Folklore*, Napoli, 5:113-114, 1950.

3. Reidar Th. Christiansen, "Å narra april", *Syn og Segn*, 53:126-134, 1947. Sobre uma lista das missões de bobo, cf. Gustav Jungbauer, "April", in E. Hoffmann-Krayer & Hanns Bächtold-Stäubli (eds.), *Handwörterbuch des Deutschen Aberglaubens*, Berlin und Leipzig, Walter de Gruyter, Band I, pp. 555-567, especialmente p. 559; Prosper Janssens, "Een-April, verzenderkensdag; betekenis en oorsprong", *Oostvlaamsche Zanten*, 33:107-122, 1958, particularmente pp. 107-108; e Iona Opie & Peter Opie, *The Lore and Language of Schoolchildren*, Oxford, Clarendon Press, 1959, p. 246.

preferido é "peixe de abril" (*poisson d'Avril, pesce d'Aprile*). Por outro lado, um levantamento feito na região dos Sudetos, parte norte da Tchecoslováquia de língua alemã, ela é denominada *April-narr, April-ochse, April-kalb, April-esel, April-gans* e *April-affe**.

Na Escócia, a vítima é conhecida como *gowk*, ou idiota, e existem vários versos tradicionais que utilizam esse termo:

> *On the first of April*
> *Send the gowk whither you will***.

Noutra versão, o pobre tolo é enviado a algum lugar com o seguinte bilhete:

> *Don't you laugh, and don't you smile*
> *Hunt the gowk another mile****.

Neste exemplo, a pessoa que recebe o bilhete informa ao simplório que foi enviado ao endereço errado e deve levar a mensagem a outra pessoa.

Verifica-se que realmente os versos tradicionais são muitas vezes parte integrante das peças de primeiro de abril. Visam em geral zombar das vítimas, revelando-lhes que caíram num logro. Em Genebra, no século XIX, o seguinte verso podia ser entregue ao bobo:

> *Mois d'avril*
> *Qui fait courir*
> *Les ânes gris*
> *Jusqu'à Paris*****.

---

* Hertha Wolf-Beranek, "Zum Aprilscherz in den Sudetenländern", *Zeitschrift für Volkskunde*, 64:223-227, 1968. [Em alemão no texto: *April-narr* = louco de abril; *Ochse* = burro; *Kalb* = bezerro; *Esel* = burro; *Gans* = ganso; *Affe* = macaco. (N. do T.)]

** John Wight, "April Fools' Day and Its Humours", *Word-Lore*, 2:37-40, 1927. [Em inglês no texto: No primeiro de abril, mande o idiota aonde você quiser. (N. do T.)]

*** Iona Opie & Peter Opie, op. cit., p. 245. [Em inglês no texto: Não ria e não sorria, empurre o bobo mais uma milha. (N. do T.)]

**** Giuseppe Pitrè, *Curiosità di usi popolari*, Catania, Cav. Niccolo

Um versinho alemão não faz referência a burros cinzentos que correm até Paris, mas aparece um detalhe (es)catológico:

April, April,
De Katt schitt, wat se will*.

Presumivelmente, os versos acima são uma variante de:

April, April,
Kann'n schicken wen'n will**.

Ou:

Heute ist der erste April
Schickt man den Esel wo man will[4].

Embora exista um número considerável de ensaios dedicados às peças de primeiro de abril, essa tradição não foi entendida em sua totalidade. Qual é a função das peças de primeiro de abril? E por que elas estão associadas especificamente a este dia do ano?

Giannotta, 1902, p. 19. [Em francês no texto: "Mês de abril, que faz correrem burros cinzentos até Paris". (N. do T.)]

* Gustav Jungbauer, op. cit., p. 561. [Em alemão no texto: "Abril, abril, o gato caga, onde você quiser". (N. do T.)]

** Giuseppe Pitrè, op. cit., p. 19. [Em alemão no texto: "Abril, abril, pode mandar aonde quiser". (N. do T.)]

4. *Giuseppe Pitrè, op. cit.*, p. 20. [Em alemão no texto: "Hoje é primeiro de abril, mande o burro aonde você quiser". (N. do T.)] Para maiores detalhes a respeito desse costume em países específicos, pode-se consultar na bibliografia citada abaixo relatos, entre outros países, da Bélgica: Jules Lemoine, "Les poissons d'Abril en Belgique", *Revue des Traditions Populaires*, 4:227-230, 1889, e Prosper Janssens, *op. cit.*; Inglaterra: Iona Opie & Peter Opie, *op. cit.*, pp. 243-247, e John Wight, *op. cit.*; França: Paul Sébillot, "Le poisson d'Avril", *Revue des Traditions Populaires*, 7:184-188, 1888; Canadá francês: Monique Laliberté, "Le poisson d'Avril", *Culture & Tradition*, 5:79-89, 1980; Alemanha: Joseph Müller, "Rheinische Aprilscherze und Neckrufe", *Zeitschrift des Vereins für Rheinische und Westfalische Volkskunde*, 20/21:18-21, 1923/24; Itália: Giuseppe Pitrè, *op. cit.*, e Raffaele Corso, *op. cit.*; Noruega: Reidar Th. Christiansen, *op. cit.*

Os irmãos Grimm mencionaram o costume no primeiro volume do famoso *Deutsches Wörterbuch* em 1854: "Der Brauch, unserm Alterthum unbekannt, scheint uns erst in der letzten Jhh. dort seinem Ursprung nach unaufgeklärt, jedenfalls hängt er mit dem Beginn des neuen Jahrs im April zusammen"*. A possível origem francesa desse costume também foi sugerida pelo siciliano Giuseppe Pitrè. O primeiro grande folclorista a estudar com alguma profundidade o ato de pregar peças, Pitrè escreveu, em 1886, um panfleto de 16 páginas intitulado *Il pesce d'Aprile*. Por volta de 1891, foi publicada uma quinta edição com cerca de 29 páginas com "muitos acréscimos" (*con moltissime giunte*). Mais tarde, Pitrè publicou uma versão ampliada deste importante ensaio, como primeiro capítulo do livro *Curiosità di usi popolari*[5]. Dizia ele: "E difficile trovare nel campo delle tradizioni popolari un uso, la cui origine sia tanto oscura e controversa quanto questa del pesce d'Aprile"**. Infelizmente, mais de cem anos de pesquisa contribuíram muito pouco para o nosso conhecimento e entendimento deste curioso costume. Laliberté observa que tanto o significado quanto a origem dessa prática continuam obscuros[6]. Um verso popular, que existe pelo menos desde 1760, expressa a mesma perplexidade:

> *The first of April some do say,*
> *Is set apart for All Fools' Day;*
> *But why the people call it so*
> *Nor I, nor they themselves, do know*

---

* Jacob Grimm & Wilhelm Grimm, *Deutsches Wörterbuch*, Leipzig, Verlag von S. Hirzel, 1854, Erster Band A-Biermolke, p. 538. [Em alemão no texto: "O costume, desconhecido na nossa antiguidade, parece-nos ter sido esclarecido quanto à sua origem somente nos últimos séculos. De qualquer forma, está ligado ao fato de o ano novo ter início em abril". (N. do T.)]

5. Giuseppe Pitrè, *op. cit.*, pp. 1-51.

** Giuseppe Pitrè, *op. cit.*, p. 23. [Em italiano no texto: "É difícil encontrar no domínio das tradições populares um costume cuja origem seja tão obscura e controvertida quanto a do 'peixe de abril' ". (N. do T.)]

6. Monique Laliberté, *op. cit.*, p. 79.

But on that day are people sent
On purpose for pure merriment*.

O costume remonta provavelmente ao começo do século XVI. É mencionado em 1508 numa fonte francesa[7], Segundo uma fonte alemã, a primeira referência a este hábito na Alemanha remonta a 1618[8], mas a sua verdadeira origem é quase impossível de ser averiguada.

As poucas teorias que pretendem explicar tal costume estão longe de alcançar seu objetivo. A maioria acabou por adquirir um viés cristão ou bíblico, como a sugestão de que *poisson* (em *poisson d'Avril*) nada mais era que uma corruptela de "paixão" de Jesus na cruz[9]. Como Rosières observou argutamente, é extremamente duvidoso que esta hipótese em algum momento tenha satisfeito a quem quer que seja. Outra teoria "cristã" propõe que a missão de bobo ou impossível seria uma paródia da condução de Cristo de Pilatos a Herodes e depois de Herodes a Pilatos[10]. No entanto, outra teoria não menos duvidosa, que remonta a 1769[11], afirmava que o costume de primeiro-de-abril comemora o primeiro vôo da pomba da arca de Noé antes que as águas baixassem. "Sua missão foi inútil e aconteceu (segundo a tradição) no primeiro dia de abril, mas o costume de pregar peças foi estabelecido (contam-nos) com o propósito piedoso de celebrar a memória do dia em que Noé se libertou da arca"[12].

---

* Reidar Th. Christiansen, op. cit., p. 131. [Em inglês no texto: "O primeiro de abril, dizem alguns, o dia de todos os bobos é julgado; mas por que as pessoas o chamam assim, eu não sei, tampouco elas o sabem. Mas nesse dia se enviam mensageiros apenas por pura diversão". (N. do T.)]

7. Raoul Rosières, "L'origine du poisson d'Avril", *Revue des Traditions Populaires*, 7:193-199, 1892; e Monique Laliberté, *op. cit.*, p. 82.

8. Hertha Wolf-Beranek, *op. cit.*, p. 233.

9. Paul Sébillot, *op. cit.*, p. 185; Giuseppe Pitrè, *op. cit.*, p. 25; Prosper Janssens, *op. cit.*, p. 110. Cf. Monique Laliberté, *op. cit.*, p. 81.

10. Raoul Rosières, *op. cit.*, p. 195; Giuseppe Pitrè, *op. cit.*, p. 24; e Prosper Janssens, *op. cit.*, p. 109.

11. Lillian Eichler, *The Customs of Mankind*, Garden City, Garden City Publishing Co, 1924, pp. 414-415.

12. Giuseppe Pitrè, *op. cit.*, p. 25, n. 2.

Diversas teorias foram propostas por folcloristas franceses para explicar o elemento "peixe" que aparece nessa prática, mas nenhuma delas é convincente. O mais provável é que o termo se refira ao peixe que é "fisgado". Uma das funções mais evidentes das peças é "pegar" o bobo ou a vítima. Em italiano, um peixe é supostamente um termo de gíria para designar o tolo ou simplório[13]. Uma das mais insólitas interpretações antigas para o costume foi proposta por Angelo de Gubernatis em seu *Zoological Mythology*. Segundo de Gubernatis, "o peixe é um símbolo fálico (no dialeto napolitano, *pesce*, peixe, significa o falo)"[14]. Gubernatis acrescenta ainda (p. 250): "A brincadeira do primeiro-de-abril (*le poisson d'Avril*), com que muitas das nossas mulheres se divertem ingenuamente, tem um significado escandalosamente fálico". Esta interpretação pode esclarecer de algum modo o costume, praticado na Holanda, de afixar um arenque de papel nas costas de uma vítima[15].

A fim de compreender melhor o costume do primeiro-de-abril, devemos antes de tudo examinar a natureza do gênero em geral. O termo inglês *practical joke* (peça, trote) sugere a existência de uma conexão semântica entre peça e piada verbal. A peça, no entanto, implica que a piada *não* é verbal, mas, antes, envolve algum tipo de ação ou atividade. Contudo, como a piada verbal, também a peça implica a existência de um bobo ou vítima. Piadas quase sempre são contadas às custas de alguém (ainda que este seja o próprio narrador). É o que acontece inquestionavelmente com as peças. Deve existir o pregador da peça (que corresponde ao trapaceiro (*trickster*) nos contos de trapaceiro) e uma vítima ingênua. Além disso, verifica-se que caracteristicamente existe uma platéia, que muitas vezes é constituída pelos amigos do pregador da peça, prontos a apreciar a brincadeira. A platéia muitas vezes se reúne para assistir à eventual humilhação da vítima. Muitíssimas vezes existe um for-

---

13. Prosper Janssens, *op. cit.*, p. 111.
14. Angelo de Gubernatis, *Zoological Mythology*, London, Trübner & Co., 1872, vol. I, p. 249. Cf. Reidar Th. Christiansen, *op. cit.*, p. 33.
15. Gustav Jungbauer, *op. cit.*, p. 559.

te traço de sadismo e crueldade nas peças tradicionais, fato convenientemente ignorado por quem prega a peça e por seus camaradas. Ocasionalmente, uma vítima de lesões corporais move ação penal com pedido de indenização por seus dissabores[16].

Uma das poucas tentativas de definir as peças de logro foi feita pelo folclorista Richard S. Tallman, em seu ensaio "A Generic Approach to the Practical Joke", que integra um número especial da revista *Southern Folklore Quarterly*, dedicado a este gênero:

> A peça enquanto forma folclórica é antes de tudo um evento, uma atividade lúdica em que apenas um dos lados oponentes tem consciência de que existe uma situação de jogo; para que a peça seja bem-sucedida, um lado deve permanecer ignorante do fato da atividade lúdica até que seja "tarde demais", isto é, até que o lado ignorante seja ridicularizado ou sofra algum desconforto físico e/ou mental[17].

Tallman chega a propor uma série de distinções: os pregadores de peça individuais ou em grupo; as vítimas individuais ou em grupo; a ação da peça, a peça benévola e malévola, e a peça bem-sucedida e a malsucedida[18].

É verdade que, a fim de que a peça seja bem-sucedida, a vítima deve ser convencida de que a ficção é um fato real, ou de que a mentira é verdade. Estruturalmente falando, é proposto inicialmente um ardil pelo pregador da peça. Se o bobo aceitar a falsa premissa e executar a atividade que lhe é proposta, temos o segundo estágio, o engano. O último elemento estrutural obrigatório é a revelação do logro, quando a vítima é informada de que foi enganada.

Geralmente, o alvo das peças são indivíduos, mas é possível que todo um grupo seja enganado. Um jornal, *Evening Star*, por exemplo, anunciou a 31 de março de 1864

---

16. Cf. Osborne M. Reynolds, Jr., "Tortious Battery: Is 'I Didn't Mean Any Harm' Relevant?", *Oklahoma Law Review*, 37:717-731, 1984.
17. Richard S. Tallman, "A Generic Approach to the Practical Joke", *Southern Folklore Quarterly*, 38:259-274, 1974. Este texto vem citado à p. 260.
18. Richard S. Tallman, *op. cit.*, pp. 263-264.

que, no dia seguinte, seria realizada uma grande exposição de burros no Agricultural Hall em Islington. Na manhã de primeiro de abril, uma grande multidão se reuniu às portas do edifício para descobrir que eles próprios eram os burros[19].

Ao distinguir os trotes das piadas verbais, temos de admitir igualmente que algumas peças podem transformar-se em temas de narrativas tradicionais. Em alguns casos, pode ser difícil determinar se os trotes descritos em certas narrativas ocorreram efetivamente. Por exemplo, em várias faculdades de engenharia nos Estados Unidos (como MIT ou Cal Tech) são pregados certos tipos de peça no período de férias, como a que ocorreu com o carro de um estudante, que foi totalmente desmontado e em seguida remontado dentro do dormitório de seu dono. Quando o estudante voltou das férias, encontrou o carro estacionado em seu quarto.

Numa estória tradicional nas faculdades de medicina americanas, alguns estudantes, ao pararem no pedágio de uma ponte, estenderam para fora do carro o braço de um cadáver (que haviam retirado ilegalmente do laboratório de dissecação). Na mão esticada do cadáver estava o dinheiro do pedágio. Em algumas versões, o cabelo do cobrador ficou branco; em outras, ele morreu de ataque cardíaco. Em certo sentido, não importa se as peças ocorreram realmente ou não. A própria estória da peça pode ser submetida a uma análise de conteúdo. Na lenda da faculdade de medicina, foi sugerido que os estudantes precisam familiarizar-se com os cadáveres (superando talvez a repulsa de lidar com mortos). Além disso, devem tornar-se bastante calmos para passar suas vidas tratando de doentes e moribundos sem se sentirem abertamente compungidos e tristes. Em resumo, devem desenvolver a capacidade de não se impressionar com os membros e corpos de seus pacientes mortos, mesmo que usem o dinheiro cobrado deles para gozarem a sua vida. Por uma inversão, foi muito mais o mundo de fora simbolizado pelo cobrador do que os estudantes de medicina que

19. John Wight, *op. cit.*, p. 40.

se chocou com a visão de pegar dinheiro das mãos de um morto.

A maioria dos trotes pregados em internatos ou acampamentos de verão realmente aconteceram[20]. Compreendem desde a colocação de cubos de caldo de galinha nas duchas dos chuveiros até o mergulho da mão de uma vítima adormecida numa bacia ou balde de água morna, o que supostamente faz a vítima urinar na cama. O último caso parece ser uma técnica de infantilizar a vítima — reduzindo-a ao estágio do bebê que ainda não foi educado e urina na cama.

Definir as peças em termos de uma seqüência estrutural, como: 1) Ardil proposto pelo brincalhão, 2) Engano consentido pela vítima, e 3) Revelação do engano, e citar diversos exemplos de peças não parecem elucidar a questão relativa ao motivo pelo qual as peças estão associadas especificamente ao primeiro de abril. Que fundamento lógico, se é que existe algum, pode ser aduzido para explicar a escolha dessa data?

Para esclarecer este estranho costume, precisamos primeiramente compreender melhor a função das peças de modo geral e mais importante a fim de investigar os seus contextos. Se abstrairmos todos os contextos mais característicos dos trotes, podemos ver facilmente que eles ocorrem na maioria das vezes com indivíduos *que se encontram em algum tipo de situação nova ou estado*. A palavra-chave é *novo*. As peças são pregadas em recém-chegados a um bairro, nos recém-casados, em iniciados em fraternidades, nos recém-chegados numa colônia de férias ou em internatos[21].

Isto é fácil de documentar. Uma ocasião propícia para trotes é o primeiro dia de trabalho de alguém. Criou-se até mesmo um motivo, J2346, Missão de bobo. Manda-se um aprendiz, um recém-chegado, ou uma pessoa ignorante etc. buscar um objeto absurdo ou fictício ou inexistente ou a empreender uma aventura ridícula. Segundo o *Motif-Index*

---

20. Cf. I. Sheldon Posen, "Pranks and Practical Jokes at Children's Summer Camps", *Southern Folklore Quarterly*, 38:299-309, 1974.
21. Cf. Anne Penick, "Look Out, Newcomer!", *Midwest Folklore*, 4:239-243, 1954; e I. Sheldon Posen, *op. cit.*.

of Folk-Literature, este motivo foi registrado no Canadá, na Inglaterra e nos Estados Unidos[22]. Suspeita-se de que se trata de um motivo que tem uma distribuição bastante ampla, mas apenas não foi relatado em outros lugares além daqueles citados. Existe também o motivo J2347, Enganar empregados novos[23].

Mas não são apenas os novos membros de grupos profissionais as vítimas de tais peças. Sofrem também os recém-chegados a um bairro ou a uma colônia de férias de verão. No último caso, por exemplo, os recém-vindos podem ser convidados a participar de uma caça à narceja (motivo J2349.6* de Baughman), na qual se ensina a uma vítima como caçar narceja à noite (no caso, a narceja tanto pode ser uma ave como um pequeno roedor). Caracteristicamente, o novato pega uma sacola ou saco e uma lanterna, como lhe foi ensinado. Em algumas versões, atribui-se à lanterna o poder de atrair a caça; em outras, é usada para cegar os olhos da narceja, levando-a cair no saco. Algumas vezes pede-se ao tolo que chame a narceja ou as reúna com assobios ou muito barulho (batendo panelas). Em alguns casos, os outros membros do grupo saem fazendo barulho, por exemplo, batendo nas moitas, supostamente para levantar a narceja e conduzi-la à vítima insuspeita que é inevitavelmente deixada segurando a sacola (vazia)![24]

O componente "fazer barulho", presente na caça à narceja, traz-nos à lembrança a observação de Lévi-Strauss sobre a função do mesmo elemento no charivari nupcial. Afirma Lévi-Strauss que "a função do barulho é chamar a atenção para uma anomalia que ocorre no desenrolar de uma

---

22. Em relação à Escócia, cf. A. M. Honeyman, "Fools' Errands for Dundee Apprentices", *Folklore*, 69/70:334-336, 1958/59.

23. A única fonte que cita os dois motivos é Ernest W. Baughman, *Type and Motif-Index of the Folktales of England and North America*, La Haye, Mouton, 1966.

24. Para uma discussão mais detalhada da caça à narceja, cf. Johana H. Smith, "In the Bag: A Study of Snipe Hunting", *Western Folklore*, 16:107-110, 1957; para a versão francesa, cf. Jo Chartois, "Hunting the Dahut: A French Folk Custom", *Journal of American Folklore*, 58:21-24, 1945.

seqüência sintagmática". No seu entender, a *quebra* da seqüência sintagmática é que é enfatizada pelo alarido que os foliões produzem na festa de casamento. Contudo, Lévi-Strauss tende a considerar que o charivari ocorre principalmente quando os nubentes são de idade, *status* ou riqueza diferente. Assim, as pessoas que se casam pela segunda ou terceira vez, ou as que se casam com alguém muito mais novo/velho que elas, têm mais probabilidade de serem submetidas a um charivari[25] No entanto, as práticas do casamento em outros lugares sugerem que nas culturas ocidentais *todos* os recém-casados podem ser submetidos a alguma forma de charivari[26]. A observação de Lévi-Strauss sobre a conexão entre o barulho e a quebra aguda da rotina diária é pertinente e acredito que pode ser aplicada com proveito no estudo das peças em geral.

Já dissemos que as peças estão comumente associadas a indivíduos que adquirem uma *nova* situação ou estado. Esta nova situação implica simbolicamente uma ruptura com o passado. Por conseguinte, defendo a idéia de que as peças não estão apenas associadas aos ritos de passagem, mas elas mesmas são ritos de passagem em miniatura. Assim, não é por acaso que funcionam comumente como indicadores da mudança de situação (juntar-se a um novo grupo, por exemplo, uma firma; ou passar a um novo estado, por exemplo, casar-se). Nos Estados Unidos as peças são pregadas algumas vezes num aniversário de um indivíduo

---

25. Claude Lévi-Strauss, *The Raw and the Cooked*, New York, Harper & Row, 1969, pp. 286-288.

26. Cf. Monica Morrison, "Wedding Night Pranks in Western New Brunswick", *Southern Folklore Quarterly*, 38:285-297, 1974. Muitos outros trabalhos apresentam diversos exemplos de charivari. Cf. especialmente Giuseppe Cocchiara, "Processo alle matinate", *Lares*, 15:31-41, 1949, e 16:150-157, 1950; Tekla Dömötör, "Erscheinungsformen des Charivari im Ungarischen Sprachgebiet", *Acta Ethnographica*, 6:73-89, 1958; Violet Alford, "Rough Music", *Folklore*, 70:505-518, 1959; E. P. Thompson, " 'Rough Music': Le Charivari Anglais", *Annales: Economies, sociétés, civilisations*, 27:285-315, 1972; Jacques Le Goff & Jean-Claude Schmitt (eds.), *Le Charivari*, La Haye, Mouton, 1981; e Henri Rey-Flaud, *Le Charivari: Les rituels fondamentaux de la sexualité*, Paris, Payot, 1958.

ou numa pessoa que obteve algum tipo de promoção no trabalho ou conseguiu um emprego novo. Todos estes contextos seriam qualificados como mudança de situação.

Arnold van Gennep, no estudo clássico *The Rites of Passage*, publicado pela primeira vez em 1908, observou que todos os ritos de passagem parecem seguir o mesmo padrão estrutural: afastamento da sociedade, transição e reincorporação à sociedade em questão. Sejam os ritos de iniciação na puberdade, os ritos nupciais ou as tradições funerárias, a mesma seqüência pode ser empiricamente observada. O indivíduo é primeiramente afastado do grupo; depois adquire um estado marginal no qual temporariamente não é uma coisa nem outra; e, finalmente, é readmitido na sociedade onde seu novo estado é aceito por todos[27]. Esse mesmo padrão está presente no exemplo do indivíduo que viaja de seu país para outro. Primeiro, ele sai formalmente de seu país (mostrando o passaporte). Depois, por algum tempo, não está em seu próprio país nem foi admitido oficialmente no país que vai visitar (cf. a sala de trânsito nos aeroportos internacionais em que o indivíduo se acha fisicamente num determinado país mas ainda não foi ''oficialmente'' admitido através de controle alfandegário). Este segundo estágio de transição é, sem dúvida, um estágio marginal (cf. as zonas-tampão marginais que existem entre as fronteiras de diversos países). Finalmente, o viajante chega ao destino e é formalmente admitido naquele país.

Embora van Gennep não estude propriamente as peças, eu diria que sua brilhante análise dos ritos de passagem aplica-se a este gênero folclórico. Em primeiro lugar, a vítima é afastada do grupo ao ser enviada numa missão inglória. Durante o tempo em que empreende a sua falsa missão, encontra-se num estado marginal. De um lado, faz parte do grupo, mas, de outro, não integra o grupo, o qual muitas vezes funciona como uma espécie de comitê com o encargo de prolongar a dimensão temporal da peça. Diferentes

---

27. Arnold van Gennep, *The Rites of Passage*, London, Routledge & Kegan Paul, 1960, p. vii.

membros do grupo podem encorajar a vítima a prosseguir na busca do objeto inexistente. Finalmente, ela compreende que foi enganada ou a peça lhe é revelada por um ou mais membros do citado grupo. Neste ponto, a vítima é reincorporada ao grupo, por exemplo, na condição de membro habilitado.

Se estou certo em afirmar que nas peças é possível encontrar a famosa seqüência estrutural dos ritos de passagem de Van Gennep, podemos entender melhor por que estas peças são sempre aplicadas nesses ritos. A estrutura em miniatura presente nelas serve apenas para assinalar o rito de passagem mais abrangente que está sendo observado. Quando um indivíduo se casa, submete-se a um rito de passagem, e à execução triunfante deste rito segue-se uma forma particular de peça, ou seja, o charivari. A conclusão do charivari marca o final do rito de passagem mais abrangente; os nubentes estão agora devidamente casados e novamente podem integrar a sociedade em geral como membros normais.

De que maneira esta análise das peças nos poderia ajudar a explicar por que são pregadas no dia primeiro de abril? Para entender isto, devemos lembrar que existem pontos críticos no ciclo do calendário. Estes pontos críticos geralmente podem ser (e de fato muitas vezes são) acompanhados de ritos de passagem. O próprio Van Gennep o reconheceu, embora não mencione especificamente o primeiro-de-abril. "Aqueles ritos que acompanham e ocasionam a mudança de ano, de estação ou de mês também deveriam ser incluídos entre as cerimônias de passagem"[28].

Os meses de março e abril (e particularmente o equinócio da primavera) deviam ser considerados o início do ano. Nas zonas temperadas do norte, existe um sentido metafórico no fato de o ano se iniciar com a primavera, ao invés de sê-lo a primeiro de janeiro, no rigor do inverno. Historicamente, sabemos que o ano começava de fato na primavera. O nome dado ao décimo-segundo mês do ano, dezembro, na verdade deriva da palavra latina *decem*, dez. Da mesma forma, novembro provém de nove; outubro, de

---

28. Arnold van Gennep, *op. cit.*, p. 178.

oito; e setembro, de sete. Contando de trás para a frente, podemos facilmente concluir que o ano começava em março, e não em janeiro. (No Irã até hoje, março é considerado o início do ano novo iraniano.) Agora podemos entender por que o mês de abril, que começa alguns dias depois do equinócio da primavera, assinala o ano novo. O nome "abril" vem do latim e significa "abrir"[29]. Portanto, abril, tempo de primavera, fim do inverno, época de plantio, é ou pelo menos era concebido como o verdadeiro início do ano.

Neste contexto, o primeiro de abril configura-se como o início de um mês cujo nome originalmente significa abrir. É um dia crítico no calendário, na medida em que o primeiro de abril pode ser concebido como o fim de um longo período de morte ou letargia, inverno, e o início de um tempo de nova vida, primavera. À luz do comentário de Van Gennep citado acima, o primeiro de abril assinala uma congruência entre todos os seus exemplos: a mudança de ano, de estação e de mês. O dia primeiro de abril é rito de passagem do calendário e, conseqüentemente, é apropriado que haja brincadeiras para assinalar esta data. Além disso, se o peixe possui um simbolismo fálico, parece igualmente razoável celebrar o retorno bem-vindo da fertilidade, colando peixes de papel na roupa das vítimas de primeiro-de-abril.

Outro dado lingüístico corrobora esta interpretação: a tradição inglesa de denominar o primeiro de abril de "o dia dos bobos de abril", ou "o dia de todos os bobos". A última designação nos lembra o "dia de todos os santos", que é naturalmente o dia das bruxas [*Halloween*], ou "a noite de todos os santos" [*All Hallows Eve*], que é comemorada na noite de 31 de outubro, ou seja, na véspera de primeiro de novembro, dia de todos os santos. Nos Estados Unidos, pregam-se as peças tradicionalmente no dia das bruxas. De fato, as duas únicas datas anuais que são tipicamente marcadas por peças nos Estados Unidos são o primeiro de abril e a noite de *Halloween*. É compreensível que

---

29. Cf. S. P. Cortsen, "Der Monatsname Aprilis", *Glotta*, 26:270-275, 1937; e Prosper Janssens, *op. cit.*, p. 119.

se possa afirmar que o dia das bruxas evidencia uma mudança crítica de tempo. Assim como abril assinala o fim do inverno e o começo da primavera, o dia das bruxas marca o final do outono (colheita) e o início do inverno. As transições no calendário da morte para a vida (o dia primeiro de abril) e da vida para a morte (dia de todos os santos) são ambas ressaltadas por trotes e peças. A mim me parece improvável que a ocorrência de trotes nestas duas datas específicas seja apenas uma coincidência.

Se as peças são ritos microcósmicos de passagem, então podemos pela primeira vez entender por que devem ser pregadas por ocasião de importantes ritos de passagem, tanto nos ciclos de vida do indivíduo (aniversário, casamento) quanto nos ritos de passagem do calendário para a comunidade como um todo. Enfim, podemos verificar que a associação de peças com o primeiro de abril pode ser explicada tanto lógica quanto psicologicamente.

Podemos lembrar mais uma vez a sugestão de Lévi-Strauss de que o alarido do charivari indica uma intrusão na seqüência sintagmática normal da vida rotineira. Generalizando a partir de seu exemplo, é possível dizer que o dia primeiro de abril representa essa ruptura intrusiva. Trata-se de uma inversão ritual das estações. Existe uma inversão do inverno para a primavera como do outono para o inverno. Esta disjunção no fluxo do tempo é análoga ao que sucede quanto o indivíduo solteiro se casa, ou um jovem atinge a idade adulta.

Esta inversão pode refletir-se na mudança de poder no dia primeiro de abril quando as crianças pregam peças nos professores e nos próprios pais (ou irmãos mais velhos). A ficção aceita como fato real, a mentira como verdade é outro exemplo de inversão. As peças impõem tais características. No dia das bruxas, os meninos podem vestir-se como meninas e as meninas como meninos; as crianças vestem-se como adultos, e os adultos como crianças. Os vivos podem fantasiar-se de mortos. (Na versão original européia do dia das bruxas, os mortos podem retornar e apresentar-se como vivos.) Estas inversões fazem parte do mesmo padrão: são temporárias, e não permanentes. Os meninos que se vestem de menina durante o dia das bruxas voltam a usar roupas de menino no dia seguinte. O ritual da inversão acontece por tempo limitado. Por um breve momento, os indivíduos podem ser magicamente afastados de sua vida (e sexo) normal, antes de serem novamente reintegrados à vida rotineira. A inversão de tempo, de estações, no primeiro dia de abril, é assim marcada adequadamente por uma transição da sensatez para a insensatez de abril. Talvez agora tenhamos uma resposta para a questão colocada pelo poema folclórico:

> O primeiro de abril, dizem alguns,
> O dia de todos os bobos é julgado;
> Mas por que as pessoas o chamam assim
> Eu não sei, tampouco elas o sabem.

9. O DILÚVIO ENQUANTO MITO MASCULINO DA CRIAÇÃO[1]

As questões de sentido muitas vezes são deixadas de lado pelos estudiosos do mito. Um grande número dos ensaios que tratam do mito do dilúvio se limitam a recontar versões diferentes da narrativa. Uma boa parte desses trabalhos apenas reproduzem os resultados de estudos anteriores, fazendo pouco ou nenhum esforço para interpretar o possível sentido dos textos sobre o mito do dilúvio. Frazer, por exemplo, depois de citar 250 páginas com versões de mitos diluviais, conclui:

> No conjunto, então, parece que temos boas razões para pensar que algumas, e provavelmente muitas tradições diluviais, não passam de relatos exagerados de inundações que realmente ocorreram, seja em conseqüência de grandes chuvas, de abalos sísmicos, seja por quaisquer outras causas.

1. Extraído de *The Journal of Psychoanalytic Anthropology*, 9(3):359-372, Summer 1986.

Todas essas tradições, portanto, são em parte lendárias e em parte míticas: quando preservam reminiscências de inundações que realmente aconteceram, são lendárias; quando descrevem dilúvios universais que nunca ocorreram, são míticas[2].

A questão crucial é, ou devia ser: Por que se narram mitos sobre dilúvios? Sejam eles eventos históricos ou invenções ficcionais da imaginação humana, continua sem resposta a difícil questão: Por que estes mitos ocupam um lugar tão importante na reconstituição, pelo homem, dos primórdios do mundo. Qualquer resposta seria mera especulação, mas, se houvesse uma que fosse plausível e consentânea com os detalhes específicos desses mitos, poderia revelar-se uma contribuição bem-vinda ao estudo acadêmico dos mitos diluviais. O presente ensaio constitui uma tentativa de desvendar um possível sentido do mito.

As teorias de interpretação do mito podem ser divididas, *grosso modo*, em dois grandes grupos: literal e simbólico. Os literalistas tendem a procurar as bases factuais ou históricas de uma dada narrativa mítica, enquanto que os partidários de uma das muitas abordagens simbólicas preferem encarar a narrativa como um código que requer algum tipo de decifração. É importante ter em mente que a exegese literal e a simbólica dos mitos não excluem necessariamente uma à outra. No caso específico do dilúvio mítico, teoricamente poderia ter ocorrido uma verdadeira inundação, histórica, no plano local ou global; mas, ao mesmo tempo, uma das razões pelas quais esta narrativa conseguiu difundir-se tanto quanto sem dúvida se espalhou — mesmo a povos que vivem no longínquo interior, longe das inundações ''naturais'' — pode ser atribuída a fatores de ordem simbólica. Por exemplo, se considerarmos que todos os recém-nascidos humanos se livraram por assim dizer de uma ''inundação'' inicial de líquido amniótico quando a placenta se rompeu, não é impossível imaginar que a criação do

---

2. James George Frazer, *Folk-Lore in the Old Testament*, London, Macmillan, 1918, vol. I, p. 359. Frazer apresenta conclusões muito pobres sobre este assunto.

mundo ocorreu de forma semelhante. Do mesmo modo que nasce o indivíduo, assim nasceu o mundo. A partir da obra de Stith Thompson[3], podemos demonstrar facilmente que muitíssimas vezes as mesmas técnicas usadas para criar a humanidade foram utilizadas na criação do mundo; ou, em termos lógicos ou cronológicos, talvez se pudesse enunciar a analogia de outra forma: as mesmas técnicas usadas para criar o mundo são utilizadas para criar o primeiro homem. Comparem, por exemplo, o motivo A641, "Universo gerado a partir de um ovo", com o motivo A1222, "Humanidade origina-se de ovos", ou ainda o motivo do "Mergulhador de Terras" (A812) em que a terra é formada de um pouco de lama, e a Criação do homem, de terra, barro, lama ou pó (A1241).

Na verdade, tanto a interpretação literal quanto a simbólica podem estar erradas; isto é, talvez nunca tenha havido um dilúvio universal histórico, e talvez o homem primitivo não tenha imaginado qualquer semelhança entre a natureza do nascimento humano e o começo do mundo. Ou uma interpretação pode ser correta e a outra, incorreta. O que é decisivo é a capacidade de distinguir a abordagem literal da abordagem simbólica do mito em geral, e neste exemplo do mito do dilúvio em particular.

Como o mito do dilúvio integra o acervo sagrado de grande parte da civilização ocidental (judio-cristã), houve uma visível relutância em interpretá-lo em termos simbólicos. Decididamente, a quase-totalidade dos livros e ensaios devotados à elucidação do mito diluvial o têm classificado entre os fenômenos literais. Aqueles que discutem se o dilúvio bíblico foi um fenômeno regional ou universal não põem em questão a historicidade do relato bíblico. Simplesmente admitiu-se que houve um dilúvio do qual Noé foi uma testemunha ocular e participante. Aceitou-se isso como verdade sem indagar se o dilúvio foi local ou universal.

3. Stith Thompson, *Motif-Index of Folk Literature*, Bloomington, Indiana University Press, 1955-1958, 6 vols. (orig. 1955).

Embora o método comparativo tenha sido empregado de modo geral para desacreditar o valor-verdade do relato bíblico — se a mesma estória aparecia entre outros povos, tornou-se muito mais difícil sustentar a unicidade das narrativas bíblicas enquanto palavra divina e inspirada de Deus — no caso do dilúvio ele foi usado de modo totalmente diferente. O argumento aventado foi, em parte, que a ocorrência de estórias de dilúvio entre povos tão diversos do mundo, passados e presentes, civilizados e "primitivos", constituía uma "prova" *prima facie* de que houve realmente um dilúvio universal, cujos ecos sobreviveram nos mitos diluviais narrados até hoje. Conseqüentemente, os entusiastas religiosos não se sentiram desconcertados com o grande número de mitos diluviais documentados na maior parte do mundo. Ao contrário, aceitaram de bom grado cada novo exemplo de mito de dilúvio, por verem nele mais uma corroboração do valor-verdade da narrativa do *Gênesis*. Assim, a utilização do método comparativo nada revelou sobre a questão da historicidade. Aqueles que acreditavam na verdade literal do mito do dilúvio consideraram que os dados comparativos eram comprobatórios; aqueles que rejeitavam a leitura literal da narrativa diluvial bíblica mostraram as centenas de mitos sobre o dilúvio como provas de seu estado não-canônico. Provavelmente apenas pouquíssimos teólogos contemporâneos admitiriam que a ampla distribuição dos mitos diluviais era uma prova da chamada "revelação primitiva", doutrina que afirma que toda a humanidade, originalmente, havia recebido de Deus a palavra divina[4]. Neste quadro teórico, foi presumido que os povos primitivos haviam "perdido" a maior parte da revelação original, retendo apenas alguns fragmentos vestigiais isolados, entre os quais o mito do dilúvio.

A difusão indiscutivelmente ampla da narrativa diluvial revelou-se também de grande interesse para aqueles que adotam a abordagem simbólica do mito. Pois, o que quer

---

4. Cf. Wilhelm Schmidt, *Primitive Revelation*, London, B. Herder, 1939.

que o mito do dilúvio possa significar em termos simbólicos, pode-se dizer claramente que deve ser algo relevante para uma grande diversidade de povos e culturas. É claro que ninguém poderia supor que esse mito possuía o mesmo sentido em todas as culturas em que aparece. Continua de pé a incômoda questão: Qual é então o *sentido* do mito do dilúvio?

Tentativas anteriores de decodificar este mito por parte de intérpretes com tendências simbólicas adotaram, de modo geral, as linhas convencionais das teorias folclóricas padronizadas. A estória do dilúvio foi interpretada de várias maneiras, ora como mito lunar, ora como mito solar, ou como ritual de vegetação ou fertilidade[5]. As águas diluviais também foram consideradas um agente purificador celestial que castigaria a humanidade por uma transgressão de sangue que "poluía" a terra antediluvial[6]. Tanto os freudianos quanto os junguianos encontraram uma característica ou origem do tipo onírico para as estórias de dilúvio[7]. Róheim estendeu a idéia de Rank de que a origem do mito do dilúvio poderia ser buscada em sonhos vesicais nos quais o desejo de urinar durante a noite era expresso num sonho. Segundo Róheim, "os mitos diluviais freqüentemente representam a inundação como urina, revelando desse modo a

---

5. Quanto ao mito lunar, cf. Ernst Böklen, "Die Sintflutsage: Versuch einer neuen Erklarung", *Archiv für Religionswissenschaft*, 6:1-61, 97-150, 1903; no que diz respeito ao mito solar, cf. Frazer, *op. cit.*, p. 342, n. 1-3; e François Berge, "Les légendes de déluge", in *Histoire générale des religions*, Paris, Librairie Aristide Quillet, 1951, vol. 5, pp. 59-101; no caso dos rituais de fertilidade e vegetação, cf. Eleanor Follansbee, "The Story of the Flood in the Light of Comparative Semitic Mythology", *Religions*, 29:11-21, 1939.

6. Tikva Frymer-Kensky, "The Atrahasis Epic and Its Significance for Our Understanding of Genesis 1-9", *Biblical Archaeology Review*, 4(4):32-41, 1978.

7. Na linha freudiana, cf. Otto Rank, "Die Symbolschichtung im Wecktraum und ihre Wiederkehr im mythischen Denken", *Jahrbuch für Psychoanalytische und Psychopathologische Forschungen*, 4:51-115, 1912; na linha de Jung, cf. Rivkah S. Kluger, "Flood Dreams", in J. B. Wheelwright (ed.), *The Reality of the Psyche*, New York, Putnam, 1968, pp. 42-53.

sua origem onírica"[8]. Portanto, para Rank e Róheim, os mitos diluviais são derivativos de sonhos que expressam a necessidade de urinar. Se isso é tudo o que existe nesses mitos, como se pode explicar todos os detalhes dos vários mitos diluviais? Por que o dilúvio é usado com tanta freqüência como um meio de castigar a humanidade por diversos pecados? De que maneira se pode explicar o mito diluvial como um mito de recriação, isto é, uma criação secundária que se seguiria à destruição do mundo produzido pela primeira criação? Como a micção enquanto causa primeira pode justificar de forma satisfatória os aspectos explicitamente punitivos e criativos dos mitos diluviais?

Para interpretar o conteúdo simbólico desses mitos, precisamos estabelecer desde já diversos axiomas (ou seria melhor denominá-los postulados hipotéticos?). Antes de tudo, afirmaríamos que a relação de Deus com o homem é essencialmente a de um pai com o filho. É esta a arguta conclusão de Freud em *O Futuro de uma Ilusão*, modificada por Kardiner na sua revisão da teoria freudiana[9]. A revisão de Kardiner significa a relativização cultural da noção freudiana. Na mesma medida em que as relações entre pai e filho diferem de uma cultura para outra, a relação Deus-homem também se modifica necessariamente. É oportuno observar que o hipotético isomorfismo ou congruência da educação infantil com os sistemas projetivos do adulto (que incluem os mitos) pode ser testado empiricamente em diversas culturas. Não se trata de maneira nenhuma de uma questão de aceitar piamente a formulação kardineriano-freudiana. Ou existe um paralelismo entre estrutura e conteúdo ou não existe.

Em segundo lugar, sustento que os machos invejam o parto das fêmeas. O princípio da gravidez masculina é bem

---

8. Géza Róheim, *The Gates of the Dream*, New York, International Universities Press, 1952, p. 448.
9. Sigmund Freud, *The Future of an Illusion*, Garden City, Doubleday Anchor, 1957. Abram Kardiner, *The Individual and His Society*, New York, Columbia University Press, 1939, e *The Psychological Frontiers of Society*, New York, Columbia University Press, 1945.

documentado — existem inúmeros exemplos no Velho Testamento patriarcal. A criação de Eva da costela de Adão é uma óbvia inversão da realidade biológica, na medida em que o homem cria a mulher de *seu* próprio corpo. Além disso, é bastante provável que o osso masculino em questão não tenha sido exatamente a costela, mas o falo, que carece do *os baculum* encontrado em alguns outros animais. Assim como a mulher pare indivíduos do sexo masculino a partir de *sua* área genital, é (psico)logicamente racional que um homem também fantasie dando à luz mulheres a partir de *sua própria* área genital[10].

Ora, o que tudo isso tem que ver com o possível conteúdo simbólico dos mitos do dilúvio? Antes de mais nada, a maioria desses mitos falam de deuses *masculinos* que destroem o mundo, mas poupam um único sobrevivente *masculino* para repovoar a terra. Em suma, é um mito masculino da criação com pouca ou nenhuma referência ao sexo feminino. A esposa de Noé nem mesmo tem um prenome[11], assim como a esposa de Ló não tem nome. (A estória de Ló é tipológica e estruturalmente semelhante à de Noé.) Mas por que um elemento masculino cria ou recria o mundo por meio de um dilúvio? Eu diria que é porque o dilúvio constitui uma projeção cosmogônica do meio pelo qual toda mulher grávida cria. É o rompimento da placenta que liberta o líquido amniótico que anuncia o nascimento de cada novo bebê. O antropólogo Donald Tuzin comenta isso em seu estudo sobre o simbolismo da água entre os arapesh de Nova Guiné[12]: "Qualquer um que testemunhe um parto não pode deixar de observar que o evento é acompanhado de uma poderosa descarga de um volume impressionante de água" (p. 220). É o dilúvio primordial que se repete a cada nova

---

10. Cf. Alan Dundes, "Couvade in Genesis", *Studies in Aggadah and Jewis Folklore*, Jerusalem, Magnes Press, 1983, pp. 35-53 (Folklore Research Center Studies, n° 7).
11. Cf. Francis Lee Utley, "The One Hundred and Three Names of Noah's Wife", *Speculum*, 16:426-452, 1941.
12. Donald F. Tuzin, "Reflections of Being in Arapesh Water Symbolism", *Ethos*, 5:195-223, 1977.

procriação. Nos mitos masculinos, contudo, o macho deve utilizar qualquer recurso à mão para criar um dilúvio. Assim como o dilúvio feminino aparentemente provém da sua área genital, parece (psico)logicamente correto que o dilúvio masculino também provenha da área genital do macho. Assim, temos aqui um fundamento lógico para um dilúvio urinário. Quando Róheim observou que os mitos diluviais freqüentemente representam o dilúvio como urina, ele estava no caminho correto (urinário). Mas enganou-se em supor para esses mitos urinários do dilúvio uma origem onírica. É muito mais provável que *tanto* os sonhos *quanto* os mitos sejam reflexos de desejos inconscientes. Não cabe admitir que os sonhos são necessariamente anteriores aos mitos. Quanto a isso, alguém poderia muito bem sustentar que o conteúdo dos sonhos de um indivíduo numa dada cultura é um reflexo dos mitos que ele ouviu. Seja como for, a proposta é que os mitos diluviais são um exemplo do modo como os machos procuram imitar a procriação feminina.

Existe alguma prova que apóie esta interpretação? Felizmente, a conexão postulada entre inveja masculina da gravidez e o dilúvio urinário é articulada explicitamente em alguns textos mitológicos. Um exemplo notável é dado pelo mito chukchee da criação, relatado por Bogoras[13].

O herói cultural Corvo e sua mulher vivem sozinhos num pequeno pedaço de terra. A mulher do Corvo diz ao marido: "Acho bom você sair e tentar criar a terra!" Ele responde: "Sinceramente, não tenho capacidade!" Um pouco depois, Corvo observa sua mulher enquanto dorme. "Mais uma vez ele olha para a esposa. Seu abdome está dilatado. Durante o sono, ela cria sem nenhum esforço. Amedrontado, ele desvia o rosto." Sua esposa então pare gêmeos. A reação de Corvo é curiosa: "Ora, você criou homens! Agora devo sair e tentar criar a terra. [...] Corvo voa e defeca. Cada pedaço de excremento que cai em cima d'água cresce rapidamente e se transforma em terra". Mas a criação é insuficiente, porque ainda não existe água doce. "Oh!", exclama Corvo, "devo tentar novamente?" Ele começa a urinar. No lugar onde cai uma gota, forma-se um lago; no lugar onde cai um jorro, forma-se um rio. [...] Oh! Corvo, o bom

13. Cf. Waldemar Bogoras, *Chukchee Mythology*, New York, G. E. Stechert, 1910, Memoirs of the American Museum of Natural History, vol. 12, part 1, pp. 151-154.

companheiro, voou para mais longe. Ele se esforça ao extremo, cria a terra, está cansado, e cria a água dos lagos e rios.

Este mito da criação mostra como os homens competem com as mulheres procriadoras. Por meio anal é criada a terra[14]; por meio urinário são criadas as águas da terra.

Neste mito chukchee, as ações do macho são estimuladas especificamente pela observação da criatividade "natural" da fêmea. Agora, é possível entender melhor a existência de motivos como A923.1, Oceano formado de urina, e A1012.2, Dilúvio de urina, e os mitos diluviais urinários reunidos por Róheim[15]. Justamente por isso, agora podemos apreciar alguns detalhes curiosos dos mitos diluviais, como o fato de ser *quente* a água em questão! É compreensível o motivo A1016.2, Dilúvio produzido por líquido quente que queima quando inunda, assim como o motivo comum na tradição islâmica (e judaica) da "água quente" que corre por cima da terra[16]. Ainda mais fascinante é outra faceta da tradição popular islâmica, onde se relata que "o sinal do começo do dilúvio foi que *a água começou a fluir do forno*"[17]. O forno é um símbolo arquetípico do útero[18].

Agora podemos compreender o mito diluvial dos índios jíbaros da Amazônia, que deixou Frazer perplexo. Ele falava de

uma tradição, mais ou menos confusa, de um grande dilúvio que havia ocorrido muito tempo atrás. Eles dizem que do céu caiu uma grande nuvem, que se converteu em chuva e causou a morte de todos os habitantes da terra; somente um ancião e seus dois filhos foram salvos, e foram eles que repovoaram a terra depois do dilúvio, embora o modo como consegui-

---

14. Cf. Alan Dundes, "Earth-Diver: Creation of the Mythopoeic Male", *American Anthropologist*, 64:1032-1050, 1962.
15. Cf. Géza Róheim, *op. cit.*, pp. 439-465.
16. Cf. Anna Birgitta Rooth, *The Raven and the Carcass: An Investigation of a Motif in the Deluge Myth in Europe, Asia, and North America*, Helsinki, Academia Scientiarum Fennica, 1962, p. 67 (FF Communications, Nº 186).
17. *Ibid.*, p. 88.
18. Cf. Sigmund Freud, *A General Introduction to Psychoanalysis*, Garden City, Permabooks, 1953, p. 170.

ram fazê-lo sem a ajuda de uma mulher é um detalhe que nossa fonte não se digna esclarecer-nos. Contudo, é possível que um dos dois filhos sobreviventes tenha sido amaldiçoado pelo pai, e os jibaros tenham descendido dele. A maldição pode ser uma reminiscência da estória de Noé e seus filhos relatada no *Gênesis*, que os jibaros ouviram possivelmente dos missionários. A dificuldade de propagar a espécie humana sem a ajuda do sexo feminino parece ter impressionado as mentes mais perspicazes entre os jibaros, pois, segundo alguns deles, os sobreviventes do dilúvio eram um homem e uma mulher...[19]

O que Frazer não compreendeu é que, se o propósito do mito era demonstrar as capacidades masculinas de procriação, então é bastante compreensível que a ação tivesse ocorrido sem o concurso de qualquer mulher. É sempre arriscado classificar uma tradição de "mais ou menos confusa". No mais das vezes, quem está mais ou menos confuso é o pretenso analista!

Foi sugerido muitas vezes que os mitos diluviais "estão intimamente ligados aos mitos da criação; o dilúvio destrói a velha criação e começa uma nova criação"[20]. No entanto, talvez fosse mais apropriado dizer que o dilúvio não é tanto um mito de criação quanto um mito de recriação. (A criação primeva, biologicamente falando, origina-se obviamente das mulheres, e assim os homens, para rejeitar a natural superioridade de procriação das mulheres, precisam destruir a *primeira* criação e substituí-la por uma segunda criação que eles mesmos realizam[21].) Nos mitos, o homem primeiro é criado e depois é quase destruído antes de sobreviver a um dilúvio. Isso, aparentemente, é análogo aos detalhes do nascimento humano. A "inundação" do líquido amniótico liberado no nascimento não cria o bebê-feto. A criação ocorreu nove meses antes do dilúvio do nascimento. O nascimento libera um neonato já totalmente formado que esteve

---

19. Cf. James George Frazer, *op. cit.*, pp. 260-261.
20. Cf. Mary Barnard, "Space, Time and the Flood Myths", in *The Mythmakers*, Athens, Ohio University Press, 1966, pp. 147-161, especialmente p. 153.
21. Para uma discussão do dilúvio como uma "não-criação", cf. David Clines, "Noah's Flood: The Theology of the Flood Narrative", *Faith and Thought*, 100:128-142, 1972, especialmente pp. 136-138.

flutuando em torno do útero por aproximadamente nove meses. Assim, no *Gênesis* é o macho Noé que constrói uma arca-útero. Do mesmo modo, no mito popular do mergulhador-de-terras[22], é um *macho* já criado que mergulha no dilúvio para apanhar um pouco de lama com que recriará a terra. Aqueles que poderiam julgar um pouco forçada a teoria do dilúvio como representação da micção masculina terão de encontrar algum meio alternativo de explicar a existência de mitos em que as inundações são produzidas por micção (cf. motivo A1012.2, Dilúvio de urina). A própria existência desses mitos — mitos, incidentalmente, compostos e transmitidos por indivíduos que nunca ouviram falar de Freud ou da teoria psicanalítica — sugeriria pelo menos que a conexão entre inundação e urina não é uma invenção freudiana. Retrospectivamente, podemos constatar que Rank e Róheim estavam corretos até onde puderam ir, porém o mito do dilúvio não é apenas uma tradução onírica de uma necessidade corporal básica de urinar. É, antes, um mito masculino da criação, moldado a partir do dilúvio feminino, a liberação de líquido amniótico. Do mesmo modo que o indivíduo é "criado" ou parido por mulheres, o mundo também é "criado" ou "recriado" por homens. Se Eliade[23]

22. Cf. Sarat Chandra Mitra, "On the Cosmological Myth of the Birhors and Its Santali and American Indian Parallels", *Journal of the Anthropological Society of Bombay*, 14:468-478, 1929; Leopold Walk, "Die Verbreitung der Tauchmotifs in den Urmeerschöpfungs (und Sintflut-)Sagen", *Mitteilungen der Anthropologischen Gesellschaft in Wien*, 63:60-76, 1933; Wilhelm Schmidt, "Das Tauchmotif in der Erdschöpfungsmythen Nordamerikas, Asiens, und Europas", in *Mélanges de linguistique et philologie*, Paris, C, Klincksieck, 1937, pp. 111-122; Earl W. Count, "The Earth-Diver and the Rival Twins: A Clue to Time Correlation in North Eurasiatic and North American Mythology", in Sol Tax (ed.), *Indian Tribes of Aboriginal America*, Chicago, Chicago University Press, 1952, pp. 55-62; Elli Kaija Köngäs, "The Earth-Diver (Th. A812)", *Ethnohistory*, 7:151-180, 1960; Mircea Eliade, "Mythologies asiatiques et folklore sud-est européen: I. Le Plongeon cosmogonique", *Revue de l'histoire des religions*, 160:157-212, 1961; e Alan Dundes, "Earth-Diver: Creation of the Mythopoeic Male", *American Anthropologist*, 64:1032-1050, 1962.

23. Eliade, *Patterns in Comparative Religion*, New York, Meridian, 1958, p. 212.

tem razão em equiparar o "batismo" a uma sanção ritual do dilúvio, então é certamente significativo que os batismos sejam realizados tradicionalmente por *homens*.

Também é plausível o emprego da urina num contexto de punição, embora seja reconhecidamente mais difícil de documentar. Na fala popular norte-americana, a expressão *to piss on it* (mijar em cima disto) é inegavelmente uma metáfora de repúdio. A falta de dados etnográficos amplos sobre as práticas da micção torna problemático afirmar que possa haver alguma concordância entre as diversas culturas sobre a técnica de urina em cima de alguém como demonstração de repugnância ou desrespeito. É, no entanto, no mínimo possível e certamente defensável.

To make water (fazer água) é outra expressão idiomática relativa ao ato de urinar que pode ser importante. Parece constituir mais um daqueles dados lingüísticos que confirmam a idéia de que o urinar pode ser visto como um ato criativo de produzir dilúvio. A urina e o sêmen podem ser equivalentes na mente popular. Por exemplo, a palavra hebraica que designa água também pode significar sêmen, assim como "*Maiyeh*, água, é usada no árabe coloquial para designar o sêmen masculino, o agente da vida"[24]. Em Isaías 48:1, as pessoas da casa de Jacó "originam-se da fonte de Judá". Além disso, a associação entre o órgão masculino que produz descendência e a capacidade de urinar do mesmo órgão está contida numa ameaça bíblica (I Reis 21:21): "Vede, Eu trarei infortúnio sobre vós e retirarei a vossa fertilidade e amputarei a de Acab, pois ele urinou contra a parede" (cf. I Reis 14:10 e 16:11). O elemento "urina" presente em tantos mitos diluviais pode também ajudar a explicar por que, em alguns destes mitos, as águas primevas estão contidas inicialmente dentro de um vaso (câmara). Em tais textos, o quebrar do vaso libera a inundação urinária. Se temos urina = sêmen = água, então num mito masculino

---

24. T. Canaan, "Water and 'The Water of Life' in Palestinian Superstition", *Journal of the Palestine Oriental Society*, 9:57-69, 1929. A citação aparece à p. 58.

de *procriação* pode muito bem atuar um herói cultural ou uma divindade masculina que produz um dilúvio urinário. Esta nova perspectiva sobre os mitos diluviais nos permite entender pela primeira vez alguns dos outros aspectos mais enigmáticos de tais mitos. Considere-se aquela que é talvez uma das mais antigas versões do mito do dilúvio, um relato babilônico onde se conta que os deuses são importunados pelo "clamor da humanidade. Sua gritaria os impede de dormir"[25]. Como afirma um estudioso, "no mito babilônico do Dilúvio, os deuses decidiram destruir a humanidade pela razão absurda de que os homens se haviam tornado tão barulhentos que impediam os deuses de dormir à noite"[26]. Já houve quem propusesse que "barulho" e "iniqüidade" são equivalentes paradigmáticos[27], mas isso não explica o aparente absurdo. No entanto, se Deus é para o homem o que o adulto é para a criança, talvez a explicação não seja de todo absurda. O choro noturno dos bebês e crianças pequenas perturba o sono dos adultos, tornando-os bastante irados para desejar "destruir" o bebê ou a criança barulhenta em questão. Assim como as crianças pequenas podem expressar raiva através de enurese noturna, criando uma inundação na cama, também os adultos, especialmente os machos, podem expressar sua raiva de maneira semelhante.

Existe mais um conjunto de dados que apóia a idéia de que o órgão sexual masculino pode estar intimamente ligado ao mito diluvial: é a ocorrência bastante difundida de incesto, especialmente entre irmãos, como um fator precipitador ou conseqüência[28]. Trata-se de um padrão extremamen-

---

25. Cf. James B. Pritchard (ed.), *Ancient Near Eastern Texts Relating to the Old Testament*, Princeton, Princeton University Press, 1950, p. 104.
26. Cf. S. H. Hooke, *Middle Eastern Mythology*, Baltimore, Penguin Books, 1963, p. 131.
27. Cf. Matthieu Casalis, "The Dry and the Wet: A Semiological Analysis of Creation and Flood Myths", *Semiotica*, 17:35-67, 1976, especialmente p. 50.
28. Cf. Leopold Walk, "Das Flut-Geschwisterpaar als Ur- and Stammmelternpaar der Menschheit: Ein Beitrag zur Mythengeschichte Süd- and Südostasiens", *Mitteilungen der Österreichischen Gesellschaft für Anthropologie, Ethnologie, und Prähistorie*, 78-79:60-115, 1949; Li

te comum nos mitos do Sudeste Asiático. O padrão inclui muitas vezes a violação de uma proibição sexual, por exemplo, o incesto, que provoca um dilúvio punitivo. Frazer[29] menciona um mito diluvial do sudoeste de Bengala, onde se conta que o dilúvio foi enviado para destruir os primeiros habitantes, que haviam nascido de atos incestuosos.

Se examinarmos todos os mitos de "recriação" do *Gênesis*, encontraremos exatamente o mesmo modelo. Um tabu sexual é ignorado; Deus se enfurece e decide punir os pecadores destruindo suas casas. A história de Adão e Eva poderia ser um exemplo. Se Eva nasceu do corpo de Adão, então de alguma forma poderia ser considerada sua filha. Nesse caso, teríamos um incesto entre pai e filha. Se Adão e Eva tivessem sido criados ao mesmo tempo, como num dos dois mitos da criação presentes na primeira parte do *Gênesis*, então seriam considerados irmão e irmã. No Jardim do Éden, o paraíso primevo, Eva sucumbe à tentação da serpente e come o fruto da árvore proibida. Embora o fruto não seja especificado, a tradição transformou-o numa maçã[30], um fruto que possui sugestões simbólicas do peito[31]. Qualquer que seja o caso, o resultado do pecado foi a consciência da *nudez*, o que sugere a descoberta dos órgãos sexuais. A resposta de Deus é expulsar Adão e Eva do Éden, com a conseqüência *imediata* de que "Adão conheceu sua mulher Eva; e ela concebeu..." (Gên. 4:1). O ponto é que

---

Hwei, "The Deluge Legend of the Sibling-Mating Type in Aboriginal Formosa and Southeast Asia", *Bulletin of the Ethnological Society of China*, 1:171-206, 1955. [Em chinês com resumo em inglês, pp. 205-206.]

29. *Op. cit.*, p. 195.

30. Cf. Karl Heisig, "Woher Stammt die Vorstellung vom Paradiesapfel?", *Zeitschrift für die Neutestamentliche Wissenschaft*, 44:111-118, 1952-53; Hans-Gunter Leder, "Arbor Scientiae: Die Tradition vom Paradiesischen Apfelbaum", *Zeitschrift für die Neutestamentliche Wissenschaft*, 52:156-189, 1961; e Monika Karola Brazda, *Zur Bedeutung des Apfels in der Antiken Kultur*, Bonn, Rheinische Friedrich-Wilhelms Universität, 1977, pp. 121-129.

31. Sigmund Freud, *A General Introduction to Psychoanalysis*, Garden City, Permabooks, 1953, p. 163; e Ludwig Levy, "Sexualsymbolik in der Paradiesgeschichte", *Imago*, 5:16-30, 1917-19, particularmente p. 19.

a atividade sexual é o primeiro ato do casal após a saída do Éden, e o povoamento da terra tem início através de um ato incestuoso.

No mito diluvial do *Gênesis*, existe um curioso episódio (6:2-4) em que "os filhos de Deus viram as filhas dos homens... e as tomaram como esposas". Aparentemente, é esta sexualidade que mais uma vez ofende a Deus[32], porque não há outra explicação para o versículo seguinte: "E Deus viu como era grande a iniqüidade do homem na terra...". Noé e sua família sobrevivem ao dilúvio que Deus envia como castigo. Depois do dilúvio, Noé encontra vinho e bebe em excesso. Cam viu a nudez do pai — que também constitui um pecado na narrativa do Jardim do Éden. "Ver a nudez de alguém" era uma metáfora da relação sexual na retórica bíblica[33]. Deus se indigna e amaldiçoa Canaã, o filho de Cam. Versões apócrifas desta estória insinuam uma possível aventura homossexual[34].

Os temas presentes na estória de Noé são repetidos na narrativa de Ló. Deus se perturba com as atividades homossexuais que ocorrem nas cidades de Sodoma e Gomorra. Abraão consegue fazer um acordo com Deus: se existirem nestas cidades mais de dez homens justos, Deus não as destruirá. Dois anjos descem a Sodoma como investigadores de Deus. Os sodomitas acham os anjos atraentes e pedem a Ló: "Traze-os até nós para que possamos conhecê-los" (19:5). Ló oferece suas duas filhas virgens à turba homossexual, que as recusa. Os que estavam entre a multidão ficaram cegos. Ló é então instruído pelos anjos a deixar a cidade com sua família e lhe é dito: "Não olhem para trás".

---

32. Cf. Donat Poulet, "The Moral Causes of the Flood", *Catholic Biblical Quarterly*, 4:293-303, 1942; e M. Delcor, "Le mythe de la chute des anges et de l'origine des géants comme explication du mal dans le monde dans l'apocalyptique juive: Histoire des traditions", *Revue de l'histoire des religions*, 190:3-53, 1976.

33. Cf. Frederick W. Bassett, "Noah's Nakedness and the Curse of Canaan: A Case of Incest?", *Vetus Testamentum*, 21:232-237, 1971, especialmente p. 233.

34. Bassett, *op. cit.*.

A mulher de Ló desobedece (assim como Eva desobedeceu) e é transformada numa estátua de sal. Olhar foi um pecado para Adão e Eva quando "seus olhos foram abertos" e viram a nudez um do outro; olhar foi um pecado para Cam quando viu o corpo exposto de seu pai Noé. Ló, refugiado numa caverna com suas duas filhas, é embriagado — um nítido paralelo com a embriaguez de Noé. As filhas seduzem o pai: "assim, as duas filhas de Ló conceberam de seu pai" (19:36). Neste enredo tipo Electra, a mãe é convenientemente posta de lado, deixando o pai à mercê dos avanços sexuais das filhas, um ponto aparentemente esquecido pelos estudos antropológicos e folclóricos da estória[35]. No entanto, o mais importante é que temos uma destruição do mundo, ou de parte dele, seguida de uma união incestuosa com vistas a repovoar a terra. Embora o incesto entre pai e filha seja mais raro na mitologia — o casal incestuoso típico é formado por irmão e irmã — é o incesto uma conseqüência comum no mito de destruição do mundo. A óbvia relação entre destruição do mundo (por exemplo, através de um dilúvio) e o motivo de incesto entre pai e filha no *Gênesis* parece diretamente paralela, quando não cognata, com os mitos diluviais do Sudeste da Ásia e da China. É digno de nota que, logo após a sedução de Ló pelas filhas, venha o episódio (Gên. 20) em que Abraão afirma que sua mulher Sara é sua irmã, a fim de que o rei Abimelec, que a deseja, não lhes cause dano — reaparece aqui outra vez o tema ubíquo do incesto. Foi estabelecido que o motivo "irmã-mulher" é um elemento recorrente no *Gênesis*[36].

---

35. Por exemplo, Giuseppe Cocchiara, "La 'storia' delle moglie di Lot", in *Genesi di Leggende*, 3.ed., Palermo, G. P. Palumbo, 1949, pp. 43-61; e D. Alan Aycock, "The Fate of Lot's Wife: Structural Mediation in Biblical Mythology", in Edmund Leach & D. Alan Aycock (eds.), *Structuralist Interpretations of Biblical Myth*, Cambridge, Cambridge University Press, 1983, pp. 113-119.

36. Cf. E. A. Speiser, "The Wife-Sister Motif in the Patriarchal Narratives", in *Oriental and Biblical Studies: Collected Writings of E. A. Speiser*, Philadelphia, University of Pennsylvania Press, 1967, pp. 62-82.

Há uma grande discussão em torno do sentido e importância da introdução, na narrativa do dilúvio de Noé, dos "filhos de Deus" que se casam com as "filhas dos homens". Esses "filhos de Deus" seriam anjos caídos[37]? O que quer que sejam eles, não há dúvida de que foi essencialmente um ato sexual que precipitou o dilúvio — neste sentido, uma ação semelhante à que levou Deus a expulsar Adão e Eva do Jardim do Éden e, de maneira grosseiramente análoga, paralela aos excessos sexuais que fizeram com que Deus destruísse Sodoma e Gomorra. Nas três "não-criações", é a sexualidade ou luxúria que constitui o pecado "original".

Esta sexualidade e especialmente seus aspectos incestuosos estão diretamente relacionados com a noção de que os mitos de criação são expressões de uma fantasia masculina. Evidentemente, como já foi observado, "qualquer mito sobre a criação do homem que postula uma única família original está fadado a produzir algumas charadas incestuosas... Com quem se casaram os filhos do primeiro casal?"[38] Leach, depois de observar a incidência de motivos de incesto no *Gênesis*, sugere que a base lógica das categorias de incesto "deve ocorrer em todas as mitologias"[39]. Ele afirma alhures que "os primeiros pais envolvem-se em relações sexuais... numa união que está contaminada pelo pecado da anormalidade. A função das estórias do Dilúvio é destruir a primeira Criação e suas ambigüidades e começar de novo"[40]. Mas o que Leach esquece de indicar é que, *após* o dilúvio ou destruição (no caso de Ló), continua a ocorrer a atividade sexual, muitas vezes incestuosa.

37. Cf. Poulet, *op. cit.*
38. Sally Falk Moore, "Descent and Symbolic Filiation", *American Anthropologist*, 66:1308-1320, 1964.
39. Edmund Leach, *Genesis as Myth and Other Essays*, London, Jonathan Cape, 1969, p. 15.
40. Leach, "Anthropological Approaches to the Study of the Bible During the Twentieth Century", in Edmund Leach & D. Alan Aycock (eds.), *Structuralist Interpretations of Biblical Myth*, Cambridge, Cambridge University Press, 1983, pp. 7-32. A citação aparece nas pp. 14-15.

A verdade é que, a menos que o Criador demonstre uma previdência excepcional, a criação de um homem original, ou mesmo de um casal humano original, não pode evitar o ato incestuoso. Como pode o homem ou casal original povoar a terra sem praticar o incesto? O fundamento lógico para o tabu do incesto nunca foi explicado de modo satisfatório, apesar do grande número de teorias devotadas ao tema. Embora o incesto possa ser definido de maneira diferente em culturas diversas, sua ocorrência parece ser universal. Em algumas culturas, o casamento entre primos irmãos não só é permitido, como também é o meio preferido de escolher esposas. O casamento entre primos (quando os filhos de irmãos do sexo oposto se casam) é, sem dúvida, uma forma simbólica de incesto entre irmãos[41]. Uma coisa é certa, no entanto: a existência de qualquer tipo de tabu contra o incesto atesta o fato de que existe um desejo de incesto. Nenhuma proibição perduraria se não houvesse alguma tendência humana a cultivar o comportamento proscrito.

Se aceitarmos que o dilúvio é um mito masculino da criação, não é de todo ilógico acreditar que o incesto faz parte da fantasia masculina. No tocante a esta fantasia, os criadores do sexo masculino podem praticar relações sexuais com mães, irmãs e filhas — além de destruir a fertilidade feminina através de um dilúvio urinário e recriar o mundo e a humanidade através de meios anais (manipulação de lama ou, numa versão mais enxuta, de pó). Sob essa óptica, podemos apreciar melhor os detalhes de um mito dos toradjas das Célebes Centrais, recontado por Frazer, no qual uma mulher grávida sobrevive ao dilúvio. "Ela no devido tempo pariu um filho que, na ausência de outro, ela tomou como marido. E dele gerou um filho e uma filha, que se tornaram os ancestrais da raça humana atual"[42]. Temos aqui um incesto entre mãe e filho, seguido de um incesto entre irmão e irmã. A situação de ausência do pai induz a mãe a tomar o próprio filho como marido (assim

---

41. Cf. Sally Falk Moore, *op. cit.*
42. Frazer, *op. cit.*, p. 222.

como a perda da mulher de Ló estimula o incesto entre pai e filha).

Se examinarmos os mitos patriarcais que incluem o mito diluvial no contexto da psicologia masculina, encontramos temas congruentes. O primeiro é o mito edipiano, na medida em que a figura de pai proíbe a sexualidade, mas um filho viola a interdição e é punido por essa transgressão. Apesar do castigo, ainda é possível elaborar alguma fantasia: Noé se embriaga e Ló comete incesto com as filhas. Embora, em teoria, os justos é que tenham sido poupados, na prática são esses mesmos indivíduos que pecarão! O segundo tema implica uma oposição entre masculino e feminino (enquanto no primeiro a oposição era entre o jovem e o velho). Neste segundo tema, que ainda não foi reconhecido de forma adequada por críticos com formação psicanalítica, temos caracteristicamente machos tentando apropriar-se da capacidade de procriação feminina. São os deuses masculinos que criam a terra; são as fêmeas que nascem de corpos de machos (Atená é a "filha do cérebro" de Zeus); são os machos que produzem dilúvios (de urina) em lugar do líquido amniótico das mulheres. A dor do parto se transforma numa fantasia masculina que inflige ao mundo uma total destruição.

Finalmente, se os mitos diluviais são realmente mitos masculinos de criação, podemos compreender melhor por que os estudiosos do sexo masculino, inclusive os teólogos, sentiram tanta preocupação em estudá-los. Assim como uma sociedade dominada pelo sexo masculino foi a primeira a criar esses mitos, do mesmo modo os homens modernos, crescentemente ameaçados pelo que conceberam como sendo mulheres iradas insatisfeitas com os antigos mitos que concedem prioridade aos homens, agarram-se desesperadamente a essas expressões tradicionais de magia mitopoética. O mito do dilúvio no *Gênesis* pertence a um período patriarcal da história humana e, como tal, constitui um tratado sagrado que descreve a posição privilegiada do homem no mundo. A veemência e vigor com que defensores da fé insistem em que o mito do dilúvio representa uma realidade histórica (e não psicológica) pode implicar muito mais que apenas um teste de dogma e crença judio-cristã. Talvez represente o último bastião de uma auto-ilusão masculina.

ANEXOS

OS ENSAIOS DE ALAN DUNDES

Lúcia Santaella

Os ensaios de Alan Dundes que integram este livro formam um total de nove estudos que têm como proposta fundamental evidenciar a importância de uma abordagem morfológica para a análise de materiais folclóricos que vão desde os contos indígenas, a superstição, a adivinhação, até os jogos, danças e outras formas de folclore não-verbal. Alguns desses trabalhos foram, originalmente, efetuados e publicados entre 1961 e 1964, poucos anos depois, portanto, da publicação (1958), nos Estados Unidos, da obra de Vladimir Propp, *Morfologia do Conto Maravilhoso*.

Desse modo, no contexto das investigações folclóricas, levadas a efeito nos Estados Unidos, este trabalho de A. Dundes constitui-se num estudo pioneiro, visto se tratar da primeira aplicação e transposição das pesquisas metodológicas de V. Propp a materiais folclóricos que, até então, não haviam sido submetidos a esse tipo de exame ou procedimento analítico. Por outro lado, tendo já transcorrido vinte anos, hoje se pode dizer que o trabalho de Dundes se constitui também num verdadeiro marco histórico, na medida em que inaugurou uma volumosa onda subseqüente de estudos ocidentais que tomaram a obra de Propp como ponto de partida.

É curioso observar que a obra de Propp, cuja publicação original em russo data de 1928, teve de esperar trinta anos para que — quando de sua publicação em língua inglesa — o mundo pudesse perceber o teor de importância das descobertas proppianas, não só para o folclore, mas também para as ciências humanas modernas. Segundo nos informa Boris Schnaiderman, "o impacto causado pela obra de Propp não se limita ao folclore. A teoria da narrativa apossou-se dela até com certa fúria, e na década de 1960 seu nome era corrente em estudos sobre o romance, o conto etc"[1].

No contexto brasileiro, data de 1973 a primeira obra a fazer uso minucioso, rigoroso e arrojado do método proppiano aplicado ao estudo da narrativa literária. Trata-se da obra *Morfologia do Macunaíma*, de autoria de Haroldo de Campos, originalmente defendida como tese de doutoramento na Universidade de São Paulo, em 1972, e publicada no ano seguinte pela Editora Perspectiva. Não é preciso colocar muita ênfase no pioneirismo dessa obra de Haroldo de Campos, não apenas em termos nacionais, mas internacionais, pois que ele é notório para aqueles que se interessaram e se interessam pela história das repercussões, aliás bastante polêmicas, que os resultados das investigações proppianas produziram no mundo. Merece ênfase, isto sim, o caráter criativo e original com que Haroldo de Campos se apropriou da metodologia proppiana, produzindo um jogo dialético de mútuo desvendamento da obra inventiva de Mário de Andrade pela teoria de Propp e vice-versa.

Conforme nos alerta Haroldo de Campos, já no início de seu trabalho:

1. Cf. prefácio à edição brasileira de *Morfologia do Conto Maravilhoso*, de Vladimir Propp, Rio de Janeiro, Forense/Universitária, 1984.

No caso de *Macunaíma*, a pertinência do método de Propp se impõe como hipótese de trabalho. Embora se trate de uma obra de invenção literária (e de singuar e marcante invenção), tem como substrato basilar o cânon da fábula, que Mário, como estudioso do folclore, depreendeu à maravilha (senão teoricamente, na prática do seu texto). É uma obra em que o rasgo de invenção, imprevisto, emerge de um inventário previsível, porque haurido em fonte fabular: o lendário recolhido por Koch-Grünberg, sobretudo, que, como se demonstrará, oferece grandes semelhanças estruturais com o "conto de magia" russo. Esse inventário previsível, ademais, funcionando como código da informação ou mensagem estética marioandradiana, gera, só por isso, uma nova surpresa, uma originalidade suplementar: o inusitado de se reintroduzir na escritura romanesca esse modo de articulação relegado à periferia da literatura, ao "primitivismo" da fabulação oral (técnica de "rebarbarização" do literário cuja importância os formalistas russos se empenharam em realçar). Como lembra Thomas Mann no *Dr. Faustus*, às vezes o muito novo e o extremamente antigo, o arcaico mesmo, reencontram-se em termos de vanguarda. Esse reencontro confere originalidade muito especial ao projeto de Mário de Andrade, para muitos até uma chocante originalidade, pois ainda hoje não faltam os que consideram o *Macunaíma* um projeto falido[2].

Nessa medida, *Morfologia do Macunaíma* constitui-se numa referência obrigatória não só para os estudiosos da obra de Mário de Andrade, mas também para os investigadores do enorme novelo de obras que se teceu a partir e ao redor do livro fundamental de V. Propp. Isso mencionamos porque é nos primeiros capítulos de *Morfologia do Macunaíma* que o leitor terá condições de se pôr a par de todas as discussões e debates pertinentes que, por volta dos anos 70, no mundo se faziam candentes em torno da obra proppiana. É em *Morfologia do Macunaíma*, por isso mesmo, que o leitor poderá encontrar inúmeras referências a esta obra de Alan Dundes, cuja tradução para o português a Editora Perspectiva agora põe em mãos de um público brasileiro.

Apesar da diversidade aparente dos materiais a que se aplicam (contos, adivinhação, jogos, superstição etc.), os nove estudos que compõem o livro de Dundes apresentam uma unidade comum. O primeiro e mais longo deles, "A

2. *Morfologia do Macunaíma*, São Paulo, Perspectiva, 1973, pp. 65-66.

Morfologia dos Contos Indígenas Norte-americanos'', funciona como uma espécie de matriz ou eixo irradiador para os demais, visto que esse estudo apresenta não só todo um levantamento crítico da confusa situação em que se encontravam as investigações sobre o folclore, e mais especificamente as leituras do entrecho narrativo dos contos indígenas norte-americanos, mas também discute todas as questões concernentes à necessidade e viabilidade de efetivação de uma análise morfológica rigorosa para a leitura do agenciamento fabular dos contos indígenas.

Enfrentando a generalizada crença, espalhada por grande parte dos estudiosos do folclore, de que os contos dos índios norte-americanos eram informes e casuais, carentes de unidade e de estrutura e, portanto, destituídos de coesão e de padrão de organização, o grande mérito de A. Dundes é o de ter, sem demora ou hesitação, percebido a inestimável contribuição de Propp, na medida em que sua teoria se apresentava como aquela que mais adequadamente havia conseguido definir, para o entrecho da fábula, uma unidade de forma, a função, demonstrando a natureza fixa da seqüência de um número dessas unidades num conto folclórico e mostrando como contos, na aparência, de conteúdos totalmente diferentes podiam, de fato, pertencer a um tipo estrutural idêntico, definível por critérios morfológicos estáveis.

Percebendo, por outro lado, uma analogia possível entre o modelo estrutural, mais geral e abstrato, criado pelo antropólogo/lingüista Kenneth L. Pike e os esquemas morfológicos proppianos, mais especificamente voltados para a análise do folclore narrativo, Dundes realizou uma combinação de ambas as teorias, ou, conforme nos esclarece mais precisamente Haroldo de Campos,

aplicando ao esquema de Propp uma terminologia colhida em K. L. Pike, Dundes redefine a "função" como um "motivema" e o conto popular como "uma seqüência de motivemas". As "trilhas motivêmicas" (*motifemic slots*) podem ser preenchidas por vários "motivos", e os "específicos motivos alternativos" para cada "trilha motivêmica" são denominados "alomotivos". Tanto para os "motivemas" (mais estritamente para estes) como para os "alomotivos", Propp demonstrou que há um cânon fabular. Dundes estabeleceu esse cânon (especificamente no nível seqüencial) para um material de procedência diversa, mas até certo ponto similar estruturalmente, os contos dos índios norte-americanos, considerados anteriormente como "informes" e "vazios" ou dotados de "escassa coesão". Com a noção de "profundidade motivêmica", Dundes procura explicar o que chama "contos cumulativos", isto é, "consistentes numa extensa série interligada de carências a liquidar, dentro do padrão básico de uma carência inicial e uma final liquidação dessa carência"[3].

Em síntese, a aplicação cuidadosa desse modelo híbrido (Propp/Pike) aos contos indígenas, levada a efeito por A. Dundes, trouxe como resultado a desmistificação da crença de que os contos dos índios norte-americanos careciam de estrutura, pois que sua análise revela de modo cristalino a lógica fabular e a consistente regularidade dos padrões narrativos desses contos. Fica, assim, inegavelmente demonstrado que a visão anterior dos folcloristas sobre a carência de lógica no engendramento fabular dos contos indígenas era, na realidade, devida a uma carência dos próprios folcloristas, eles sim destituídos de uma lente teórica e metodológica capaz de fornecer a base indispensável para se divisar a ordem subjacente ao aparente caos.

Sem incorrer nos perigos do uso desabusado de um método ditado pelo simples ruído das modas acadêmicas, longe da miragem da utilização indiscriminada de um mero *dernier cri* teórico, A. Dundes se mostra, ao contrário, profundamente consciente da adequação e do vínculo de necessidade que deve existir na relação entre o objeto de estudo e a teoria e método empregados para desvendá-lo. Diz A. Dundes:

> É extremamente importante compreender que a decisão de empregar uma abordagem estrutural em vez de uma abordagem atomística deveria ser regida pela natureza do objeto do estudo. Como Konrad Z. Lorenz indicou: "Atribuir características de *Gestalt* a um sistema em mosaico de estruturas independentes tanto falseia irreparavelmente os fatos quanto tenta isolar 'elementos' num sistema de interação universal". Assim, a razão pela qual os folcloristas devem adotar uma abordagem estrutural do folclore *não* se prende simplesmente ao fato de ter sido essa abordagem utilizada com sucesso em outras disciplinas, mas, sim, à natureza dos

---

3. *op. cit.*, p. 84.

materiais folclóricos, ou seja, ao fato de serem os materiais do folclore *estruturados* e *padronizados*.

Nessa medida, é o próprio objetivo, como se pode ver, que gera o filtro seletivo da teoria que lhe é adequada, resistindo sempre, e felizmente, às falsas e arbitrárias imposições de corpos teóricos que lhe são estranhos e que mais servem para ofuscar e confundir do que para iluminar a concretude dos fatos.

É por isso que, ao final da leitura dessas investigações de Alan Dundes, não apenas ficam os objetos por ele examinados expostos à luz de uma espécie de revelação otimizada, mas também permanece no leitor (como já tem acontecido em outras ocorrências felizes de aplicação do esquema proppiano) a impressão de que as descobertas de Propp têm algo de "ovo de Colombo", o que não quer dizer que funcionem como uma solução ou fórmula mágica para responder a todos os enigmas do universo, mas que correspondem provavelmente à circunscrição muito clara e precisa de uma parcela pequena, porém muito bem definida, no imenso território do conhecimento.

Nessa medida, faz-se mais do que oportuna a circulação desse livro de Dundes no nosso contexto. Hoje — mais serenados os ânimos dos acirrados debates pró e contra o formalismo/estruturalismo, em voga no final dos anos 60 e inícios dos 70 — estamos em melhores condições para reavaliar o teor da obra de Propp, visto que temos agora como coadjuvante o tempo — este "grande sintetizador" — capaz de discriminar na maré transbordante dos discursos propostos como científicos aqueles que são esquecidos porque dão provas de inutilidade por ineficácia e aqueles que permanecem porque voltam sempre a ser lembrados, em retomadas cíclicas que evidenciam que uma descoberta, quando contém algo de verdade, é assim como uma fonte à qual se retorna intermitentemente em busca de provisão.

Para essa reavaliação, a obra de Dundes muito tem a contribuir, dado que já em meados dos anos 60, em meio àquela explosão orgiástica dos métodos estruturalistas, com a serenidade e humildade de um verdadeiro cientista, sabia mapear com clareza o potencial e limites do tratamento morfológico dos materiais folclóricos. Vale a pena repetir aqui pelo menos uma dentre as suas inumeráveis referências a essa questão:

> Uma análise estrutural de modo algum responde a todas as perguntas sobre os contos populares. Não indica, por exemplo, a origem histórica e geográfica do conto. Para responder a esta questão, tanto quanto à das vias de difusão e dos modos de desenvolvimento dos contos individuais, são necessários os tradicionais estudos histórico-geográficos.

Ao invés de servir como uma substitutiva absoluta, antagônica a outros tipos de abordagem, a leitura morfológica funciona como um palmilhamento preliminar que permite a apreensão das leis de agenciamento e do desenho lógico dessas leis num dado objeto. Longe de excluir, inclui e instiga outras aproximações e abordagens. E para aqueles que se espinham ou se enervam com o "mal-dito" formalismo, A. Dundes, através de Rapoport e Shimbel, tem algo a dizer:

> A objeção de que uma formulação lida com "abstrações" e não com "realidades" é inócua, porque não existe isso de descrição da "realidade concreta". Não importa com que minúcia se descreva um neurônio ou a seqüência de fatos associados com a interação dos neurônios, nunca se estaria descrevendo "realidade", mas apenas selecionando certos aspectos dela, considerados pertinentes ao problema em exame, isto é, abstraindo. A questão, portanto, não é discutir se as abstrações como tais são justificáveis (não se pode fugir delas), mas que abstrações são úteis. Úteis para quê? Úteis para descobrir relações que possam ser usadas na construção de teorias a partir das quais se possam prever outras relações. Comprovar as predições implícitas nas teorias é, naturalmente, testar sua verdade. Todavia, mesmo que as predições não se realizem, a estrutura da teoria é de natureza tal que permite o aprimoramento e a correção e, assim, pode ser realizado o progresso na busca da verdade.

É também neste livro de A. Dundes que os leitores interessados no tão fomentado debate Propp/Lévi-Strauss poderão encontrar mais alguns dados que, longe de apaziguarem, mais acirram as discussões. As críticas de A. Dundes às posições defendidas por Lévi-Strauss são bastante severas. Dentre elas selecionaremos aqui apenas uma, pois que, através dela, pretendemos pôr em relevo um fator que pode ser considerado de extrema atualidade nas considerações de A. Dundes.

Ao mostrar que as unidades elementares constituintes do mito, no esquema analítico de Lévi-Strauss, pressupõem ou tomam como modelo as unidades lingüísticas, isto é, as unidades da linguagem verbal articulada, Dundes conclui que Lévi-Strauss caiu vítima daquilo que pode ser chamado de "falácia lingüística". Ao tentar encontrar, no mito, unidades de análise comparáveis às unidades rigorosas da articulação lingüística, Lévi-Strauss simplesmente incluiu, na realidade, as unidades da língua no seu esquema analítico. Em vista disso, A. Dundes peremptoriamente afirma: "Não se deve confundir estrutura folclórica com estrutura lingüística". E completa com uma frase hoje corrente na voz de qualquer semioticista moderno que, na sua defesa do território das linguagens não-verbais, denuncia a hegemonia verbalista e o logocentrismo com que esquemas extraídos do modelo da língua articulada tentam impor-se sobre as demais linguagens e processos de significação: "Aliás, um mito pode ser narrado por meio de pinturas, música, dança, mímicas etc."

Não por acaso essas colocações de Dundes estão quase próximas dos sinais de alerta de um filósofo-semitiocista norte-americano, Joseph Ransdell, que mais recentemente afirmou:

... o principal talento que é requerido para a interpretação dos mitos é o de ser capaz de reconhecer isomorfismos ou relações icônicas (embora outros fatores semióticos estejam também envolvidos, certamente), o papel do simbólico sendo relativamente menor. Desse modo, nossas principais dificuldades para interpretar mitos devem-se à fraqueza relativa no desenvolvimento de nossa capacidade perceptiva do estético, a capacidade de perceber formas, o que é um resultado do enorme desenvolvimento de nossa capacidade de adquirir domínio através do simbólico, que é, conforme já notei, o aspecto de controle da semiose. E, se isto for assim, então a teoria da interpretação mítica deveria basear-se largamente no papel da iconicidade. No entanto, a tentativa de fazer isso ficará aleijada na medida em que o investigador continuar assumindo, implícita ou explicitamente, que os signos de todas as espécies são exclusiva ou primariamente de caráter simbólico, a tal ponto que mesmo as relações de semelhança passam a ser consideradas como tipos especiais de relações convencionais. Em razão disso, digo que os teóricos da semiologia estão fracamente equipados para lidar com fenômenos dessa espécie, e acredito que os progressos que os semiólogos fizeram nessa ou em áreas similares do conhecimento se deram mais à revelia do que devido à concepção de signo com a qual eles têm trabalhado[4].

Retornando, porém, às reivindicações de Dundes, lembremos que tais reivindicações em prol do universo não-verbal não estão neste seu livro a nível de meras palavras. Ele, de fato, procede ao exame morfológico de materiais folclóricos não-verbais até então negligenciados pelo olhar dos investigadores. E fica, enfim, como resultado das frutíferas aplicações do esquema proppiano às formas de folclore não-verbais, a evidenciação da natureza essencialmente semiótica da unidade de forma, ou função, descoberta por Propp. A infra-estrutura fabular, espinha dorsal do entrecho narrativo, configurada pela teoria proppiana revela-se como um arcabouço estrutural passível de se manifestar recorrentemente tanto no conto popular, quanto nos jogos, danças, enigmas etc. Em síntese, trata-se, na realidade, de um diagrama lógico elementar, talvez universal, que subjaz a todas as variadas ocorrências daquilo que chamamos consecução fabular. Não apenas o folclore se oferece como campo privilegiado para o teste dessa hipótese. Há hoje uma enorme massa de produtos da indústria cultural, que os meios de comunicação veiculam (quadrinhos, filmes, propaganda, música popular, os mais variados programas de TV etc.), que se constituem em exemplares nítidos de agenciamento narrativo com uma ossatura subjacente comum, apesar do disfarce das incessantes modificações aparentes.

Nessa medida, não apenas aos antropólogos e aos estudiosos da cultura popular, mas aos investigadores dos produtos da indústria cultural, aos comunicólogos e psicólogos sociais, aos teóricos da arte verbal e não-verbal, assim como

---

4. Joseph Ransdell, "Peirce: The Conception of a Sign", conferência inédita, cópia xerografada. Observe-se que o autor está utilizando, no seu texto, a terminologia sígnica peirceana. Suas referências ao simbólico podem ser grosseiramente traduzidas por linguagem verbal, e as referências ao icônico corresponderiam genericamente ao universo não-verbal.

aos semioticistas em geral, este livro de Alan Dundes traz instigantes sugestões, abrindo a possibilidade de aproximação entre campos de pesquisa que só a rigidez dos compartimentos acadêmicos tem tido, infelizmente, a força para manter separados.

TODAS AS FACES DA ONÇA

Sérgio Medeiros

Existe um mito bastante difundido entre os povos jês (xavantes, caiapós, timbiras...), o qual narra como o fogo, que originariamente pertencia à onça, foi roubado pelos índios e introduzido na aldeia, de onde não mais saiu. Esse mito foi analisado por Claude Lévi-Strauss em *O Cru e o Cozido*[1], que comparou diferentes versões dele, conforme preconiza o seu método de investigação — os elementos obscuros de uma versão são transladados para outra, a fim de serem esclarecidos, a partir do novo contexto em que são colocados[2]. Lévi-Strauss constatou que, comparadas en-

1. Claude Lévi-Strauss, *Le Cru et le Cuit*, Paris, Plon, 1964.
2. Ao discutir o sentido de um termo obscuro, presente num mito sul-americano que ele estava analisando, Lévi-Strauss afirma, por exemplo, "il nous suffit d'avoir permuté ce terme dans un nombre de contexts suffisant pour connaître son contenu sémantique", *op. cit.*, p. 95.

tre si, as várias versões do mito coincidiam em pontos essenciais: em todas elas, a onça é a dona do fogo, mas, graças à indiscrição de um adolescente, que revela esse segredo à aldeia, a onça é dele despojada no final do relato. Segundo o mitólogo francês, a conquista do fogo doméstico, descrita nesse mito, define pela primeira vez os atributos propriamente humanos das populações indígenas, visto que essas populações, até então, se alimentavam apenas de pau podre e desconheciam o ato de cozer os alimentos. A conquista do fogo doméstico marca, portanto, entre as nações jês, a passagem do estado de natureza ao de cultura.

Contudo, se quisermos fazer a análise narrativa do mito do fogo jê, descrevendo a organização de seu enredo (adiante ofereço um resumo da versão xavante), constataremos que o método de Lévi-Strauss não nos servirá, e por uma razão decisiva: esse método não visa à descrição de ações narrativas logicamente concatenadas, mas tem como propósito desvendar a lógica profunda (inconsciente) do pensamento mítico, que existe por trás dessas ações e lhes confere sentido[3]. Assim, Lévi-Strauss, nas suas análises, propõe um modelo lógico do mito (que é muito útil, é bom que se diga, para circunscrever o valor simbólico das personagens míticas e do seu ambiente de ação) e não um modelo morfológico.

Esse modelo morfológico existe e foi elaborado, nos anos 30, pelo folclorista russo Vladimir Propp. Contudo, é preciso esclarecer — e aqui seguiremos os passos de Alan Dundes — que a aplicação do modelo proppiano à análise do mito indígena não é automática, mas exige uma adap-

---

3. A análise estrutural de Lévi-Strauss está toda ela devotada à descrição de um modelo lógico, pois, na sua definição, o mito geralmente põe em confronto dois pares de opostos (a Cultura e a Natureza, o Céu e a Terra) e, mediante mediações progressivas, logra aproximar os termos inicialmente irreconciliáveis. A lógica mítica, segundo Lévi-Strauss, descreve a passagem, através de um terceiro termo mediador, da dualidade à unidade, o que resolveria a contradição para a qual o pensamento indígena está buscando a solução.

De acordo com Dundes, Lévi-Strauss não estaria interessado numa descrição estritamente morfológica, mas, sim, em questões de teleologia — interessa-lhe a função do mito e, talvez, a sua origem.

tação, visando melhor adequá-lo à natureza do objeto. As narrativas indígenas, embora possam ser longas, não possuem geralmente a complexidade do conto de 31 funções estudado por Propp. O grande mérito de Dundes foi ter buscado um esquema estrutural mínimo — Carência/Reparação da Carência —, permitindo que a técnica analítica de Propp pudesse ser aplicada ao estudo de quaisquer narrativas, indígenas ou tradicionais, e mesmo ao estudo dos gêneros não-verbais, como, por exemplo, os jogos, estabelecendo um atualíssimo diálogo semiótico entre os gêneros folclóricos. O esquema nuclear de Dundes (o modelo mínimo de conto, por oposição ao modelo máximo de Propp) facilmente se expande, dando origem a padrões mais complexos, quando a natureza do material analisado o requer, deixando o analista livre para construir o seu próprio modelo. Claude Bremond, por exemplo, propôs um modelo tripartido (conto mínimo) para as narrativas tradicionais, compreendendo "état de départ, processus proprement dit, résultat", ao introduzir uma fase intermediária no modelo nuclear de Dundes[4].

No item 4 de "A Morfologia dos Contos Indígenas Norte-americanos"[5], Dundes chama a atenção para o fato de que o *corpus* escolhido por Propp é muito específico, pois contém apenas os contos de fada russos. É um material folclórico que se caracteriza, entre outras coisas, pelo dualismo entre bem e mal, entre herói e vilão, que é típico da tradição oral indo-européia, mas que não aparece obrigatoriamente no *corpus* mitológico indígena. Dundes comenta que os estudantes norte-americanos, quando analisam os contos indígenas, mostram-se em geral desconcertados com o caráter "ambíguo" dos protagonistas, pois estes costumam agir ao mesmo tempo como heróis e vilões, não se definindo nem como bons nem como maus. Esse traço da tradição indígena norte-americana (que também aparece na mitologia sul-americana, como mostrarei a seguir) não pode

4. Claude Bremond, "Postérité américaine de Propp", *Communications II*, Paris, Seuil, 1968.
5. Nesta coletânea, pp. 17-171.

ser menosprezado pelo analista, que precisa saber como lidar com a ambigüidade que caracteriza o seu material, ambigüidade que não aparecia no *corpus* escolhido pelo estudioso russo, razão por que o seu modelo estrutural não prevê o herói "indefinido", aquele que se furta às classificações convencionais. Já houve quem dissesse que o narrador indígena *vacilaria* ao compor os protagonistas do mito, por isso estes seriam ambíguos, quer no caráter, quer na aparência, mas é fácil mostrar (tentarei fazer isso agora) que, neste caso, a ambigüidade é um procedimento consciente, sendo usado com maestria pelos narradores indígenas mais conceituados.

A peculiaridade do modelo proppiano, portanto, diz respeito ao fato de ser a "biografia" (uma seqüência de ações invariáveis) de um herói muito particular, o príncipe que resgata uma princesa e se casa com ela. Ora, ninguém encontrará, ao analisar o *corpus* mitológico ameríndio, o bom mocinho que ascende ao trono de um reino poderoso após realizar uma ação heróica. Num mito indígena — e aqui estou considerando a tradição oral jê — o herói nem sempre é infalível nem se sai vitorioso ao final da aventura. Além do mais, a atuação propriamente heróica, ou épica, não cabe necessariamente a um protagonista solitário, que atue por si próprio: muitas vezes, é o grupo dos guerreiros, ou herói coletivo, quem realiza a ação decisiva. Assim, no mito que analisarei a seguir, coube à aldeia a tarefa de roubar o fogo, e não ao indiozinho que visitou a toca da onça onde este estava guardado.

Embora o modelo proppiano seja altamente abstrato, pois desconsidera os atributos e as motivações dos protagonistas, para se concentrar apenas nas suas ações, que são limitadas e invariáveis, é inegável que, ao descrever o conto maravilhoso *do ponto de vista do herói principesco*, exclusivamente, certos valores ideológicos (beleza, força, riqueza, juventude etc.), que supostamente deveriam ter ficado de fora, acabaram aderindo ao esquema de 31 ações, ou funções, que é o cânon heróico proposto pelo estudioso russo. Lévi-Strauss, em sua polêmica com Propp, já discutiu exaustivamente o assunto[6]. Dundes retoma a discussão, numa tentativa de solucionar esse impasse entre função (forma) e motivo (conteúdo) que existe no cânon do conto maravilhoso russo, a fim de permitir que este tenha uma aplicação mais abrangente, em particular no estudo da mitologia indígena.

Nas mãos de Dundes, o esquema de 31 funções perdeu sua rigidez e desdobrou-se em esquemas menores, os quais, embora independentes, também podem combinar-se entre si, dando origem a esquemas mais complexos ou longos. Se Dundes isolou inicialmente um par de funções — Carência/Reparação da Carência —, para, a partir daí, elaborar vários esquemas distintos, é preciso reconhecer que Propp já havia admitido, na *Morfologia do Conto Maravilhoso*[7], que as 31 funções poderiam ser reagrupadas aos pares. Dundes explora, assim, uma possibilidade teórica para a qual Propp, no seu livro, já havia chamado a atenção, tecendo alguns comentários a respeito, inclusive propondo uma tipologia dos contos a partir das funções que se excluem mutuamente, uma vez que elas raramente apareceriam juntas no mesmo conto.

Quando consultamos as seqüências narrativas de Dundes, que definem tipos muito distintos de mitos, logo verificamos que, por trás de cada esquema, não existe uma proposta ''biográfica'', isto é, uma concepção particular do herói, como sucede no esquema proppiano. Por isso mesmo, esses vários esquemas são maleáveis e podem combinar-se entre si, prestando-se a todo gênero de operação analítica. São muito mais abstratos que o modelo de Propp, a tal ponto que, como mostra Dundes numa passagem de sua *Morfologia*, as personagens se tornam às vezes irrelevantes, o que está de acordo, aliás, com o espírito de muitas narrativas indígenas. Assim, no exemplo dado por Dundes, existe uma interdição dirigida a um herói, mas, no desenrolar da trama, quem vai violar a proibição inicial será outro per-

---

6. Claude Lévi-Strauss, ''A Estrutura e a Forma'', in Vladimir I. Propp, *Morfologia do Conto Maravilhoso*, Rio de Janeiro, Forense-Universitária, 1984.
7. Propp, *op. cit.*

sonagem, que pode ser o irmão mais velho do protagonista ou qualquer parente seu. O que importa, para o narrador indígena e o seu público, é que o par de função Interdição/Violação efetivamente apareça, independentemente de quem sejam os protagonistas, pois é o par que confere sentido ao que está sendo narrado, e não os personagens em si. O relato é perfeitamente coerente, portanto, a despeito da motivação ambígua das ações dos personagens. No esquema de Propp, a esfera de ações que cabia a cada protagonista estava bem marcada e era invariável, ficando pressuposto que cada qual sempre agiria segundo um modelo definitivo, que não deixava brechas para ambigüidades e que, por isso mesmo, poderia ser caracterizado como canônico, atravessando incólume culturas e épocas. Esse conceito não existe na *Morfologia* de Dundes.

Quando disse atrás que os modelos narrativos de Dundes eram mais abstratos que o de Propp, não quis sugerir que, na sua *Morfologia*, o conteúdo semântico — a "biografia" do herói — fosse posto de lado, em favor de uma descrição exclusivamente formal. Pelo contrário, o esquema de Dundes prevê esse conteúdo, mas vai tratar dele num outro nível da análise, que é complementar à descrição da seqüência de funções ou motivemas, sem jamais se confundir com ela: existem vários degraus que o analista deve galgar, se quiser apreender seu objeto de forma integral, sendo que o primeiro diz respeito à descrição da seqüência narrativa abstrata, que revelará a constituição interna do mito ou conto tradicional, mas, a seguir, também os pontos de vista dos personagens poderão ser descritos, e não apenas o do herói, como no caso do modelo proppiano. Mas, para esclarecer esse tópico, que é de grande importância para o progresso dos estudos dos mitos ameríndios, será preciso considerar de perto um mito qualquer. Escolherei, como ficou dito acima, o mito do fogo jê, numa versão (o resumo é meu) do índio xavante Jerônimo Tsawẽ [8]:

8. Bartolomeu Giaccaria & A. Heide, Jerônimo Xavante Conta, Campo Grande, Casa de Cultura, 1975.

O RAPAZ, A ONÇA E O FOGO

Um rapaz e seu cunhado, por sugestão deste, saíram para caçar filhotes de arara. No alto de um rochedo encontraram um ninho: o rapaz subiu até lá, valendo-se de um pau, mas não atirou para baixo os filhotes, como o combinado — jogou uma pedra, que atingiu a mão do cunhado, ferindo-a. Este, irritado, voltou para a aldeia, deixando o rapaz preso no rochedo, a lhe implorar perdão. Passam-se alguns dias; de madrugada, o rapaz ouve uns urros medonhos, que denunciam a presença da onça nas proximidades do rochedo.

A onça descobre o rapaz, ajuda-o a descer, oferece-lhe água e leva-o em seguida para um abrigo, onde um pedaço de carne está assando no fogo. (A onça, apesar de seus urros noturnos, era um índio e sentiu afeto pelo rapaz.) A mulher da onça não recebe bem o visitante; pelo contrário, hostiliza-o desde o primeiro momento. Por sugestão da onça, o rapaz introduz uma varinha na boca da mulher, quando ela ameaça devorá-lo: urrando de dor, ela foge para o mato e se transforma em tamanduá. Depois disso, o rapaz instala-se na casa da onça, a quem chama de "meu avô", mas um dia sente saudades da aldeia e decide voltar para casa. A onça não se opôs, porém exige-lhe segredo a respeito do fogo.

Quando todos já o supunham morto, o rapaz reaparece na aldeia, trazendo um cesto com carne assada, alimento que os xavantes não conheciam, pois só se alimentavam de pau podre. Pressionado pelos parentes, que desejam saber onde ele obteve a carne assada, o rapaz revela o segredo da onça. Os xavantes então se organizam, formando um longo cordão, e roubam o fogo, que vai passando de mão em mão, até ser introduzido na aldeia. A onça, ao despertar, descobre que o fogo já não lhe pertence, declara guerra ao gênero humano e se transforma no animal que se conhece hoje.

Não seria cabível analisar o mito a partir do esquema de 31 funções de Propp, pois esse esquema, como vimos, descreve a "biografia" de outro tipo de herói, o bom mocinho dos contos de fada. O adolescente, no nosso exemplo, não age heroicamente, não realiza grandes façanhas — ao retornar para a aldeia, não se preocupa em levar consigo o fogo. Essa façanha épica — a posse do fogo doméstico — caberá ao grupo de guerreiros, que agirá em conjunto, após ouvir o relato do adolescente. Temos aqui um traço peculiar a toda a mitologia jê[9]: o protagonista solitário é um men-

9. O leitor interessado no assunto poderá consultar a minha dissertação de mestrado, *O Dono dos Sonhos*, São Paulo, Razão Social, 1991, onde analiso cinqüenta relatos xavantes.

sageiro, um guia, não um conquistador, visto que o ato de tomar posse cabe, via de regra, ao grupo coeso, à aldeia. Nesse mito, como em muitos outros da tradição oral jê, podemos distinguir dois tipos de herói, que atuam em conjunto, o primeiro servindo de guia ao segundo.

- Herói-mensageiro: visita um reservatório de bens culturais, situado alhures, que denominarei de *paragem mítica*, depara com um antagonista, evita lutar com ele e depois retorna para a aldeia.
- Herói-coletivo: visita a paragem mítica, guiado pelo herói-mensageiro, enfrenta o opositor, vence-o e apropria-se de seus bens.

A aldeia, no mito, passa de um estado de carência para um estado de abundância, enquanto na paragem mítica sucede o contrário. A paragem é o lugar da ambigüidade (o sonho e a vigília nela se confundem, assim como o humano e o animal), e nisso opõe-se à aldeia, que é o espaço da normalidade, onde tudo se vai configurando segundo a ordem da realidade e não a do sonho. Na mitologia jê não existe a descrição de um estado paradisíaco na terra — os heróis tiveram de contar apenas consigo mesmos para apropriar-se dos bens culturais de que necessitavam e conferir assim uma forma acabada à aldeia primordial. Houve, é verdade, a estada do Sol e da Lua no território dos índios, quando o mundo ainda estava despovoado (esses dois demiurgos criaram a primeira aldeia), mas depois eles retornaram para a morada celeste, deixando seus filhos na terra sem ter o que comer e, principalmente, sem o fogo doméstico. Por causa da fome, esses índios viraram conquistadores e enfrentaram a onça, que possuía a carne assada, despojando-a para sempre desse bem cultural que, a partir de então, foi introduzido na aldeia.

Como se vê, no mito em questão as ações estão perfeitamente motivadas, quer quando se leva em conta o contexto mitológico jê, quer quando se considera a seqüência narrativa em si mesma — longe de ser uma colagem de episódios de valor desigual, a trama é muito coerente. Por isso, não se poderia alegar, por exemplo, que o comportamento ambíguo ou confuso da onça seria conseqüência de uma "vacilação" do narrador, mesmo porque isso não ocorreu na construção dos outros personagens do mito que convivem e dialogam com a onça. Ora, na concepção xavante, a ambigüidade não é um valor negativo, mas representa a *abundância* tanto do espaço físico em que se move a onça quanto da personalidade que ela possui. Graças à ambigüidade, é possível que, no árido território dos primeiros índios, exista uma ilha repleta de bens culturais, que acabará por ser conquistada. A ambigüidade, que provém, neste caso, da fusão do sonho com a vigília, é um dos ingredientes mais importantes do mito. Poderiam propor, então, para definir o espaço físico do mito, o seguinte esquema:

UNIVERSO MÍTICO DUAL

Aldeia		*Paragem*
(Vigília)	partida do herói	(Sonho)
(Luz)		(Trevas/Mistério)
(Terra)		(Água)
(Carência)	retorno do herói	(Abundância)

Ao abandonar a aldeia, o herói descobre o fogo, o qual está oculto num lugar rodeado de água — o herói, inclusive, declara-se sedento, e consome quase toda a água existente. Se na casa da onça, onde a seguir busca abrigo, o herói encontra tanto afeto quanto horror, isso se dá porque ele está pisando num território movediço, onde as fronteiras entre o bem e o mal, o humano e o selvagem, não estão ainda delimitadas. Mas essa "confusão", que é a porta de entrada da abundância, só existe aí, pois a aldeia primordial, descrita no mesmo mito, é absolutamente normal, com a agravante de ser também o espaço da carência, da luz, dos sonhos não-realizados (é o mundo da vigília). O narrador indígena, quando acompanha o herói na sua viagem entre os dois universos, o introduz também em duas linguagens distintas, sobre as quais ele possui plenos domínios, do contrário sequer seria considerado um narrador: na aldeia, os homens discutem e deliberam; na paragem mítica, emitem urros, ruídos estranhos, mas também palavras carinhosas, trocando afagos entre si. Essa diferenciação na elocução indígena está em harmonia com a dualidade do espaço mítico, a qual não poucas vezes perturbou os analistas, que se mostraram pouco à vontade em lidar com ela. Citarei apenas um exemplo curioso. Nos anos 50, Anton Lukesch visitou os caiapós e coletou vários mitos, inclusive o do roubo do fogo, que ele analisou num livro[10]. A sua avaliação da personalidade da onça, que fala e atua de maneira ambígua e é ao mesmo tempo pai adotivo e inimigo, merece ser citada:

> Quanto à sua aparência externa, a imaginação do índio vacila entre a de homem e a de animal. [...] Deve ter sido animal, quando convidou o rapaz a montar em sua nuca, no seu lombo, para que pudesse carregá-lo até a toca. No entanto, quando fez para o garoto os primeiros arcos e flechas e lhe ensinou seu manejo, decerto era preciso adquirir forma humana. As imagens se sobrepõem a ponto de se confundirem[11].

Ora, o narrador indígena não vacila, como entende Lukesch, ao compor a personalidade da onça — ele apenas está lidando com outra lógica, a das paragens míticas, vale dizer, uma lógica onírica, que permite a criação de figuras compósitas, como aquelas descritas por Freud em seu famoso tratado sobre os sonhos[12]. A onça, embora seja descrita pelo narrador como um homem (só no final da aventura ela se teria transformado em animal), possui porém uma personalidade dupla e às vezes deixa entrever, por trás do índio solícito que adota o menino perdido, o animal feroz em que se transformará mais tarde, ao perder a posse do fogo. O narrador — eu próprio tive ocasião de ouvir o índio Jerônimo Tsawẽ narrar esse mito, na aldeia São José (MT), onde vive, com quase cem anos de idade — é capaz de explorar magistralmente essa duplicidade de caráter, opondo de maneira desconcertante (a fim de ''ganhar'' a platéia, assustando-a e divertindo-a ao mesmo tempo) o ani-

---

10. Anton Lukesch, *Mito e Vida dos Índios Caiapós*, São Paulo, Pioneira/Edusp, 1976.
11. Lukesch, *op. cit.*, p. 175.
12. O capítulo IV, ''Figuras do Mito: Comparação, Condensação, Metamorfose e Metáfora'', de minha dissertação de mestrado, *O Dono dos Sonhos*, versa sobre o assunto.

mal e o homem que se abrigam por trás da onça, sem jamais perder o controle sobre a personagem, e nisso consiste, aliás, toda a sua arte de narrar.

É fácil verificar, portanto, que o analista do mito precisa levar em consideração todos os pontos de vista implicados no relato, e não apenas a perspectiva do herói, que seria destacado dos demais personagens. Ao discutir as seqüências de Dundes, Claude Bremond mostrou justamente que seria possível, na análise de uma narrativa, se construírem esquemas plurais, que descrevessem os pontos de vista dos diferentes personagens[13]. Assim, poderíamos propor, para a onça o seguinte esquema, nos termos de Dundes:

Motivemas
Carência: A onça deseja um filho.
Reparação
da Carência: A onça adota o adolescente preso na rocha.

Mas, na conclusão do moto, a onça termina em estado de desequilíbrio e é rebaixada de *status*, ou seja:

Motivemas
Interdição: A onça não deve revelar a existência do fogo aos xavantes.
Violação: Ela o faz por intermédio de seu filho adotivo.
Conseqüência: A onça perde o fogo.
Tentativa de Escapar à Conseqüência: _____

Como a onça representa a abundância, o excesso, todos os motivos que preencherão os motivemas acima serão também excessivos, vale dizer, duplos, ambíguos, oníricos... Mas o nosso esquema deixa entrever que, a despeito dessa abundância ou ambigüidade, a onça é uma personagem tão coerente quanto qualquer outra do mito — o seu esquema de ações é um esquema mítico tradicional, não cabendo ao analista julgá-lo negativamente como fruto de uma provável vacilação do narrador.

O mito do fogo, como se vê, pode ser exaustivamente analisado: inicialmente, *quebra-se* a seqüência principal em

---

13. Claude Bremond, *op. cit.*

seqüências independentes mas complementares (o rapaz e o cunhado, o rapaz e a onça, o rapaz e a mulher da onça, o rapaz e a aldeia); a seguir, analisam-se os diferentes pontos de vista (o do rapaz, o da onça, o do cunhado, o da aldeia...), confrontando-os entre si. Em determinada seqüência, o protagonista exibe uma única face, mas em outra surge a ambigüidade, e as máscaras se sucedem — mas esse jogo está sob controle, visto que o espaço da abundância, ou do sonho, aparece claramente delimitado no mito.

*
* *

Disse acima que ouvi, na aldeia São José (MT), a narração do mito do fogo pelo índio centenário Jerônimo Tsawẽ. A emoção que senti, ouvindo-o e vendo-o recriar a estranha linguagem da onça, composta de palavras, grunhidos, risos, mutismos ameaçadores, renovou-se quando, mais tarde, li pela primeira vez o conto "Meu Tio o Iauaretê", de João Guimarães Rosa[14], onde, segundo Walnice Nogueira Galvão, o mito do fogo é recontado, mas adotando-se outra perspectiva: "No mito, o fogo era da onça e os homens o roubaram dela. O conto devolve, ou tenta devolver, o seu a seu dono"[15].

O que primeiro me chamou a atenção, no conto de Guimarães Rosa, foi a linguagem, pois, embora se trate de um conto escrito, deve ser lido em voz alta — pelo menos foi essa a minha experiência de leitura, enquanto ia absorvendo a fala musical do mestiço de índio com branca, que vai devolver o fogo à onça. Observamos, nesse conto, uma superação da distinção entre literatura oral e literatura escrita, entre linguagem experimental (de vanguarda) e linguagem "primitiva", mítica — o mesmo fenômeno que caracteriza, por exemplo, o Joyce de *Finnegans Wake*, cuja linguagem

---

14. João Guimarães Rosa, *Estas Estórias*, Rio de Janeiro, Nova Fronteira, 1985.
15. Walnice Nogueira Galvão, *Mitologia Rosiana*, São Paulo, Ática, 1978, p. 13.

escrita vale pela música, segundo avaliação de Borges: "Tomou conhecimento de todos os idiomas e escreveu numa língua inventada por ele, uma língua difícil de entender, mas notável por sua estranha musicalidade"[16].

Conforme mostrou Haroldo de Campos[17], a música verbal do conto de Guimarães Rosa baseia-se numa combinação de português com tupi entremeada de rugidos e onomatopéias — é uma "língua" na qual reconheço imediatamente a fala do xavante Jerônimo Tsawẽ, quando ele imita a conversa da onça. (Curiosamente, no conto indígena, o fogo está escondido numa toca circundada pela água — e o adolescente irá fartar-se dessa água, antes de ver o fogo; no conto de Guimarães Rosa, o mestiço bebe muita cachaça (água-ardente), antes de penetrar definitivamente nos domínios da onça, que, no fundo, é ele próprio, sua personalidade latente.) A fala-onça do mestiço é um dos momentos mais radicais da prosa rosiana, superando mesmo a linguagem de *Grande Sertão: Veredas*. Quando aceitamos ler "cantando" o conto em questão, temos a sensação de ser transportados não apenas ao universo do mito, mas também a um universo futuro, a uma nova oralidade, onde a literatura experimental e a literatura mítica, "primitiva", se reencontram e rompem todas as barreiras que impedem a realização de criações realmente radicais, vale dizer, míticas e fundadoras.

Essa é a outra face da onça, utópica, onírica, fascinante, que só agora começamos a divisar.

---

16. Jorge Luis Borges, *Sete Noites*, São Paulo, Max Limonad, 1987, p. 180.
17. Haroldo de Campos, *Metalinguagem e Outras Metas*, São Paulo, Perspectiva, 1992.

FOLCLORE NA PERSPECTIVA

Tradição, Ciência do Povo
 Luís da Câmara Cascudo (D034)

Mouros, Franceses e Judeus
 Luís da Câmara Cascudo (D185)

Morfologia e Estrutura no Conto Folclórico
 Alan Dundes (D252)

Histórias do Povo da Bíblia – Relatos do Talmud e do Midrash
 J. Guinsburg (org.) (J001)

Contos da Dispersão
 Dov Noy (J002)

Histórias do Rabi
 Martin Buber (J004)

Os Mitos Amazônicos da Tartaruga
 Charles F. Hartt (EL14)

As Lendas do Povo Judeu
 Bin Gorion (P007)

A Fonte de Judá
 Bin Gorion (P008)

O Mestre do Bom Nome
 Ary e Emília Schreier (LSC)

Impresso nas oficinas da
Gráfica Palas Athena